U0930221

“高速铁路工程技术创新丛书”专家委员会

“高速铁路工程技术创新丛书”编委会

高速铁路工程技术创新丛书

国 家 铁 路 局 组 织 编 写

高速铁路网规划

王玉泽　靖仕元　等编著

孙永福　主　审

中国铁道出版社有限公司

2021年·北　京

内 容 简 介

本书是高速铁路工程技术创新丛书之一，由国家铁路局组织编写。本书围绕高速铁路网规划布局主线，采用案例与规划理论相结合的方法，充分论述了高速铁路网规划的理论方法，阐述了高速铁路运输网络的发展目标以及规划达到目标的过程，为我国新时代高速铁路网的规划提供理论指导。

本书创新性地提出了高速铁路网规划布局的理论方法，包括城市群布局理论、区域布局理论、节点连通度理论、网络覆盖理论等；阐述了高速铁路规划的技术要点，包括需求预测、战略规划、布局规划、实施规划等；提出了符合我国地理特点、经济产业分布、交通需求特征的高速铁路分布布局特点等内容。

本书可供高速铁路规划、建设、运营等各专业技术人员学习参考，也可作为高等学校相关专业教材。

图书在版编目(CIP)数据

高速铁路网规划/王玉泽等编著.—北京：中国铁道出版社有限公司，2021.11
(高速铁路工程技术创新丛书)
ISBN 978-7-113-27956-1

Ⅰ.①高… Ⅱ.①王… Ⅲ.①高速铁路-铁路网-规划
Ⅳ.①U212.1

中国版本图书馆CIP数据核字(2021)第086191号

书　　名：高速铁路网规划
GAOSU TIELUWANG GUIHUA
作　　者：王玉泽　靖仕元　等

策　　划：金　锋
责任编辑：杨　哲　张　磊　　**编辑部电话：**(010)51873657　　**电子信箱：**rainmanyz@163.com
封面设计：高博越
责任校对：孙　玫
责任印制：樊启鹏

出版发行：中国铁道出版社有限公司(100054，北京市西城区右安门西街8号)
网　　址：http://www.tdpress.com
印　　刷：北京盛通印刷股份有限公司
版　　次：2021年11月第1版　2021年11月第1次印刷
开　　本：787 mm×1 092 mm 1/16　**印张：**14.25　**字数：**326千
书　　号：ISBN 978-7-113-27956-1
审 图 号：GS(2021)7671号
定　　价：88.00元

主要编著者简介

王玉泽，1960年6月出生，1982年7月毕业于西南交通大学铁道工程专业，工程硕士，2005年7月任中铁第四勘察设计院集团有限公司总工程师，副院长，正高级工程师，全国工程勘察设计大师，享受国务院政府特殊津贴，原铁道部"铁路专业技术带头人"，获全国五一劳动奖章、全国优秀科技工作者、全国勘察设计行业科技创新带头人、首届全国创新争先奖牌等荣誉称号。主持完成京沪、武广、郑西、沪杭、沪宁、杭长、郑徐、徐连等十多条高速铁路规划研究、勘察设计，编制了《高速铁路设计规范》《城际铁路设计规范》等铁路设计标准，长期从事高速铁路、城际铁路的设计技术标准、线路方案、工程设计等研究和实施工作，在铁路选线设计、高速铁路、客运专线及城际轨道交通工程方案研究、高速铁路科研及项目技术管理决策等方面具有较高造诣，获国家科技进步特等奖一项，省部级科技进步一等奖十余项，发表论文十余篇，主编出版《武广高铁技术创新工程丛书》《高速铁路路基工程关键技术》等著作。

靖仕元，1966年7月出生，1989年7月毕业于北京交通大学铁道工程专业，本科学士，现任中铁第四勘察设计院线站院副总工程师，正高级工程师，作为总体设计负责人或副总工程师，完成了京沪高速铁路、沪宁城际铁路、宁安城际铁路、苏南沿江城际铁路、沪苏湖铁路、沪通铁路、连徐高速铁路、长沙磁浮工程、宁宣铁路等项目规划研究、勘察设计，编制了《湖南省中低速磁浮交通设计规范》及《湖南省中低速磁浮交通工程质量验收标准》两项地方标准、《磁浮铁路技术标准(试行)》行业标准，完成了科技部重点专项《中高速磁浮交通系统关键技术研究》、湖南省重点专项《中低速磁浮车辆及关键技术集成示范》、中铁建《客运专线无缝道岔群及桥上无缝道岔设计研究》等科研，主要研究领域为高速铁路、磁浮及真空管道交通总体系统设计技术等。获专利8项，国家科技进步特等奖1项，省部级科技进步一等奖2项、省部级科技发明一等奖1项，省部级优秀设计一等奖4项，国家优质工程奖2项。

序

铁路是国民经济大动脉、关键基础设施和重大民生工程，是综合交通运输体系的骨干和主要交通方式之一，在我国经济社会发展中的地位和作用至关重要。高速铁路集聚了现代工业文明的丰硕成果，以其安全、便捷、舒适、环保等技术经济优势，显示出强大生命力。我国高度重视发展高速铁路，经过几代人的不懈努力，实现了从无到有、从探索到突破、从制造到创造，特别是党的十八大以来，我国高速铁路快速发展，已建成世界上最现代化的高铁网络，成为高铁运营里程最长、在建规模最大、高速列车数量最多、商业运营速度最高、高铁技术体系最全、运营场景和管理经验最丰富的国家。“复兴号奔驰在祖国广袤的大地上”。截至2020年底，我国高速铁路已达3.8万公里，占世界高铁总里程的三分之二以上。四通八达的高铁网，在服务国家重大战略、支撑经济社会发展、满足人民群众美好生活需要、助力“一带一路”建设、推动世界铁路发展等方面做出了巨大贡献。

我国高速铁路借鉴世界高铁发展的成功经验，通过原始创新、集成创新、引进消化吸收再创新，坚定不移地走出了一条符合国情路情、具有中国特色的自主创新道路。系统掌握了艰险山岭、风沙戈壁、黄土湿地、高寒酷热等各种复杂地质及气候条件下高速铁路建造成套技术，建成了一大批世界级标志性工程；创建了成套的高速铁路列车运行控制技术标准体系、认证体系和仿真平台，具备从列控系统设计、生产制造到工程实施的全过程能力；具有成熟的高速动车组设计、制造、测试技术，构建了科学的高速动车组技术标准体系，打造了规模强大的生产基地和完整的产业链；形成了适应复杂路网条件下长距离跨线运行的高铁运营管理成套技术，构建人防、物防、技防“三位一体”的高铁主动安全保障机制。我国高速铁路技术已经走在世界前列，成为推动世界高速铁路发展的重要力量。

习近平总书记指出：“我国自主创新的一个成功范例就是高铁，从无到有，从引进、消化、吸收再创新到自主创新，现在已经领跑世界。要总结经验，继续努力，争取在‘十四五’期间有更大发展。”今年，习近平总书记对发展职业教育做出重要指示。国家铁路局坚决贯彻习近平总书记重要指示精神，牵头组织铁路行业科研和工程技术人员编写了“高速铁路工程技术创新丛书”（以下简称“丛书”），旨在全面梳理创新成果，系统总结建设经验，进一步厚植技术优势，持续推进高质量发展；旨在集聚行业智慧，丰富教学载体，助力高铁专业人才培养；旨在分享我国高铁科技创新成果，促进各国铁路合作交流，服务“一带一路”建设。丛书共31册，涵盖高速铁路规划设计、土木建筑、装备制造、生态保护、运营管理、安全工程等高速铁路工程技术全产业链、全寿命周期。丛书力求全面反映我国高速铁路科技创新发展成就，体现铁路行业科技创新水平；阐述高铁工程基础理论、规律、机理，呈现技术、方法、路径，可验证，可复制，可传承；汇集专业积累和经验积淀，源于实践，指导实践；涵盖高铁主要工程技术领域，内在统一、自成体系。丛书坚持理论与实践、规范与实证、传承与创新相结合，着力构建“理论＋技术＋实践”三位一体的高铁工程技术框架，矢志推动建立反映时代特征、体现中国特色、具有世界高度的高铁工程技术创新体系。丛书得到了国家出版基金的大力支持，已列为2021年度资助项目。

我们深刻地认识到，我国高速铁路科技创新能够取得丰硕成果，是以习近平同志为核心的党中央坚强领导亲切关怀、铁路全行业攻坚克难实干奉献的结果，是集中力量办大事的社会主义制度优势的突出体现，是坚持改革开放强国之路的最好例证；得益于中央各部门和地方政府的协同奋战、通力合作，得益于广大人民群众的广泛参与、大力支持。丛书编著人员来自于我国高铁各领域一线，长期从事高铁技术研究与实践，具有深厚理论功底和丰富实践经验，是我国高速铁路建设发展的亲历者、见证人，是铁路各专业具有代表性和影响力的领军人物。丛书专家委员会由行业内具有崇高威望、为我国高速铁路发展做出重大贡献的资深权威专家组成，全程指导丛书编著，并进行审定把关。丛书既是高铁工作者的智慧和汗水的结晶，更是追逐梦想、奋发有为的写照。

当今世界正经历百年未有之大变局，我国正处于两个百年奋斗目标的历史交汇期，开启了全面建设社会主义现代化国家的新征程，立足新发展阶段，贯彻新发展理念，构建新发展格局，实现高质量发展，铁路面临新形势、新使命。我们必须坚决贯彻习近平新时代中国特色社会主义思想，全面落实《交通强国建设纲要》，不忘初心、牢记使命，传承守正、培元固本，继续推进高速铁路创新发展，高质量建设铁路强国，为全面建设社会主义现代化国家当好先行。

国家铁路局“高速铁路工程技术创新丛书”编委会

2021年6月

前　言

党的十八大以来，我国高速铁路快速发展，取得了举世瞩目的成就。为了全面梳理我国高铁工程技术创新成果、系统总结建设经验、推进高铁持续创新，国家铁路局组织一批具有深厚理论功底和丰富实践经验的科研和工程技术人员编写了"高速铁路工程技术创新丛书"，并请高铁工程领域资深权威专家全程指导、审定把关。丛书共31册，本书为丛书之一。

党的十九大立足新时代新征程，做出了建设交通强国的重大决策部署，《交通强国建设纲要》描绘了新时代交通发展的宏伟蓝图，是新时代交通工作的总抓手，开启了我国交通基础设施建设的新篇章，提出了要建成人民满意、保障有力、世界前列的交通强国，构建"3张交通网"、"3个交通圈"、推动"3个转变"，要建设现代化高质量综合立体交通网，要构建便捷顺畅的城市群交通网，打造一流设施、一流技术、一流管理、一流服务的交通强国。铁路是国民经济的大动脉、关键基础设施和重大民生工程，必须贯彻落实《交通强国建设纲要》要求，推动铁路高质量发展，更好地支撑国家战略、服务国民经济发展、满足人民美好生活的需要。

我国高速铁路成为中国走向世界的亮丽"名片"之一，是世界上高速铁路系统技术最全、集成能力最强、运营里程最长、运行速度最高、在建规模最大的国家。广深准高速、秦沈客运专线及铁路六次大提速为高速铁路发展奠定了良好的基础，京津城际铁路取得了时速350 km高速铁路的重大成果，武广高铁、京沪高铁的投入运营开启了我国铁路高速铁路发展的新时代。继京津城际铁路、京沪高速铁路之后，一大批高速铁路相继开通建成，基本按2004年和2008年中长期铁路网规划的高铁网拉通"四纵四横"，并在2016年新一轮中长期铁路网规划修编提出了"八纵八横"高铁主通道网。从"四纵四横"到"八纵八横"高铁网布局改变了城市间的时空距离，改变了人民的生活方式，同时也改变着我国的经济版图，规划引领发展，"八纵八横"高铁主通道的逐步拉通，助推我国高速铁路实现飞跃式发展，到2020年底，我国高速铁路里程已达到3.8万公里。

我国高速铁路辉煌发展同时，我们必须深刻认识到新时代高速铁路发展面临的新形势、新要求。本书正是在我国高速铁路新要求战略指引下着手编写的。编写的目的是系统总结我国高速铁路网规划领域取得的理论及实践成果，准确把握我国高速铁路发展的方向，为交通强国建设提供有力支撑，为铁路等交通网规划人员及高校交通规划教学提供参考。

本书由中铁第四勘察设计院集团有限公司王玉泽、靖仕元、陈泽建、陶志祥、周天杰、颜湘礼、陈旭、盛晖、黄咏梅、邱绍峰、杨辉、刘大玲等编写，中国工程院院士孙永福主审。

国家铁路局严贺祥、王强、刘晓冬、魏众对本书进行了全面审阅，并得到了中国建筑设计研究院有限公司洪子亮、叶平一教授的大力支持，在此一并致谢。

由于作者水平有限，书中错误在所难免，恳请同行不吝赐教。

编著者

2021年3月

目　　录

1 绪　论

1.1 高速铁路网规划的内涵

高速铁路网规划即要确定高速铁路运输网络的发展目标以及规划达到该目标的过程。主要研究问题有两个：一是建立一个怎样的高速铁路运输网络，即明确规划的目标；二是如何建立这样的高速铁路运输网络，即设计达到该目标的过程。

高速铁路网规划涉及的研究内容较多，如规划基础研究，含区域国家战略、区域经济、城市群、城镇体系、综合交通等；如问题研究，含既有高铁网络设施的问题分析；如必要性研究，含高速铁路网规划的必要性分析等；如需求预测、战略规划、布局规划、实施规划、外部环境规划、枢纽总图规划、综合客运枢纽规划、动车运用检修设施布局规划等核心内涵。

本书重点研究高速铁路网规划的核心内涵（表 1.1），包括需求预测、战略规划、布局规划、实施规划、外部环境规划等。

表 1.1　高速铁路网规划的五个核心内涵

序号	涵盖内容	定　位	详　解
1	需求预测	规划的基础	从综合交通的角度合理预测需求，作为整个规划的基础依据
2	战略规划	规划的纲领	明确“建立一个什么样的高速铁路运输网络？”的根本问题，含发展目标、规模等
3	布局规划	规划的核心	通过对规划地区的自然、经济、产业、城市、城市群与交通流分析，确定高速铁路运输网络的布局和结构
4	实施规划	规划的落地	研究高速铁路运输网中各专项工程规划，如功能定位、运量预测、线路走向、技术标准、枢纽方案
5	外部环境规划	规划的保障	投资估算及资金筹措、环境影响研究、保障措施研究等

1. 需求预测。需求预测是高速铁路网规划的基础。需求是确定高速铁路网规划规模、战略目标、规划布局、实施规划的重要依据。在分析区域社会经济、城镇体系、综合交通发展现状及规划的基础上，合理把握区域客运需求的现状特征及发展趋势，构建科学的预测模型与参数，从综合交通的角度预测分析高速铁路客流，重点研究客运需求预测的理论与方法。

2. 战略规划。战略规划是高速铁路网规划的纲领，注重高速铁路网规划宏观层面的战略方向。通过对规划地区发展定位、发展战略、社会经济、城镇体系、综合交通、需求预测等特征分析，确定高速铁路网规划的发展方向、规划原则、目标、规模等；明确“建立一个什么样的高速铁路运输网络”的根本问题。

3. 布局规划。布局规划是高速铁路网规划的核心。通过研究高速铁路网布局规划涉及的主要影响因素，提出高速铁路网规划布局方案，即通过研究规划区内的自然、地理、经济、产业、城市、城市群等分布特征及交通流向、综合运输通道、综合运输网各种运输方式网络的空间分布特征，确定高速铁路运输网络的布局和结构。

4. 实施规划。实施规划是高速铁路网规划落地的依据。研究高速铁路网中各项目的分期实施计划及规划评价或实施效果，也可包含高速铁路引入铁路枢纽地区的方案、交通衔接规划、技术标准、枢纽及枢纽综合客运系统布局规划、动车检修存放基地规划及重大项目的工程方案规划等，是高速铁路设计、实施、投资的重要依据。重点研究分期实施计划方案。

5. 外部环境规划。外部环境规划是高速铁路网规划落地的重要保障。外部环境规划重点研究投资及资金筹措、环境影响研究、保障措施研究等。同时，外部环境规划也可研究高速铁路站城一体开发、高速铁路规划对区域国民经济、城镇化、产业结构等影响。

1.2　高速铁路网规划目的及原则

1.2.1　高速铁路网规划目的

受到规划背景、规划年限、规划范围等因素的影响，不同规划的目的也不尽相同。通用的规划目的：

1. 响应国家/区域发展战略要求：在不同的社会发展阶段，国家/区域根据发展需要提出相应的发展战略。响应和支撑国家/区域最新的发展战略，需制定相应的高速铁路发展规划。

2. 服务国家/地方经济发展："要想富，先修路"，高速铁路作为重要的基础设施，可以缩短两地之间的时空距离，加强两地之间的客运交流，在促进国家/地方经济发展、协调发展、均衡发展等方面具有重要的作用。

3. 作为高速铁路规划设计的依据：高速铁路网规划作为高速铁路设计选线、枢纽布局、生产力布局的依据和基础，提升高速铁路网对铁路设计阶段的指导和参考，做好相关配套工程的规划预留。

4. 增强/保持国家/区域铁路发展的可持续性：随着国民经济的发展以及铁路网建设进程的加快，既有的铁路网规划对于当前的指导性不够，因此需及时进行规划编制/修编工作，增强对国家/区域铁路发展的指引和可持续。

5. 建设现代化高质量综合立体交通网：《交通强国建设纲要》提出要推动各种交通方式相对独立发展向更加注重一体化融合发展转变，建设现代化高质量综合立体交通网络，高速铁路作为其中重要的组成部分，其规划应当与其他交通方式保持协调发展。

主要通用目的概括如图 1.1 所示。

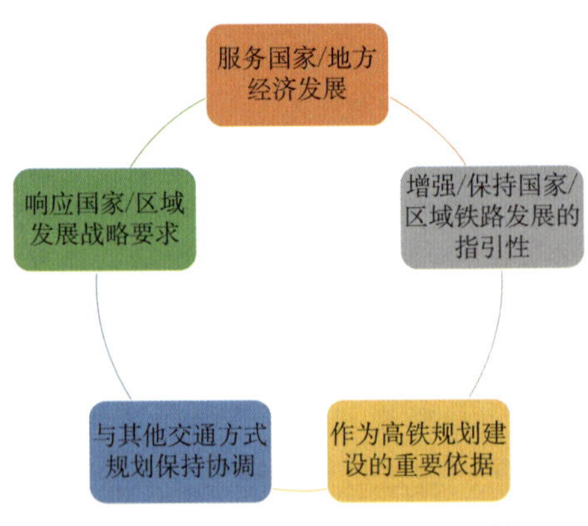

图 1.1　高速铁路网规划的主要目的

1.2.2 高速铁路网规划原则

高速铁路网规划原则包括战略支撑原则、空间支撑原则、需求导向原则、规划继承原则、远近结合原则、可持续发展原则等。

1. 战略支撑原则

为了推动我国经济实现高质量发展，党中央及国务院从全国大局出发，制定了一系列的发展战略，如交通强国建设纲要、“一带一路”倡议、长江经济带发展战略、长三角区域一体化发展战略、粤港澳大湾区发展战略、西部陆海新通道发展战略、中原崛起发展战略等。高速铁路网规划必然响应和支撑国家战略的实施，支撑战略落地。

2. 空间支撑原则

国土空间规划、国家主体功能区规划、城镇化地区规划及城镇体系规划中对国家/区域的发展格局已有顶层设计。高速铁路网规划应当支撑城镇体系发展轴带和枢纽节点的形成，满足廊道内的出行需求，推动交通与城镇体系的协同发展。

3. 需求导向原则

运输需求是高速铁路网规划的基础。运输需求体现在空间、时间等多个维度。在空间方面，以枢纽为核心的各个方向运输需求不同，同一方向上不同出行距离、出行目的的运输需求不同；在时间层面，不同规划年度的运输需求不同。高速铁路网应当紧紧围绕需求流向和流量进行布局。

4. 规划继承原则

区域高速铁路网是全国高速铁路网的重要组成部分。区域高速铁路网规划应以相关上位规划为基础，同时结合区域综合交通规划、铁路建设规划、城际铁路网规划等进行编制。原纳入上位规划但未实施的项目，需要在规划中重点研究，谨慎处理。

5. 远近结合原则

铁路是国民经济的大动脉，是社会经济发展的重要基础设施。在顺应经济高质量发展转型升级、全面对外开放等新形势下，在满足运输需求的基础上，适当扩大运力余量，预留技术标准提升空间，发挥高速铁路引导产业布局、带动地方经济发展的功能，为全区经济发展提供强有力的支撑。

同时还要面向未来，考虑远期目标。规划需要与国家、区域发展战略相衔接，既要着眼长远，又要立足当下。考虑全国铁路发展大局，注重当前与长远、技术与经济、投入与产出的统筹协调，区分轻重缓急、满足发展急需，兼顾必要与可能，在综合考量运输需求和资金投入的基础上，优先挖掘既有铁路资源潜力，合理把握规划新线的规模、标准、进程，实现可持续发展。

6. 可持续发展原则

树立节能、低碳、绿色、环保的发展理念，进一步发挥高速铁路在节能减排降耗上的优势，注重高速铁路网规划需重点考虑节约土地资源，走资源节约、环境友好、可持续的发展道路。

1.3 高速铁路网规划主要内容

高速铁路系统网络规划具体内容一般可以概括为以下八个方面：

1. 现状调查。调查分析区域社会经济、交通运输网络、交通量、铁路网、高铁网络的发展现状及发展趋势，并提出区域经济、交通、铁路发展存在的问题。

2. 需求预测。从综合交通的角度，分析预测各种运输方式的技术经济特征和适用范围，预测其客运量、货运量及其流向；确定各种运输方式发展方向与规模；为确定高速铁路网规划的总体目标、确定高速铁路基础设施的建设规模与建设重点提供依据和支撑。

3. 必要性研究。结合现状调查分析和需求预测，从支撑国家战略、带动区域经济发展、支撑综合运输体系建设、解决既有设施问题及绿色发展等方面深入研究本地区规划建设高速铁路网的必要性和紧迫性。

4. 战略规划。结合区域发展战略、定位及需求预测，提出高铁网规划的战略目标、总体目标、规模目标等。

5. 布局规划。通过研究规划区内的自然、地理、经济、产业、城市、城市群等分布特征及交通流向、综合运输通道、综合运输网各种运输方式网络的空间分布特征，提出可行的高速铁路网络规划方案，通过优化提出推荐方案，并进行必要的综合技术经济特征论证。

6. 实施规划。拟定实施高速铁路规划的总体安排和分阶段建设项目，估算实施规划的建设投资并提出资金筹措渠道和方式；研究高速铁路的技术标准、运输组织、线路规划、车站及站场布局规划、车辆选型及检修基地规划、交通枢纽规划等；对高速铁路规划实施后的效益进行评价。

7. 外部环境规划。外部环境规划重点研究投资及资金筹措、环境影响评价、保障措施研究等。同时，外部环境规划也可包括研究高速铁路站城一体开发、高速铁路规划对区域国民经济、城镇化、产业结构等影响的相关外延规划。

8. 对策建议。提出有待于进一步研究论证的重大问题（包括技术、经济、政策等方面），对实施规划规程中需要上级部门解决的重大问题提出对策与建议。

1.4 高速铁路网规划分类

根据研究年限、研究空间范围、研究目的等不同，高速铁路网规划存在多种分类方法。一般情况下，高速铁路网规划含在国家/区域铁路网规划中同步研究或专题研究，如中长期铁路网规划、铁路“五年”发展规划等均会同步研究高速铁路网规划布局。此外，针对某一区域也可单独开展高速铁路网规划布局专题研究。

从研究年限来看，可以将其分为中长期铁路网规划、铁路“五年”发展规划，含高速铁路网规划布局。中长期铁路网规划主要是从一个较长的时间出发，对研究区域内的高速铁路网进行系统性的规划，为地区的经济社会发展提供支撑。由于规划年限较长，通常在规划过程中确定近期、远期、远景三个年度。具体年份的确定应当与国家的宏观政策、国家相关战略及其他上位规划保持一致，如目前规划过程中通常采用 2025 年、2035 年、2050 年，与国家“两个一百年”的奋斗目标、交通强国建设纲要或中国国家铁路集团“三步走”的发展战略保持一致。铁路“五年”发展规划主要是针对研究区域内五年的铁路网的建设规划进行研究，解决研究区域内近期应当着重推动、建设的重点项目，与国民经济“五年”规划保持一致。

从研究空间范围来看，可以将其分为全国铁路网规划、城市群铁路网规划、省级铁路网规划、都市圈、地市级铁路网规划及高铁通道规划等。通常情况下，上级铁路网规划从更加宏观的角度开展，充分考虑地区发展不充分、不平衡的情况，其可作为下级铁路网规划的上位规划，为下级铁路网规划提供依据；下级铁路网规划可以在上级铁路网规划的基础上，根据地方发展需求提出优化完善，并在上位规划进行修编时积极反映。目前，《国家中长期铁路网规划》是最高层面的规划，该规划是针对我国中长期铁路发展制定的规划。规划需经过国务院批准，由国家发展和改革委、交通运输部、国家铁路局联合印发。城市群级的铁路网规划是响应国家区域经济发展战略而制定的规划，如粤港澳大湾区铁路网规划、长三角铁路网规划、长江经济带铁路网规划，分别响应粤港澳大湾区发展战略、长三角一体化发展发展战略、长江经济带发展战略。由于城市群级铁路网规划在规划目的上是为了促进区域经济发展，在规划范围上覆盖多个省市，因此本类规划通常由国家发改委、交通运输部、中国国家铁路局等部门组织编制。

表 1.2 所示为常见的高速铁路网规划。通常情况下，各级政府均会编制中长期铁路网规划；除区域级外，均编制相应的“五年”规划。

表 1.2　高速铁路网规划分类方法

分　类	范围层级	基于研究年限的分类	
		中长期	五　年
基于空间范围的分类	全　国	√	√
	城市群	√	
	省　级	√	√
	地市级	√	√

1.5　高速铁路网规划的主要创新

1. 理论创新

我国高速铁路网规划尚未形成成套的理论体系，在逐步的研究与实践过程中，结合我国国土空间特征、城镇分布特点及人民群众出行特征，创新性地提出了高速铁路网规划布局的理论方法，其核心理念是基于“空间、需求、供给”三要素结合的理论基础，针对不同的区域特点，从国土空间、城市群、城镇节点分布、交通需求特点并结合综合运输通道及高速铁路的技术性能等因素定量、定性论证后提出高速铁路网的布局。具体来讲，本书提出了高速铁路网规划布局创新性的理论：城市群布局理论、区域布局理论、区域划分理论、交通区域布局理论、节点连通度理论、网络覆盖理论等，丰富和完善了我国较大区域的交通规划理论与方法，具有较大的创新性。

2. 技术创新

本书提出了高速铁路规划的技术要点，包括需求预测、战略规划、布局规划、实施规划。其中，需求预测方面，基于需求产生机理分析探究了新时代人口、社会经济、城镇化等因素对客运需求的影响，结合多源数据研判了高铁客流需求的发展趋势，并将四阶段法等方法进行改进以用于高铁客流预测；战略规划方面，提出了基于战略、问题、需求三大导向的发展战略制定、系统全面的发展目标体系、线网规模组合测算方法，紧密契合发展实际，对规划编制具有指导和约束作用；布局规划方面，基于区位度、节点连通度等提出了节点分层布局方法、空间与 OD 布局法，广泛适用于不同层次的高铁网规划；实施规划方面，提出了分期实施规划方法、枢纽客运系统评价体系、综合交通枢纽规模测算、生产力布局规划方法等，丰富了高速铁路网规划技术体系。

3. 实践创新

本书在总结高速铁路网规划实践中，提出了符合我国地理特点、经济产业分布、交通需求特征的高速铁路分布布局特点，创新性地提出了高速铁路网由高速铁路主通道和高速铁路区域连接线构成，其中高速铁路主通道主要连接我国主要的经济区、战略区域、重点城市群、国家中心城市、重要旅游资源区、国家级重要的交通枢纽等；高速铁路连接线主要服务于城市群内与高速主通道的连接，拓展高速铁路主通道的覆盖面，形成覆盖广泛，功能强大的高速铁路网。本书在高速铁路网规划实践中，提出了路网规划布局与枢纽节点、生产力布局同步规划的创新技术，使得路网布局的可操作性、可实施性提高，符合铁路网布局的可持续发展需要。

2 国内外高速铁路网规划分析

纵观国内外高速铁路发展历程，国外的高速铁路起步较早，但是发展速度较慢；国内的高速铁路起步较晚，但是发展速度较快，造成两者之间差异的原因是多方面的，包括综合交通运输体系的构成、既有铁路网发展现状、旅客运输需求、国民经济发展等。为了更好地了解国内外铁路发展的差异、研究未来高速铁路网规划发展趋势，本章分析了法国、德国、美国、日本等高速铁路发达国家及我国的高速铁路网规划历程，进行了对比分析，并结合我国经济高质量发展的要求，指出高速铁路规划未来的发展趋势。

2.1 国外高速铁路网规划

2.1.1 法国高速铁路网规划

以法国普速铁路发展为基础，分析现状高速铁路网的形成、未来高速铁路网发展规划、以及高速铁路发展带来的思考。

1. 普速铁路发展基础

在高速铁路发展之前，法国普速铁路经历了三个发展阶段：

(1)大规模建设阶段。1826 年 10 月，法国建成第一条铁路(圣埃蒂安—安泰基矿山铁路)，全长 21.286 km。随后开始了大规模的建设。1938 年，法国铁路网里程达到 64 000 km 的历史最高峰。

(2)逐步萎缩的阶段。受到自然资源枯竭、其他交通方式竞争等因素的影响，法国铁路呈现逐渐萎缩的发展趋势。

(3)提高路网质量的阶段。随着客运快速化等因素的影响，1947—1976 年，法国国铁(SNCF)制订和实施了 6 个铁路发展计划，重点进行了铁路重建、电气化建设和机车车辆更新。

2. 高速铁路网络形成(1971—2010 年)

自 1971 年法国政府批准建设东南线开始，法国高速铁路建设掀起了高潮，陆续建成了东南线、大西洋线、北方线、东欧线等路网骨架。如图 2.1 所示，在这一发展阶段，法国高速铁路网并不是初期规划的，而是根据多种原因陆续提出建设的。

(1)东南线(巴黎至里昂)

巴黎和里昂是法国两个最大的城市，自 20 世纪 60 年代起，连接巴黎—第戎—里昂的铁路运量就已经达到饱和状态。当时考虑过加修复线等多种方案，经详细的技术经济分析后，选择新建高速铁路。1971 年法国政府批准建设，1976 年正式开工，1981 年南段投入运营，1983 年全线建成通车。东南线建成后，以其安全、快速、便捷、舒适的特性吸引了广大旅客。

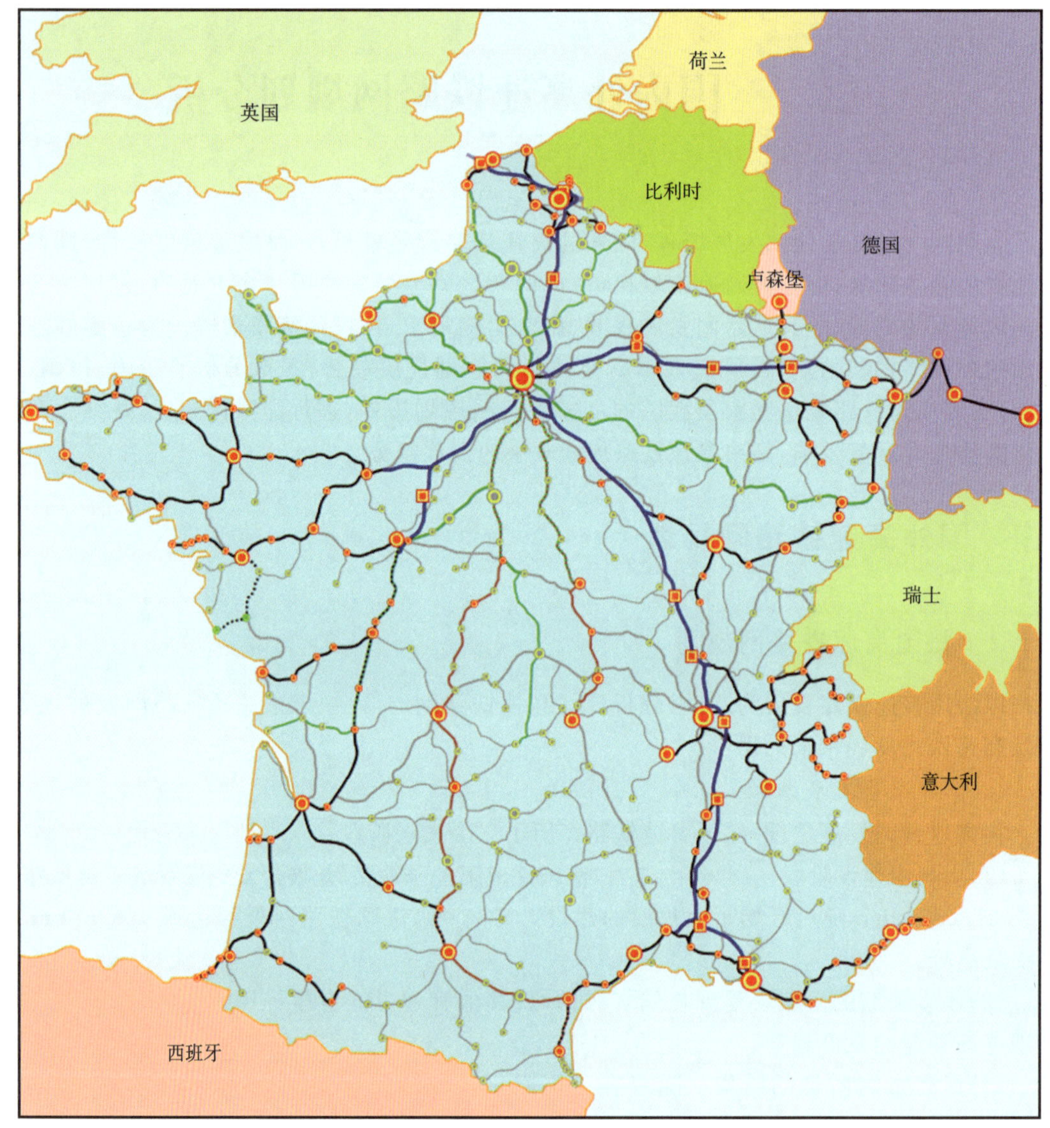

图 2.1 法国高速铁路网形成(1971—2010 年)

(2)大西洋线(巴黎至图尔和勒芒)

东南线的成功大大激发了法国修建高速新线的积极性,在东南线南段 1981 年投入运行起,加紧了对修建大西洋线的研究。1984 年,宣布大西洋线为公用事业。1989 年,大西洋线(巴黎—勒芒)开通。1990 年,大西洋线(巴黎—图尔)开通。

(3)北方线(巴黎至加来和比利时边境)

在大西洋线开始建设之后,1987 年,法国政府批准了法国国营铁路公司(SNCF)提出修建北方线的计划,北方线在里尔分为加来和比利时两个分支。1989 年,宣布北方线为公用事业。1993 年,巴黎至加来的线路运营,并于 1994 年开通至伦敦的列车。1996 年,里尔至比利时边境的线路投入运营。

(4)东南延伸线(罗纳河至阿尔卑斯)

罗纳河至阿尔卑斯线位于东南线的延伸线上,线路从里昂至瓦朗斯全长 148 km,新线从东环绕里昂并通过里昂—萨多拉机场高速车站,于 1994 年开通。

(5)巴黎地区联络线(互联东线)

巴黎地区联络线又称互联东线,全长 128 km,从东部环绕巴黎,将北方线和东南线、大西洋线联结起来,途经法国最大的戴高乐国际机场高速车站和欧洲迪斯尼乐园高速车站,使空运、地铁和著名景点与高速线联结起来。该线向西通过既有线和联络线使北方线和大西洋线联成一体。该线南北部分已于 1994 年开通,与西部相连部分已于 1996 年开通。

(6)地中海线

地中海线是东南线向地中海方向的进一步延伸。线路自瓦朗斯向南延伸,在阿维尼翁设三角线,东南分支到达马赛,西南分支至尼姆以西的蒙彼利埃。地中海线自 1995 年开始动工修建,2001 年全部开通。

(7)东欧线一期(巴黎至博德雷库尔)

为了加强巴黎地区及法国北部、西部及西南地区于法国东北部之间的联系,还有法国与德国、瑞士及卢森堡等国之间的联系,东欧线首段 300 km 铁路线于 2007 年投入运营。

2008 年全球金融危机以后,受法国“国家经济复苏计划”推动,法国高速铁路建设的步伐加快。当时,在建及计划开工的线路有东欧线二期(博德雷库尔至斯特拉斯堡)二期、南欧大西洋线(图尔至波尔多)、布列塔尼至卢瓦尔河大区线、尼姆至蒙彼利埃线。目前,这些线路均已经建成。

综上,1971—2010 年间,法国高速铁路建成了 4 个方向的路网主骨架:东南线系统(东南线、东南延伸线、地中海线)、大西洋线系统、北方线系统、东欧线系统,以及推进线路互联互通的巴黎地区联络线,如图 2.1 中蓝色线条所示。总体来看,路网格局较为简单,呈现以巴黎为中心的放射状,国内实现了与勒芒、图尔、里昂、马赛等国内主要城市的通达,国外实现了与英国、比利时、荷兰、德国、意大利等周边国家的通达。

3. 高速铁路规划发展趋势(2011 年至现在)

近年来,法国政府从可持续发展的角度调整运输政策,重视提升铁路在综合交通中的地位。

2011 年,法国提出了《国家交通基础设施计划(SNIT)》,未来 20～30 年内,法国政府将向交通领域投资 1 700 亿欧元,其中铁路领域投资占总投资的 52%。

2012 年,法国政府委托议员及其他符合条件的人员组成“21 世纪交通委员会(Mobility 21)”,为实施《国家交通基础设施计划(SNIT)》制定条件。该委员会负责对主要基础设施进行分类,确定优先次序并加以分析,同时也要研究运输服务的改善。围绕“保证运输基础设施的使用质量、提高运输系统的服务质量、改善铁路系统的整体性能、更新运输系统的融资和治理机制”,委员会提出了国家项目层次结构,将项目分为三个阶段,前两个阶段的时间与欧洲运输政策制定采用的时间保持一致。

第一优先事项:在 2014—2030 年期间应当实施的项目。这些项目的研究和相关工作必须继续进行,以期在 2030 年完成。

第二优先事项:在 2030—2050 年期间应当实施的项目。这些项目应当开展前期研究,以便其在2030—2050年间建成。

更远的项目:要在2050年以后实施的项目。如果没有证据证明重新启动的理由,就必须停止研究。

关于第一优先事项(2014—2030年),委员会根据项目投资额与可用资金保持一致的原则,设想了两种财务方案,并分别给出项目规划方案。第一种财务方案:假设法国基础设施融资局(AFITF)在2017—2030年的投资稳定在22.6亿欧元(含新建及维护),则新建项目额度在100亿元以内;第二种财务方案:假设每年增加约4亿欧元,则新建项目额度在300亿欧元以内。基于两种财务方案,委员会于2013年6月提交了两种方案,见表2.1。法国政府于同年7月保留了第二种方案,投资额为300亿欧元。

表2.1 21世纪交通委员会提出的两种方案

方案一:重点建设欧洲核心港口平台与腹地的联系,主要是马赛—佛斯港、勒阿弗尔港;主要铁路节点的处理,如里昂、马赛;新建线路还包括Roissy-Picardie高速铁路。
方案二:主要铁路枢纽的处理,如尼斯(普罗旺斯新线路—蔚蓝海岸,LNPCA)、鲁昂(巴黎诺曼底新线,LNPN);新建铁路包括西南铁路项目(GPSO)的波尔多—图卢兹分支及波尔多—达克斯分支、巴黎—奥尔良—克莱蒙—里昂高速铁路(POCL)、法兰西岛互联、莱茵—罗讷(RR)二期、佩皮尼昂—蒙彼利埃、里昂集聚区(CFAL)、Roissy-Picardie。
特别说明:本规划进行时正在建设的南欧大西洋线(2017年运营)、东欧线二期(2016年运营)、布列塔尼—卢瓦尔河地区线(2017年运营)、尼姆—蒙彼利埃线(2018年运营)未列入。

方案二(图2.2)中主要项目的建设必要性如下:

(1)西南铁路项目(GPSO)的波尔多—图卢兹及波尔多—达克斯

该项目一是实现了巴黎与图卢兹的3 h联通,实现了波尔多与图卢兹的1 h联通;二是通过新建车站的方式,为蒙托邦及蒙德马尔桑提供了高速铁路服务;三是确保了大西洋走廊上货运从公路到铁路的运输方式转移。该项目中,波尔多—图卢兹线路长度为222 km,波尔多—达克斯线路长度为160 km。2015年11月,州政府宣布波尔多—图卢兹为公共事业;2016年1月,州政府宣布波尔多—达克斯为公共事业;2016年6月,签署了工作法令。

(2)巴黎—奥尔良—克莱蒙—里昂(POCL)

该项目通过新建线路实现了巴黎与里昂的联通,一是缓解了既有东南线的运输能力紧张,二是服务了奥弗涅、勃艮第和中部地区,满足了法国中部地区的运输需求。该线路长度为500余公里,目前该项目正在进行前期研究工作。

(3)法兰西岛互联

法兰西岛南部的LGV互联项目与既有的互联东线,一是实现了北线、东欧线、东南线等线路之间的联通,解决了跨线运营问题;二是减少引入城市时对线路能力的占用;三是方便列车达到戴高乐机场和奥利机场。目前,本项目正在进行前期研究工作。

(4)莱茵—罗讷(RR)

莱茵—罗讷高速铁路由第戎地区为中心的三个星形分支组成,这条线路实现了南北线路和东西线路之间的互联互通,增加了运输组织灵活性。该项目的一期已经于2011年投入使用。

(5)普罗旺斯新路线—蔚蓝海岸(LNPCA)

本项目重点连接马赛和尼斯两大铁路节点,计划在马赛修建地下线路,同时建设一条将尼斯连接至戛纳—格拉斯的新线。

(6)蒙彼利埃—佩皮尼昂线(LNMP)

该线路通过新建 150 km 的新线、利用 29 km 的既有线实现两个城市的连接,一方面可以缩短巴黎和巴塞罗那的运输时间;二是将佩皮尼昂和蒙彼利埃的运输时间由 1.5h 缩短至 45 min;三是缓解既有线路运输能力紧张的局面。

(7)巴黎诺曼底新线(LNPN)

该线路主要位于诺曼底地区,一是填补这一地区高速铁路的空白,二是缓解既有网络的运输能力饱和,三是节省出行时间,为乘客提供更加舒适、快捷的服务。

图 2.2　法国现状及规划高速铁路网

4. 法国高速铁路带来的思考

由法国普速铁路发展基础、现有高速铁路网的形成、未来高速铁路网发展规划可总结如下特点：

(1)普速铁路的发展经历了“增加数量”到“提高质量”的转变过程，乘客对于铁路客运快速化的要求日渐提升。

(2)目前，法国已经构建了高速铁路网主骨架。主骨架的形成并不完全是规划出来的，而是由于对出行速度的更高要求、既有线路能力饱和等原因，在修建东南线、大西洋线等线路基础上逐渐扩展而来的。

(3)对于未来高速铁路发展，法国已经做出了三个阶段的规划，规划年度与欧洲相关规划保持一致。规划由 21 世纪交通委员会(Mobility 21)提出，是自上而下的规划。

(4)针对近期规划，法国在充分考虑资金约束的情况下，提出两种规划方案。在具体项目立项时，考虑了如下因素：增加路网覆盖、在主要客流廊道修建第二高铁(线路不完全一致)、增强枢纽互联互通等。

2.1.2 德国高速铁路网规划

德国高速铁路也是在普速铁路的基础上发展起来的，高速铁路网发展存在两个阶段。

1. 普速铁路发展基础

在高速铁路发展之前，德国普速铁路的发展经历了三个阶段。

一是德国铁路发展的“黄金时期”(1835—1913 年)：自 1835 年 12 月纽伦堡至菲尔特的 6 km 铁路通车，德国铁路因工业化掀起了建设高潮。至 1913 年，德国铁路里程达到 61 159 km 的历史纪录。

二是铁路建设停滞和受到严重破坏的阶段(1914—1945 年)：受两次世界大战的影响，德国铁路的建设基本停滞，且受到严重的破坏，1935 年铁路里程为 57 063 km。

三是德国东西部铁路分治阶段(1945—1990 年)：1945 年，德国战败后苏美英法 4 国分区占领，铁路随之分区管理。1949 年，东西德均在铁路高质量、快速化发展方面取得重大进展。其中，西德于 1964 年制定了《联邦铁路承担主要运输流任务的快速铁路发展规划》，提出改造既有铁路，建设时速 200 km 的快速铁路网；于 1970 年出台了《联邦铁路网扩建改造规划》，第一次提出了建设最高速度为 300 km/h 的 1 100 km 高速铁路计划。按照两项规划，西德对既有路网进行了持续多年改造。

2. 高速铁路发展第一阶段(1971—1991 年)

在德国东西部铁路分治的阶段，已经开展对高速铁路的一系列研究。《联邦铁路承担主要运输流任务的快速铁路发展规划》和《联邦铁路网扩能改造规划》都为高速铁路的发展奠定了良好的基础。在此阶段，德国着手建设了汉诺威至维尔茨堡高铁、曼海姆至斯图加特高铁，受到高铁上采用磁浮或轮轨的争议，以及德国于 1990 年末才宣告统一，两条线路推进缓慢，均于 1991 年全线通车。

(1)汉诺威至维尔茨堡高铁

该项目衔接汉诺威和维尔茨堡，是德国的首条高速铁路。该项目的最高行车速度为 280 km/h，长度为 327 km。线路于 1973 年开始建设，1991 年全线开通运营。

(2)曼海姆至斯图加特高铁

该项目衔接曼海姆和斯图加特，是继汉诺威至维尔茨堡高铁后，由德国联邦主持建设的第二个高速铁路项目。该项目的最高行车速度为 280 km/h，长度为 98.8 km，投资为 22.17 亿欧元，于 1976 年开始建设，1991 年开通运营。

3. 高速铁路发展第二阶段(1991 至现在)

1991 年两条铁路建成后，德国高铁的发展进入第二阶段。1994 年，德国铁路公司制定了“21 世纪路网发展规划(Netz21)”基本方案，并于 1998 年对外公布。该规划中包含了对既有两条高铁的初始运营经验评估，并提出了未来路网发展规划。新型路网总体由以下三种路网(优先网、能力网、地区网)、五种类型(H、G、S、M、V)构成：

(1)优先网：根据速度将快、慢运输分开，形成相对独立的三部分铁路网，总计约为 10 000 km。一是铁路快速网(H 网)，约 3 500 km；二是速度较慢铁路网，约 4 500 km(G 网)；三是城市快速铁路网(S 网)，分布在各大城市，共计约 2 000 km。

(2)能力网：长途、短途和货物列车共线混合运行线路，根据运输负荷，计划对其瓶颈区段采取局部的协调措施(使速度趋于基本一致)，共计约 10 000 km。

(3)地区网：用于补充优先网和能力网，运行地区旅客列车和货物列车，共计 18 500 km。

1998 年 5 月，德国铁路在调整运行图时，开始实施“Netz21”规划。2004 年，德国铁路调整了“Netz21”计划的实施步骤，放慢了实施速度，决定把消除枢纽内运输瓶颈和建设联邦交通网发展规划(BVWP2003)设定的目标路网作为优先措施，以长期保证路网的运输能力。为此，提出了名称为 ProNetz 的调整计划，在具体执行中实施称为“3i”的投资和维修一体化战略，即把用于维修、新建和改扩建的投资捆绑起来进行计划和应用，重点提高急需加强的线路和枢纽的能力，其中预防性维修将起关键作用。

在这一发展阶段，德国陆续建成了汉诺威至柏林高铁、科隆至莱茵/美因高铁、纽伦堡至因戈尔施塔特至慕尼黑高铁、爱尔福特至莱比锡/哈勒高铁、纽伦堡至埃尔福特高铁。各项目的介绍如下。

(1)汉诺威至柏林高铁

该项目连接汉诺威及柏林，与莱尔特铁路平行，线路最高行车速度为 200 km/h，长度为 258 km。线路于 1992 年开始建设，于 1998 年开通运营。

(2)科隆至莱茵/美因高铁

该项目连接西德地区的两个大城市科隆及法兰克福，线路最高行车速度为 300 km/h，长度为 177 km。线路于 1995 年 12 月开工建设，2002 年 8 月建成通车。

(3)纽伦堡至因戈尔施塔特至慕尼黑高铁

该项目连接纽伦堡和慕尼黑两个大城市，由新建的纽伦堡至因戈尔施塔特段及改建因戈尔施塔特至慕尼黑段建成。新建线路运营速度为 300 km/h，改造线路运营速度为 200 km/h，长度为 170.8 km。线路于 2006 年开通运营。

(4)埃尔福特至莱比锡/哈勒高铁

该项目是柏林至慕尼黑线路的组成部分，是欧洲铁路网的重要组成部分，北段连接安哈尔特铁路往柏林，南段连接纽伦堡至爱尔福特高铁。线路最高运营速度为 300 km/h，长度为 123 km，于 2015 年建成通车。

(5)纽伦堡至埃尔福特高铁

该项目是连接柏林至慕尼黑的重要线路,是全欧铁路网连接意大利及斯堪的纳维亚的重要组成部分。其由改建的纽伦堡至埃本斯费尔德段以及新建的埃本斯费尔德至爱尔福特段组成。线路最高运营速度为 300 km/h,长度为 107 km,于 1991 年开始规划,1996 年开工建设,1999 年由于超出预算被叫停,2002 年解除工程禁令,2017 年新建段投入运营,预计改建段于 2028 年投入运营。

4. 在建项目及规划项目

目前,德国高铁在建项目主要有 3 个,见表 2.2 及图 2.3,分别是莱茵/美因至莱茵/内卡高铁、卡尔斯鲁厄至巴塞尔高铁、斯图加特至温德林根至乌尔姆高铁。根据规划,未来项目有法兰克福至曼海姆高铁、哈瑙至格尔因豪森高铁 2 个。

表 2.2 德国高速铁路网形成

编　　号	分阶段	项　　目
1	第一阶段建成	汉诺威至维尔茨堡高铁、曼海姆至斯图加特高铁
2	第二阶段建成	汉诺威至柏林高铁、科隆至莱茵/美因高铁、纽伦堡至因戈尔施塔特至慕尼黑高铁、爱尔福特至莱比锡/哈勒高铁、纽伦堡至爱尔福特高铁
3	在　建	莱茵/美因至莱茵/内卡高铁、卡尔斯鲁厄至巴塞尔高铁、斯图加特至温德林根至乌尔姆高铁
4	规　划	法兰克福至曼海姆高铁、哈瑙至格尔因豪森高铁

5. 德国高速铁路发展规划带来的思考

由德国普速铁路发展基础、高速铁路网发展的两个阶段、在建及规划项目思考如下:

(1)与法国类似,德国普速铁路的发展同样经历了"增加数量"到"提高质量"的转变过程,但受到东西德分治的影响,发展存在差异。

(2)德国高速铁路的发展有一系列的规划作为支撑,包括 1964 年提出的《联邦铁路承担主要运输流任务的快速铁路发展规划》,1970 年提出的《联邦铁路网扩建改造规划》,1994 年提出并于 1998 年发布的"Netz21"规划,2004 年提出的"ProNetz 调整计划"等。德国高铁的发展依赖于规划,但是实施过程中存在调整、变更规划等多种情况。

2.1.3 美国高速铁路网规划

美国因为人口密度低、廉价航空业发达、汽车拥有率高、铁路以货运为主等原因,高铁所能获利甚微,因此相比其他国家发展较慢。美国的高铁阿西乐特快于 2000 年开始运营,为改建线路。正在规划的主要有加利福尼亚高速铁路。

1. 阿西乐特快

阿西乐特快是美国唯一一条高速铁路,衔接了华盛顿、巴尔的摩、费城、纽约及波士顿,其最高运营速度为 250 km/h。受到基础设施老化、与其他类型列车共线等因素的影响,其平均速度仅为 110 km/h,如图 2.4 所示。

图 2.3 德国高速铁路网

2. 加利福尼亚高速铁路

加利福尼亚高速铁路是美国加州计划建设的一条高速铁路，线路长度约 1 300 km。其建设计划于 2005 年通过，2007 年进行环评，2015 年开始动工，受到建设资金、客流等因素的影响，线路推进缓慢。

图 2.4 阿西乐特快

2.1.4 日本高速铁路网规划

日本是世界上最早发展高速铁路的国家。自 1964 年开通东海道新干线以来，日本陆续建成了以东京为中心的放射状高速铁路网，有效衔接了东京、大阪（京阪神）、名古屋三大都市圈，有效串联了日本八大区域及四十七个一级行政区划，有力支撑了日本人口流动和经济社会发展。在介绍日本普速铁路发展的基础上，分析日本高速铁路网的规划历程，阐述日本现状及规划高铁网，总结日本高速铁路网规划带来的思考。

1. 日本普速铁路发展基础

日本普速铁路的发展可以分为三个阶段：

一是初级发展阶段（1872—1887 年）：第一条铁路是京滨铁路（新桥—横滨），全长 29 km。

二是快速发展阶段（1887—1936 年）：日本铁路快速发展，1936 年铁路里程达到 26 847 km。

三是稳步发展阶段（1936—1964 年）：与法国和德国不同，日本铁路没有出现明显的下降过程，保持较为稳定的发展趋势。主要原因有两个：其一是在二战前，以汽车为代表的机动化还没有席卷日本；其二是二战后城市化的过程中，铁路网的形成先于城市化，将既有货运铁路等转作市域铁路，满足通勤出行需求。在此过程中，日本普速铁路进行了提质改造。

日本铁路里程变化如图 2.5 所示。

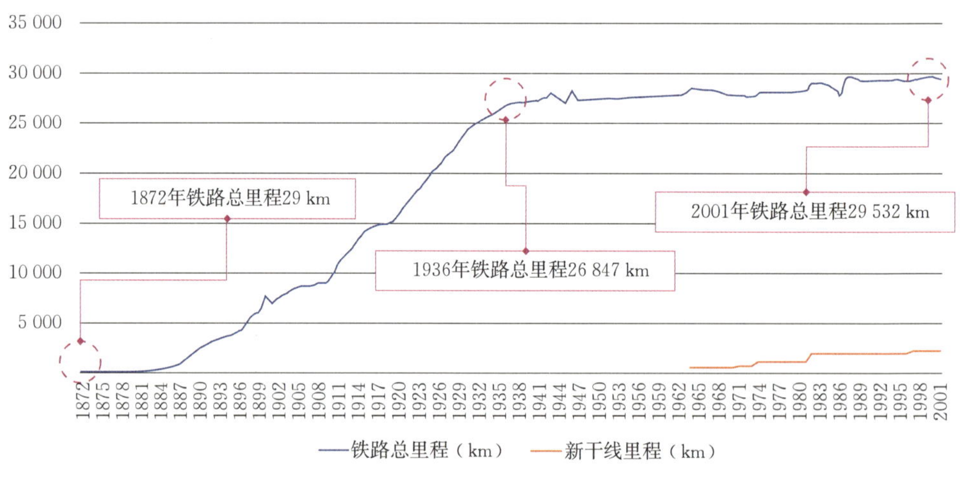

图 2.5　日本铁路里程变化示意图

2. 高速铁路网规划历程

在普速铁路高质量发展的基础上，日本开始建设高速铁路。以 1970 年所颁布的《全国新干线铁道整备法》、2011 年决定建设高速磁浮为界，日本高速铁路网规划可以分为三个阶段。

(1)1970 年以前的规划

在 1970 年之前，日本建设了东海道新干线，如图 2.6 所示。东海道新干线的建设背景如下：1950 年，连接东京、名古屋、大阪等日本三大都市圈的东海道本线已经呈现运量饱和，采用窄轨规格的东海道本线并不能提供快速的服务，加上东京成功争取到 1964 年夏季奥运会的主办权，兴建一条新的快速铁路迫在眉睫。基于此，日本国铁总裁十河信二提出修建新干线。1956 年 5 月，进行东海道新干线可行性研究；1958 年 12 月，批准建设；1959 年 4 月，开始进行建设;1964 年,开始全线运营。准确地说,东海道新干线并不是规划出来的,而是多种背景下日本高速铁路的一次尝试。

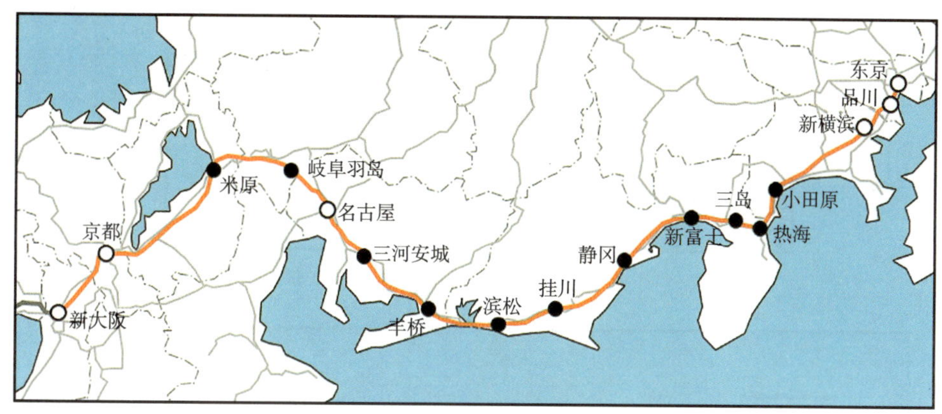

图 2.6 东海道新干线

(2)1970 年以后的规划

1964 年东海道新干线开通运营后,其便利性、高速性、安全性得到了日本国民的广泛支持。因此,日本决定在全国推广新干线,并制定了《全国新干线铁道整备法》,这是为了在全国进行新干线铁道网络铺设而制定的法律。

根据所指定法案对新干线的整体规划,1971 年 4 月,日本东北新干线(东京—盛冈)和上越新干线(东京—新潟)的计划得到批准。1973 年 11 月,日本批准了另外 5 条线路,见表 2.3。本次规划,基本上奠定了日本高速铁路网的整体格局。

表 2.3 日本新干线规划(1973.11)

序号	线 路	起 终 点
1	东北新干线	盛冈—青森
2	北海道新干线	青森—札幌
3	北陆新干线	东京—大阪(途经长野和金泽)
4	九州新干线(鹿儿岛线)	福冈—鹿儿岛
5	九州新干线(长崎线)	福冈—长崎

(3)日本高速磁浮规划

2011 年,日本决定整备计划的路线为中央新干线(东京—大阪),如图 2.7 所示。中央新干线是日本一项高速磁浮工程,预计最高运营速度为 505 km/h。中央新干线已经建成了山梨试验线,预计 2027 年建成东京—名古屋段,2037 年建成名古屋—大阪段。该条线路将使东京至名古屋的时间由目前的 1.5 h 缩短至 0.7 h,至大阪的时间由 2.5 h 缩短至 1.1 h。

3. 高速铁路网现状及规划

基于日本高速铁路网规划,其新干线建设也稳步推进,如图 2.8 所示。目前,日本有 9 条新干线路,常规新干线有 7 条,分别为东北新干线(320 km/h)、山阳新干线(275～300 km/h)、东海道新干线(285 km/h)、北陆新干线(260 km/h)、北海道新干线(260 km/h)、上越新干线

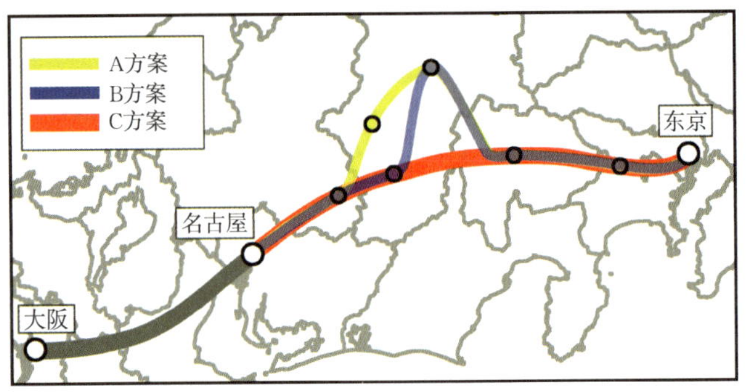

图 2.7 中央新干线

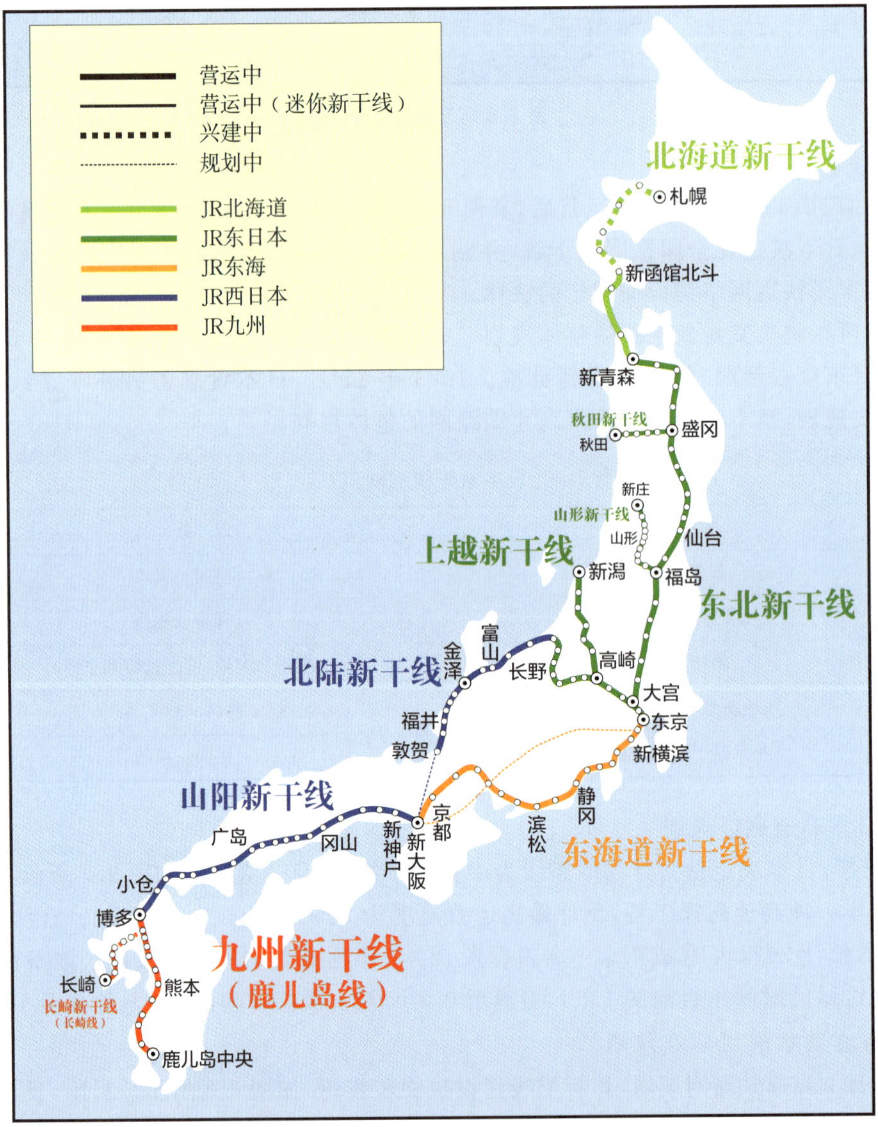

图 2.8 日本现状及规划新干线示意图

(240 km/h)、九州新干线(260 km/h);迷你新干线有 2 条,分别为山形新干线(130 km/h)、秋田新干线(130 km/h)。其中,北海道新干线、北陆新干线、九州新干线均为部分区段通车。

日本在建新干线有 3 条,分别为北海道新干线(新函馆北斗—札幌段,预计 2030 年通车)、北陆新干线(金泽—敦贺段,预计 2022 年通车)、九州新干线(长崎线,武雄温泉—长崎段,预计 2022 年通车)。

日本规划新干线有 3 条,分别为北陆新干线(敦贺—新大阪段)、九州新干线(长崎线,新乌栖—武雄温泉段)以及中央新干线(高速磁浮)。

总体上看,日本新干线呈现以东京为中心的放射状,有效衔接了东京、名古屋、京阪神三大都市圈,有效串联了八大区域及四十七个一级行政区划,有力支撑了日本人口流动和经济社会发展。

4. 日本高速铁路带来的思考

由日本普速铁路发展基础、日本高速铁路网规划历程、日本现状及规划高铁网思考如下:

(1)在高速铁路建设之前,普速铁路同样经历“增加数量”到“提高质量”的转变,不过铁路网里程并未出现下降的情况。

(2)日本高速铁路网规划经历了初期建设、规划成网、高速磁浮规划三个阶段,未来日本高速铁路网规划将迈进更高速度的新阶段。

(3)日本高速铁路网规划的稳定性较强、指导性较强。1970 年发布的《全国新干线铁道整备法》以法律的形式规划了日本的高速铁路网,后续几十年一直按照规划开展建设。

(4)日本高速铁路网相对简单,这是由日本的国土面积狭小所决定的。

(5)日本高速铁路网在规划过程中充分考虑了高质量、强通道、广覆盖等因素。高质量是指注重速度的提升、注重建设的稳步推进、注重建设和运营管理的一体化;强通道是指不断巩固东京、名古屋、大阪这一客流主廊道,东海道本线、东海道新干线、北陆新干线、中央新干线均承担廊道客流;广覆盖是指在北海道、九州等人口稀少、经济欠发达的地区同样修建高速铁路,满足高速出行需求。

2.2 国外高速铁路网规划发展趋势

基于法国、德国、美国、日本高速铁路网规划历程的分析可以看出,国外高速铁路发展均以普速铁路为基础发展起来的,经历了不同的发展阶段,未来呈现不同的发展趋势。

2.2.1 普速铁路发展基础

在普速铁路发展基础方面,法国、德国、日本普速铁路网都经历了由“增加数量”到“提高质量”的转变,为高速铁路的发展奠定了良好的基础。法国国铁制定和实施了 6 个铁路发展计划,重点进行了铁路重建、电气化建设及机车车辆更新;德国(原联邦德国)制定了《联邦铁路承担主要运输流任务的快速铁路发展规划》及《联邦铁路网扩建改造规划》,对路网进行了持续多年改造;日本对铁路进行了大规模提升改造,满足日益增长的通勤需求;不同的是,法国和德国经历了铁路网里程下降的过程，日本铁路网保持稳中增长的趋势。

2.2.2 高速铁路发展初级阶段

在高速铁路网发展的初期，各个国家都进行了高速铁路的有益尝试。法国修建了连接巴黎和里昂两大城市的东南线，德国修建了汉诺威—维尔茨堡高铁，日本修建了东海道新干线。总体来看，这些线路均连接了主要城市，在建成运营后获得了良好的效果，掀起了高速铁路建设的高潮。

此外，德国开展了轮轨和磁浮的争论。20 世纪 80 年代，德国开展了两种制式的争论，最终决定采用高速轮轨铁路，这直接影响到汉诺威—维尔茨堡高铁的全线通车。

2.2.3 高速铁路网发展及规划发展趋势

在高速铁路网迅速发展的阶段，各个国家均制定了相应的规划。法国于 2012 年制定了《国家交通基础设施计划(SNIT)》，规划分为 2014—2030 年、2030—2050 年、2050 年以后三个阶段，并对近期项目进行了详细研究。德国先后制定了《联邦铁路承担主要运输流任务的快速铁路发展规划》、《联邦铁路网扩建改造规划》、"Netz 21"规划、"ProNetz 调整计划"等，每个规划重点解决的问题不同。日本于 1970 年制定了《全国新干线铁道整备法》，指导日本半个世纪的高速铁路建设。各个国家的高速铁路网规划具有如下特点：

(1)法国《国家交通基础设施计划(SNIT)》。规划由 21 世纪交通委员会(Mobility 21)负责编制，编制委员会由 10 名人员构成，是自上而下的规划。规划具有分阶段、资金约束、项目明确等特点，对法国高铁发展具有较强的指导性。

(2)德国《Netz 21 规划》等。德国《Netz 21 规划》等主要就路网构成、不同类型路网的规模、路网建设的重点等进行确定，对于具体的项目确定较少。德国铁路网规划的迭代性较强，注重不同阶段解决不同的问题，但是强制性和法定性较差。

(3)日本《全国新干线铁道整备法》。日本《全国新干线铁道整备法》明确提出了日本高速铁路项目，并以法律的形式进行规定，具有极强的约束性和指导性。自 1970 年发布以来，一直未进行修编，具有极强的稳定性。

2.3 我国高速铁路网规划历程

我国建设高速铁路初期的战略设想是：首先对既有线进行改造，以较少的投资，较短时间建成旅客列车时速达 160 km 的准高速铁路，并在其中设置供高速列车运行的试验段，在积累经验的同时，为我国大量的既有线进一步提高速度提供技术储备；然后建成一条时速达 200～300 km 的高速客运专线进行试运营，再逐步提速发展成网。

我国高速铁路发展的初期战略构想可以追溯到"九五"计划，在此之前，已经开展了多次"五年计划"。前八次"五年计划"主要围绕营业里程、复线率、电气化率进行规划。在"九五"计划中，提出了"客运快速化"的理念，并先后进行了三次提速，提出了"四纵两横"的快速干线网。在"十五"计划中，树立了"大通道"的规划理念，首次提出"八纵八横"路网主骨架，为后续开展高速铁路网规划奠定了基础。2004 年，国家相关部门首次制定了《中长期铁路网规划》,该规划突破五年的计划期,着眼于铁路中长期的发展,并在规划中首次提出建设“四纵四横”客运专线网络。2008 年,国家发改委组织进行了修编调整。2016 年,国家发改委、交通运输部、中国铁路总公司再次组织了修编,提出建设“八纵八横”高速铁路网络。2019 年,响应交通强国建设要求,国家发改委、交通运输部、国家铁路局、国铁集团启动修编工作。为深刻阐述我国高速铁路网规划背景及规划历程,本书从“一五”计划到“九五”计划、“十五”计划、中长期铁路网规划(2004 年版,2008 年版,2016 年版)五个方面进行分析。

2.3.1 “一五”计划到“九五”计划

1953—2000 年,我国陆续开展了九次“五年计划”。总体来看,这些规划围绕营业里程、复线率、电气化率开展。到 2000 年,我国铁路营业里程达到 68 659 km,复线率达到 31.2%,电气化率达到 21.7%。

此外,在“九五”计划期间,提出了“客运快速化”的理念,于 1997 年 4 月、1998 年 10 月、2000 年 10 月,先后三次实施了既有线提速,见表 2.4,广深线旅客列车最高速度已达 200 km/h,京广、京哈、京沪三大旅客列车最高速度已达 160 km/h,初步建成了“四纵(京哈、京沪、京广、京九)”、“两横(陇海和兰新、浙赣)”的干线铁路网络。

表 2.4 “九五”期间铁路大提速情况简介

提速次序	第一次	第二次	第三次
提速时间	1997 年 4 月	1998 年 10 月	2000 年 10 月
提速范围	京广、京沪、京哈三大干线	京广、京沪、京哈三大干线	陇海、兰新、京九、浙赣线
主要措施	首次开行快速列车和夕发朝至列车	增加了夕发朝至列车;开通了城际列车;首次开通旅游热线直达列车	夕发朝至、快速列车、城际列车、旅游列车数量进一步增加;重新修订了列车分类和列车车次
旅客列车平均速度	54.9 km/h	55.2 km/h	60.3 km/h
取得成效	最高运行速度达到 140 km/h	直快和快速客车平均速度达到 71.6 km/h;列车最高速度达到 160 km/h	初步形成了“四纵两横”的提速网络

2.3.2 “十五”计划

在前述九个“五年计划”尤其是“九五”计划的基础上,我国铁路提速已经成为发展趋势,铁路网主骨架初步形成。为进一步适应国民经济和社会发展的要求,紧抓实施结构调整和西部大开发的历史机遇,在“四纵两横”干线铁路网的基础上,提出了“八纵八横”的路网主骨架。自此,我国铁路网规划树立了“大通道”的规划理念。

“八纵”快速通道：京哈通道、东部沿海通道、京沪通道、京九通道、京广通道、大湛通道、包柳通道、兰昆通道。

“八横”快速通道：京兰通道、煤炭运输北通道、煤炭运输南通道、亚欧大陆桥通道、宁西通道、沿长江通道、沪昆通道、西南出海通道。

此外，在“十五”计划期间，开展了第四次和第五次提速，进一步践行“客运快速化”理念，满足人民群众对快速客运的需求，见表 2.5。

表 2.5 “十五”期间铁路大提速情况简介

提速次序	第四次	第五次
提速时间	2001 年 10 月	2004 年 4 月
提速范围	京九线、武昌—成都、京广线南段、沪杭线、浙赣线、哈大线	主要城市间的城际铁路线
主要措施	优化列车运行时刻表；增开特快列车、旅游专列	新增开直达特快旅客列车；进一步优化列车运行时间；增加旅游专列运行线
旅客列车平均速度	61.9 km/h	65.7 km/h
取得成效	铁路提速延伸里程达到 13 000 km	几大干线部分地段基础运行速度达到 200 km/h，提速里程达到 16 500 km

2.3.3 铁路第六次大提速

1997 年 4 月 1 日开始铁路第一次大提速以来，十年中持续实施六次大提速。2006 年 11 月 10—16 日，我国铁路第六次大提速进行综合牵引试验。试验数据表明：我国铁路已经掌握既有线提速到时速 200～250 km 的整套技术，既有线提速技术达到世界先进水平。2007 年 4 月 18 日，第六次大提速正式实施，在京哈、京沪、京广、陇海、沪昆、胶济、广深等既有繁忙干线大量开行时速 200～250 km“和谐号”高速动车组列车。这标志着中国铁路拉开进入高速时代的序幕。

经过六次大面积提速，2007 年不仅实现了中国铁路百年发展历史上的时速 200～250 km 的动车组和时速 120 km 的普通客车，以及 5 000 t 货物重载列车共线运行零的突破，而且创造了世界铁路既有线整体性、系统性提速改造的新模式，极大地推动了我国铁路运输生产力发展，引领了世界铁路提速改造的新潮流。它的成功实践，大大加快了中国铁路现代化发展的历史进程，为我国规划建设高速铁路奠定了坚实的基础，为后续国家规划“四纵四横”客运专线提供了底气。

2.3.4 2004 年版《中长期铁路网规划》

经过十次“五年计划”，尤其是“九五”计划的三次提速及“四纵两横”干线铁路网，“十五”计划的两次提速及“八纵八横”路网主骨架，我国铁路建设速度加快，路网规模扩大，能力持续提高，骨架网基本形成。截至 2003 年底，全国铁路营业里程 7.3 万 km，位居亚洲第一、世界第三。2003 年铁路完成客运量 9.73 亿人次，货运量 22.12 亿 t。尽管我国铁路事业有了很大的发展，但是仍然存在两个方面的问题，一是运能供给的增长仍跟不上运输需求的增长，铁路运输能力在总体上仍然不足；二是“客运快速化”的需求需要进一步满足。

在此背景下，2004 年 1 月国务院审议通过了《中长期铁路网规划》，如图 2.9 所示，该规划突破五年的计划期，着眼于铁路中长期的发展，提出到 2020 年全国铁路营业里程达到 10 万 km，突出繁忙干线实现客货分线；建设客运专线 1.2 万 km 以上，客车速度目标值达到 200 km/h 及以上，建立省会城市及大中城市间的快速客运通道，人口稠密地区发展城际客运系统。首次提出了“四纵四横”快速客运通道以及三个城际快速客运系统。

“四纵”客运专线：北京—上海客运专线，贯通京津至长江三角洲东部沿海经济发达地区；北京—武汉—广州—深圳客运专线，连接华北和华南地区；北京—沈阳—哈尔滨（大连）客运专线，连接东北和关内地区；杭州—宁波—福州—深圳客运专线，连接长江、珠江三角洲和东南沿海地区。

“四横”客运专线：徐州—郑州—兰州客运专线，连接西北和华东地区；杭州—南昌—长沙客运专线，连接华中和华东地区；青岛—石家庄—太原客运专线，连接华北和华东地区；南京—武汉—重庆—成都客运专线，连接西南和华东地区。

同时，建设南昌—九江、柳州—南宁、绵阳—成都—乐山、哈尔滨—齐齐哈尔、哈尔滨—牡丹江、长春—吉林、沈阳—丹东等客运专线，扩大客运专线的覆盖面。

三个城际客运系统：环渤海地区、长江三角洲地区、珠江三角洲地区城际客运系统，覆盖区域内主要城镇。

2.3.5 2008 年版《中长期铁路网规划》

2004 年《中长期铁路网规划》实施以来，我国铁路发展成效显著，对促进经济社会发展、保障和改善民生、支撑国家重大战略实施、增强我国综合实力和国际影响力等发挥了重要作用，受到社会的广泛赞誉和普遍欢迎，成为现代化建设成就的重要展示。总体上看，当前我国铁路运能紧张状况基本缓解，瓶颈制约基本消除，基本适应经济社会发展需要。但与经济发展新常态要求、与其他交通运输方式、与发达国家水平相比，我国铁路仍然存在不足，主要体现在：一是路网布局尚不完善。区域布局不均衡，尤其是中西部地区发展不足，路网覆盖仍需进一步扩大；二是运行效率有待提高。重点区域之间、主要城市群之间的快速通道存在通而不畅，部分跨区域通道能力仍然紧张；三是结构性矛盾较突出。网络层次不够清晰，城际客运系统发展缓慢。

在此背景下，为适应全面建设小康社会的目标要求，铁路网要扩大规模，完善结构，提高质量，快速扩充运输能力，《中长期铁路网规划》在 2008 年进行了调整，如图 2.10 所示。到 2020 年，全国铁路营业里程达到 12 万 km 以上，主要繁忙干线实现客货分线；建设客运专线 1.6 万 km 以上，进一步丰富“四纵四横”快速客运专线系统及人口稠密地区城际客运系统的内涵。

“四纵”客运专线。北京—上海客运专线，包括蚌埠—合肥、南京—杭州客运专线，贯通京津至长江三角洲东部沿海经济发达地区；北京—武汉—广州—深圳客运专线，连接华

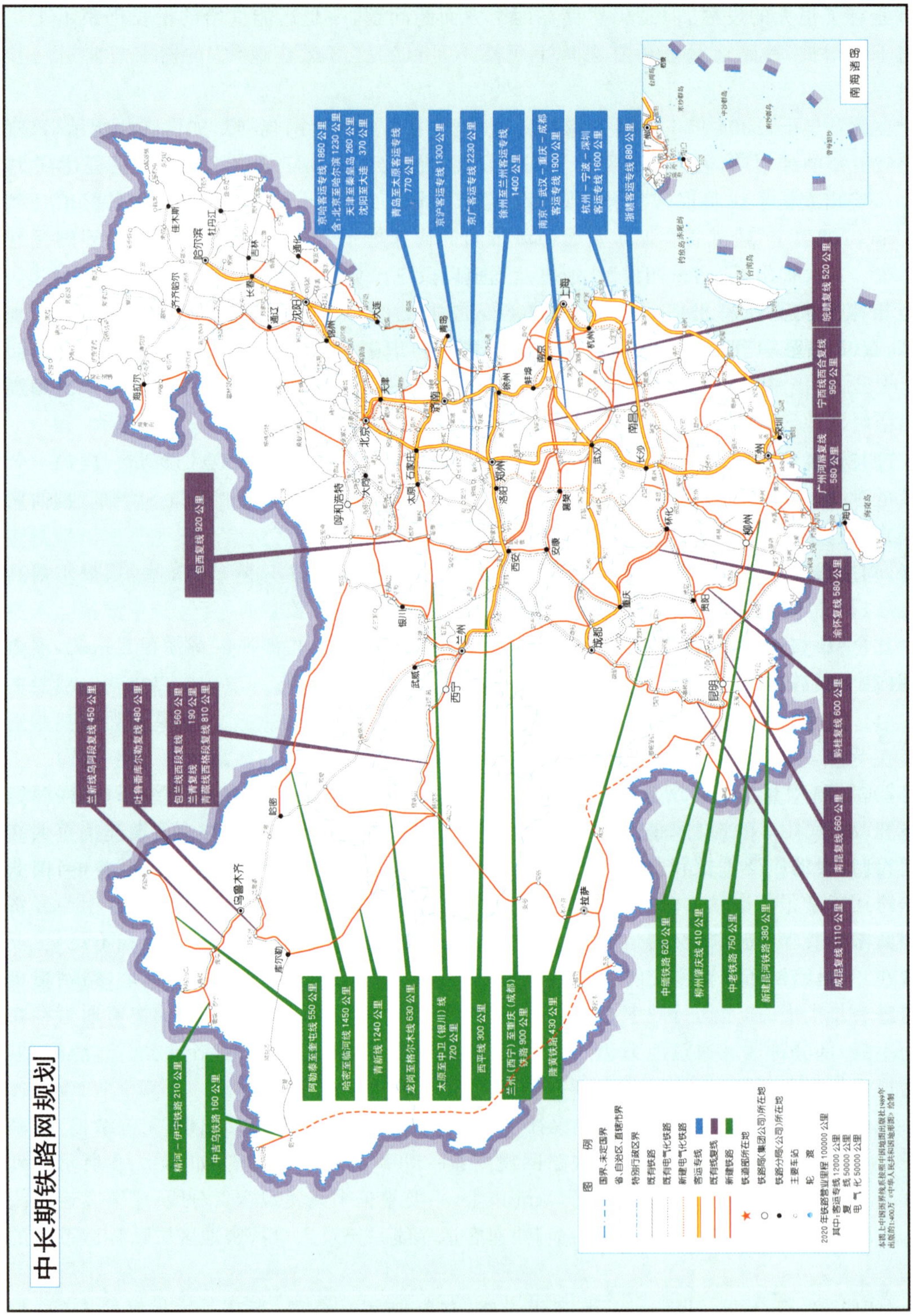

图2.9 中长期铁路网规划图（2004版）

图2.10　中长期铁路网规划图（2008版）

北和华南地区；北京—沈阳—哈尔滨（大连）客运专线，包括锦州—营口客运专线，连接东北和关内地区；上海—杭州—宁波—福州—深圳客运专线，连接长江、珠江三角洲和东南沿海地区。

“四横”客运专线。徐州—郑州—兰州客运专线，连接西北和华东地区；杭州—南昌—长沙—贵阳—昆明客运专线，连接西南、华中和华东地区；青岛—石家庄—太原客运专线，连接华北和华东地区；南京—武汉—重庆—成都客运专线，连接西南和华东地区。

同时，建设南昌—九江、柳州—南宁、绵阳—成都—乐山、哈尔滨—齐齐哈尔、哈尔滨—牡丹江、长春—吉林、沈阳—丹东等客运专线，扩大客运专线的覆盖面。

城际客运系统。在环渤海、长江三角洲、珠江三角洲、长株潭、成渝以及中原城市群、武汉城市圈、关中城镇群、海峡西岸城镇群等经济发达和人口稠密地区建设城际客运系统，覆盖区域内主要城镇。

2.3.6　2016年版《中长期铁路网规划》

2008年《中长期铁路网规划（2008年调整）》实施以来，我国铁路基础设施建设持续加快，投资保持稳定增长，运输能力明显增强，服务质量大幅提升，为促进经济社会发展、保障和改善民生等方面发挥了重要作用。但是与国家重大发展战略要求、与经济发展新常态要求、与其他交通运输方式相比，我国铁路发展仍然存在不足，需要进一步支撑“两个一百年”奋斗目标，支撑“一带一路”建设、支撑长江经济带、京津冀协同发展等国家重大战略，支撑新型城镇化战略，支撑生态文明建设，需与公路、民航、水运等正在开展的2030年规划保持协调等。

在此背景下，开展规划修订工作，如图2.11所示。规划提出，到2020年，一批重大标志性项目建成投产，铁路网规模达到15万km，其中高速铁路3万km，覆盖80%以上的大城市，为完成“十三五”规划任务、实现全面建成小康社会目标提供有力支撑。到2025年，铁路网规模达到17.5万km左右，其中高速铁路3.8万km左右，网络覆盖进一步扩大，路网结构更加优化，骨干作用更加显著，更好发挥铁路对经济社会发展的保障作用。展望到2030年，基本实现内外互联互通、区际多路畅通、省会高铁连通、地市快速通达、县域基本覆盖。

高速铁路网：在“四纵四横”高速铁路的基础上，增加客流支撑、标准适宜、发展需要的高速铁路，部分利用时速200 km铁路，形成“八纵八横”高铁通道。

“八纵”为沿海通道、京沪通道、京港（台）通道、京哈—京港澳通道、呼南通道、京昆通道、包（银）海通道、兰（西）广通道。

“八横”为绥满通道、京兰通道、青银通道、陆桥通道、沿江通道、沪昆通道、厦渝通道、广昆通道。

城际铁路网：京津冀、长三角、珠三角、长江中游、成渝、中原、山东半岛等城市群，建成城际铁路网；海峡西岸、哈长、辽中南、关中、北部湾等城市群，建成城际铁路骨架网；滇中、黔中、天山北坡、宁夏沿黄、呼包鄂榆等城市群，建成城际铁路骨干通道。

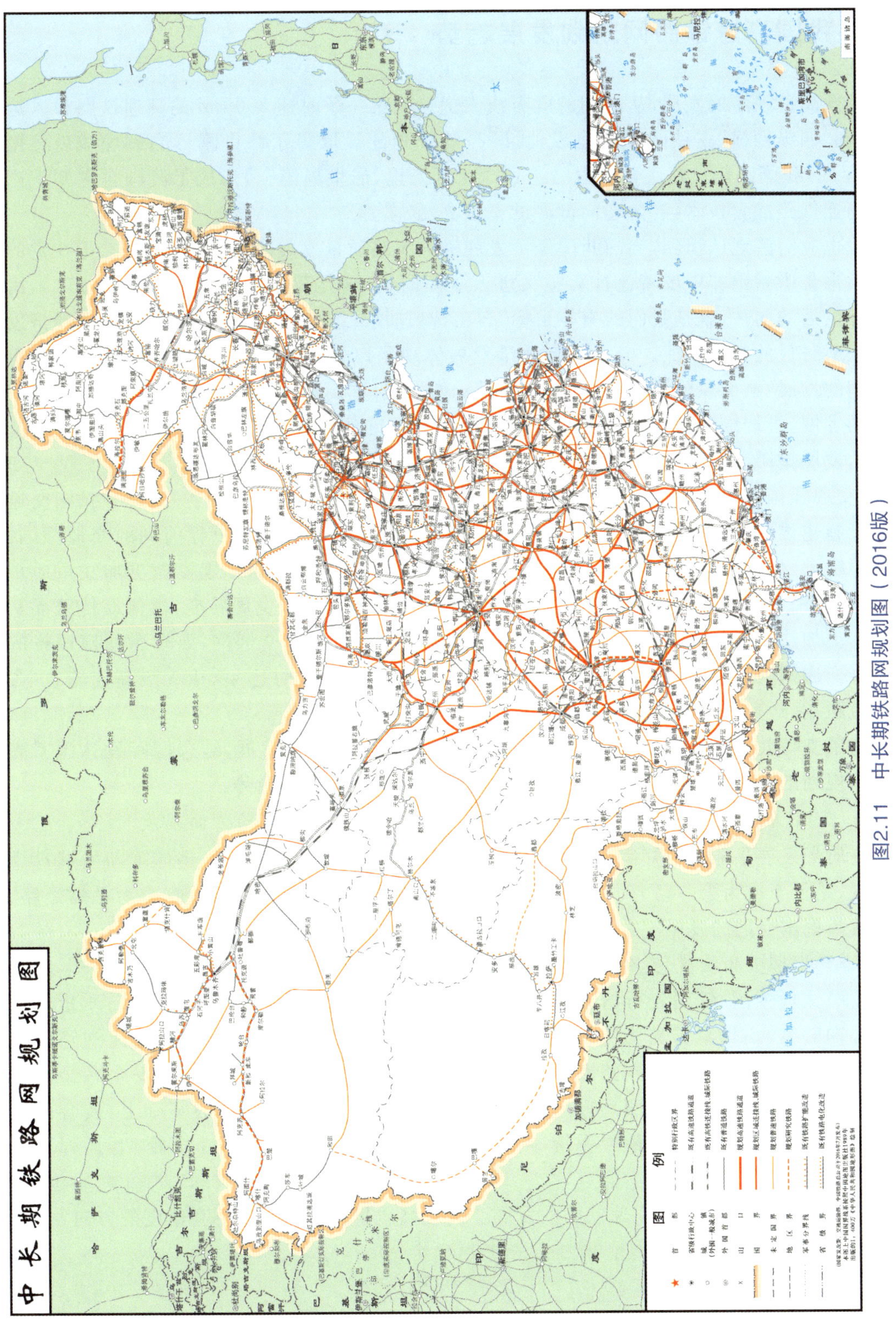

图2.11 中长期铁路网规划图（2016版）

2.4 我国高速铁路网规划发展趋势

我国高速铁路的发展，从初期的既有线大提速到第一条时速 350 km 的高速铁路投入运营，再到“四纵四横”高铁网拉通建成，我国高铁规划建设取得了举世瞩目的辉煌成就。至 2020 年底，我国高速铁路运营里程已达到 3.8 万公里，居世界第一，形成了我国自主知识产权的高速铁路成套技术，成为走向世界的中国亮丽“名片”。

但也应清醒地认识到，当前我国经济发展进入了高质量发展阶段，习近平总书记在党的十九大报告中指出：“中国特色社会主义进入了新时代，这是我国发展新的历史方位”“人民对美好生活的向往，就是我们的奋斗目标”。由“高速增长”转向“高质量发展”是我国经济发展进入新时代的基本特征。经济的高质量发展体现了以人民为中心的发展思想、体现了更为平衡的发展、更低风险的发展、更以创新驱动的发展、更高经济结构水平的发展、更高经济效益的发展、更加绿色的发展以及保持中高速增长速度的发展。高质量发展也为我国高速铁路的发展指明了发展方向。

《交通强国建设纲要》(以下简称《纲要》)是新时代交通工作的总抓手，开启了我国交通基础设施建设的新篇章。《纲要》提出了要建成人民满意、保障有力、世界前列的交通强国，同时要推动交通基础设施发展“3 个转变”，推动交通发展由追求速度规模向更加注重质量效益转变，由各种交通方式相对独立发展向更加注重一体化融合发展转变，由依靠传统要素驱动向更加注重创新驱动转变。要建设现代化高质量综合立体交通网，要构建便捷顺畅的城市群交通网，要合理统筹安排时速 600 km 级高速磁浮系统、时速 400 km 级高速轮轨(含可变轨距)客运列车系统等新要求。

为了支撑我国经济的高质量发展及推动高速铁路向高质量发展，结合国际发达国家高速铁路规划的发展，需要合理把握我国高速铁路网高质量发展的趋势。

1. 我国高速铁路网规划将向更高质量、更高效益、更高速度的方向发展

高质量发展是能够很好满足人民日益增长的美好生活需要的发展，是体现新发展理念的发展，是创新成为第一动力、协调成为内生特点、绿色成为普遍形态、开放成为必由之路、共享成为根本目的的发展。实现高质量发展，必须坚持以人民为中心，坚持质量第一、效益优先，牢牢把握更高质量、更有效率、更加公平、更可持续这四个关键要素。

按照交通强国、铁路先行的要求，我国高铁网的发展必将由速度规模扩张向质量效益集约方向转变，由增量扩充为主向盘活存量，做优增量方向转变。总体上，高速铁路网最终将实现“四个”世界领先，在路网规模和质量、技术装备和创新能力、运输安全和经营管理、服务水平和综合效益等四个方面实现世界领先。在既有高铁网络的基础上，要合理统筹安排时速 600 km 级高速磁浮系统、时速 400 km 级高速轮轨(含可变轨距)客运列车系统研究。

总体上来看，未来我国高速铁路的发展会向更高质量、更高效益、更高速度的方向发展。

2. 未来高速铁路网规划具体可重点考虑的方向

(1)适度增加高铁路网覆盖。

这可考虑补充完善“八纵八横”主通道，适度增加区域性高铁，实现便捷连通，提高高铁

网整体能力和服务质量，促进区域协调发展，按照高速铁路覆盖50万人口的城市目标，适当增加路网覆盖，构建高速铁路网。当前，世界各个国家在构建高速铁路网主骨架的基础上，增加路网覆盖、促进区域协调发展成为当前重要的考虑。法国规划的西南铁路项目(GPSO)、普罗旺斯新路线—蔚蓝海岸(LNPCA)、巴黎诺曼底新线(LNPN)等项目，日本在建及规划的北海道新干线、九州新干线等均位于人口相对较少的地区，其建设的一个重要目的是增加路网覆盖率，促进区域协同发展。

(2)增强主要客流廊道，缓解通道能力紧张。

在高速铁路发展的初期，主要城市间已经修建了高速铁路。随着客流的增长，既有高速铁路能力饱和，开始谋划第二高铁，如我国的京沪高铁、京广高铁衡阳至广州段等。法国在1983年建成了第一条高铁东南线(巴黎—里昂)，在目前能力饱和的情况下，规划了巴黎—奥尔良—克莱蒙—里昂(POCL)高铁，该线路与东南线均承担巴黎与里昂之间的客流，但是线路走向不同，进一步扩大了覆盖面。日本在1964年修建了东海道新干线，连通了东京、名古屋、京阪神三大都市圈；目前正在建设北陆新干线，衔接东京都市圈和京阪神都市圈，线路走向不同，进一步扩大了覆盖面；正在谋划中央新干线(高速磁浮)连通三大都市圈，进一步缩短时空距离。我国目前建设的京沪高速铁路二线具有缓解京沪高铁能力饱和的功能，但是线路走向不同，进一步增加了覆盖面。

(3)用好既有铁路存量，适度开展新线建设。

在普速铁路发展成熟及高速铁路成网的阶段，要充分利用好铁路存量，发挥既有铁路的运输能力。法国在高速铁路发展时优先利用既有铁路，在既有铁路能力出现紧张时考虑新建高铁。德国在建设埃尔福特—莱比锡/哈勒高铁、纽伦堡—埃尔福特高铁时均采用了“改建＋新建”的模式，新建线路设计时速为300 km，改建线路设计时速为200 km。

(4)规划区域连接线及枢纽工程，增强运输组织灵活性。

在高速铁路成网的阶段，要进一步规划区域连接线及枢纽工程，完善路网结构，增强运输组织灵活性。法国规划的法兰西岛互联实现了北线、东欧线、东南线等多条线路之间的联通，规划的莱茵—罗讷线(RR)实现了南北线和东西线之间的互联，规划的蒙彼利埃—佩皮尼昂线(LNMP)解决了尼姆—蒙彼利埃线和佩皮尼昂—菲格雷斯线之间的最后联通问题。

(5)合理把握建设进度，增强资金约束性。

法国、德国、日本都经历了高速铁路发展的飞速增长期。目前，各国在新建项目时均充分考虑建设资金约束，适当放缓了建设进度。法国在制定《国家交通基础设施计划(SNIT)》时，依据法国基础设施融资局(AFITF)可用资金提出两种方案，以建设资金作为第一约束；德国在建设高铁时多次因预算问题停工或延迟；日本新干线尤其是北海道新干线、中央新干线建设时充分延长了建设时间。

(6)合理确定技术标准，构建多层次高铁网络。

未来高速铁路网规划不应盲目追求高速度，全部采用350 km/h等技术标准，应根据服务地区、客流情况、工程投资等合理确定。德国高铁网络中仅科隆—莱茵/美因高铁、纽伦堡—慕尼黑高铁等采用300 km/h，多数线路采用更低的技术标准。日本新干线铁路网采用了320、300、285、275、260、240、130 km/h等多种技术标准，人口稀少及偏远地区技术标准相对较低，如北海道新干线、九州新干线(鹿儿岛线及长崎线)技术标准为260 km/h。

(7)积极推动国际铁路,与周边国家互联互通。

法国已经建设的北线,以及规划的西南铁路项目(GPSO)、蒙彼利埃—佩皮尼昂线(LNMP)等均为了实现与周边国家的联通;德国在高速铁路规划的初期就提出"对外连接欧洲主要城市",在后期的规划、建设中也体现了这一点。

(8)适度发挥铁路拉动投资作用。

目前,我国经济进入了高质量发展阶段,要适度发挥铁路稳投资的作用。2008 年金融危机后,受"国家经济复苏计划"推动,法国加快了高速铁路的建设步伐。

(9)适当把握规划更高速的系统。

《交通强国建设纲要》指出要合理统筹安排时速 600 km 级高速磁浮系统、时速 400 km 级高速轮轨(含可变轨距)客运列车系统等新要求。可考虑在长三角、粤港澳等经济发展地区,择机规划研究更高速的系统试验段,为我国高速铁路向更高质量、更高速度发展提供理论与实践基础。

3 高速铁路网需求预测

运输需求预测分析是高速铁路网规划的基础，是确定高速铁路网战略目标、规划布局、规划规模、实施规划的依据。通过分析区域社会经济、产业、城镇化、综合交通发展现状及发展趋势的基础上，合理把握区域客运需求的影响因素及发展趋势，建立科学的模型与参数，预测分析高速铁路客流。

3.1 客运需求预测理论

3.1.1 客运需求形成的机理

1. 由社会生产活动引起公务流、商务流等

在日常社会经济活动中，人们为了生产和再生产的需要，往往需要往返于各地进行公务与商务活动，由此产生了以工作需要为目的的公务流、商务流，这部分客流主要由需要出差的各行业工作人员组成。由于高速铁路相对于航空运输具有高速快捷、运输能力大、准点率高、安全程度高、运输成本低等优点，其对公务流、商务流的吸引力较大。

2. 由资源分配不均引起的务工流、旅游流、学生流等

资源的分布不均衡包括教育资源分布不均衡、就业资源分布不均衡、旅游资源分布不均衡、人力资源分布不均衡等，这种社会资源的不均衡分布迫使人们为满足诸如求学、旅游、就业等需求，不得不在各资源点间进行流动，从而产生了相应的客流。这种客流往往具有很强的季节波动性，如寒暑假的学生流高峰、假日旅游客流高峰等。

3. 由社会生活活动引起的探亲流、返乡流等

由于人们在社会生产活动中因公务、商务、资源分布不均衡等原因出行，而造成与亲人、朋友等社会关系的间隔、以及与生活所在地的空间间隔，为维持与亲朋、生活地域的联系，又产生了探亲流、返乡流等。这类客流同样具有较强的季节波动性，在一年中某些特定时段会出现出行高峰，如春节返乡流、中秋探亲流等。

3.1.2 客运需求的主要影响因素

1. 人口规模及其空间布局、年龄结构

客运是人的位移，人口规模及其空间布局是影响客运需求的基本影响因素，到城镇化后期，大部分人居住在城市，城镇化空间形态对旅客运输的流量、流向有着重要影响。同时，不同年龄人在出行次数、出行距离、出行时间、出行偏好等有明显差异，是客运量、客运结构和客运时空分布呈现不同特征。

2. 居民收入和消费结构

不同层次居民收入和消费结构对出行次数、出行方式选择、出行距离等影响显著。随着经济快速发展，居民人均收入的增加，整体消费水平的不断提高，带来交通消费支出的增加，出行次数增加，出行距离增大。另一方面，居民消费水平和消费结构出现多元化格局，产生不同层次、不同类型的客运需求特征。

3. 区域经济发展和劳动力转移

由于资源、交通区位等自然条件，以及人口、人文历史等条件差异，区域发展条件、发展基础不同，从而形成了区域间发展模式差异和发展不平衡，这也就使得区域间存在社会经济的横向联系，既带来商贸流通的客运需求，同时，劳动力的转移也直接派生出客运需求。

4. 城市与城镇化发展

城镇化是反映社会经济发展的重要特征之一，城市规模扩大、城镇数量增加、城市人口比例将逐步上升，这种城市群、都市圈的形成与发展，衍生出快速增长的中短途客流需求，对客运服务水平和服务质量均提出较高的要求。

5. 现代交通技术

科学技术对交通运输发展起着决定性的作用，现代交通新技术的运用对旅客运输需求的影响日益显著。一方面，可以满足旅客快速化、低成本、安全性、多样化的出行需求；另一方面，也可为不同收入层次的旅客提供更适宜的出行方式，诱增潜在出行需求的释放。

3.1.3 需求预测理论

需求预测理论与方法是客流预测的基础，高速铁路需求预测的理论主要有土地利用决定交通需求理论、转移理论、需求规划理论、诱增理论和效用理论等。

1. 土地利用决定交通需求理论

土地利用决定交通需求理论是我国城市轨道交通客流预测普遍采用的预测理论。在“四阶段法”和“三次吸引法”等方法中均有应用，该理论在预测上面体现在以下几个方面。

(1)土地使用决定交通源

人口与就业岗位的分布与规模、对外交通场站规模与布局等决定了交通源的产生分布。在客流预测时主要体现了出行生成量的预测。

交通小区出行量中常住人口的出行产生与不同类型人口的规模有关，吸引量产生与用地类别、就业岗位规模有关，而流动人口的出行产生则与对外交通场站规模、宾馆饭店等用地有关。

我国城市轨道交通客流预测的“四步骤”过程中，主要出行生成中出行产生量与吸引量模型都是直接与土地利用中人口与就业岗位有关的。

(2)土地使用决定了交通空间分布

土地使用决定了不同用地性质、决定了人口与就业岗位的空间分布，进而决定了交通流的空间分布。因此，在出行分布中，不管用什么样的模型与方法，其结果是由土地使用决定的。

(3)土地利用决定了方式选择

不同的用地性质、不同的城市形态、不同的城市密度会有不同的出行方式选择。城市用地性质、城市规模、聚集程度、城市形态对交通方式划分有一定的影响。

2. 需求转移理论

需求转移运量是指运输市场内原有的属于其他交通运输方式的客运量，由于新运输系统或既有运输系统运输服务质量的提高而被吸引到现系统来的运量。在原有的运输供需平衡状态下，各种运输方式都有相对稳定的市场份额，但是在新运输方式出现后，原有平衡被打破，客运市场重新分配，许多原属于其他运输方式如既有铁路线路、航运、公路等的客流被吸引过来，成为新运输系统客运量的一部分。高速铁路由于其技术经济特征的优势，使得其在既有运输通道中具有特有优势，将转移原由其他运输方式承担的客运需求。

3. 需求规划理论

需求规划理论是基于以公共交通为导向的开发(TOD)的概念而提出来的。协调站点周边土地规划定位和站点客流特征，相互反馈进行需求预测。主要应用此理论的预测方法是"三次吸引法"和土地利用法。

高速铁路站点往往位于城市中比较重要的位置，由于高速铁路是城市对外出行非常重要的交通方式之一，高速铁路站点在周边的土地利用结构变动中发挥着非常重要的作用。分析高速铁路站点周边规划定位和客流特征，以及两者之间相互反馈作用，从而进行站点客流聚集预测和站间预测。

4. 需求诱增理论

客运需求诱增理论是进行高速铁路网客流预测的重要理论。由于高速铁路网的不断完善，促进了高速铁路沿线地区及吸引范围内经济的发展，人们生活水平得到提高，直接诱发了一部分潜在的客运需求，这部分客流在没有新建高速铁路的情况下是不会产生的。新建高速铁路通车运营后，改变了原有的路网状态，从而产生诱增客流。新建高速铁路对客流的诱增主要表现在四个方面：一是新建高速铁路通车运营后，由于高速铁路运输方式本身服务属性的提高，促使一部分潜在的客运需求转化为实际客流。二是新建高速铁路通车运营后，各种运输方式通过提高自身的服务质量来增强竞争力，使运输网络的质量得到改善，诱发了因受交通条件限制而无法出行或较少出行的潜在客流。三是新建高速铁路通车运营后，促使沿线周围区域的经济布局、产业结构更加合理，从而加大了区域间的贸易及人员流动等，诱发新的潜在客流。四是随着高速铁路网的不断变化，各线路之间的连通性增强，从而诱发了新的客流。

5. 效用理论

在经济学中，简单的效用是指消费者从消费产品中所获得的满足或者愉快。将此效用扩展到交通领域中，是指旅客在进行出行选择时，不同选择方式带给旅客的效果或者说旅客从不同运输方式中所能获得的满足。这种满足是旅客的一种主观感受，因此具有主观性和相对性，即不同的旅客在不同的时间和不同的地方，也因自己主观感受的不同，而对效用的理解不同。旅客在进行运输方式选择时，倾向于选择相对比较满足的方式出行。效用最大化理论是指旅客在出行时，在特定的选择条件下选择效用最大的出行方案。选择方案的效用，不仅与交通运输方式的服务特性，还与旅客的出行特性及出行行为等有关。

3.2　客运需求预测方法

3.2.1　客运需求预测常用方法

高速铁路客运需求预测方法一般可以分为定性预测法和定量预测法两大类，其中定量预测法通常可分为调查法、时间序列模型和因果模型预测法，以及基于四阶段法的高速铁路客运需求预测方法等。

定性预测法是在数据资料掌握不多的情况下，依靠人的经验和分析能力，用系统的、逻辑的思维方法，把有关资料加以综合而进行预测的方法。较为常用的定性预测方法见表3.1。

表3.1　常见定性预测方法

预测方法分类	方　法　说　明
主管人员意见法	假定多个专家比单个专家预测的效果更明显是这种方法的基础。预测的过程当中鼓励交流，互不隐瞒。某些状况之下，预测效果会受社会因素的制约，一致意见难以达成
市场调查法	对潜在客户或客户系统正式地开展调查，使得企业看清市场对物流管理具体要求，进而确定客户目标。其明显的优点是实用性强、简单易行，经常和德尔菲法结合使用
德尔菲法	此方法的优点是前面专家掌握的全部信息都会传递给其他专家，最终所有的预测信息会被所有专家所掌握。其具体过程是不记名地通过一定顺序的问卷调查一组专家，通过回答的一份问卷来制作下一个问卷

运输市场调查法是通过一定的方法征求购买运输产品的顾客的购买意向和心理动机，从而对运输需求情况进行收集、整理、分析，在此基础上进行运量预测的方法。调查的主要内容有：自然条件、经济发展水平、人口数量、人口结构及分布状况，各种运输方式的发展，客运形成的因素等等。

时间序列预测法依据对象过去的统计数据进行预测，其基本思想为：过去的变化规律会持续到未来，即未来是过去的延伸，在未来一定时期内，某种现象在数量上的演变特征不脱离过去的发展趋势。时间序列预测法包括时间序列平滑法、趋势外推法、季节变动预测法等确定型时间序列预测法及马尔可夫法、Box-Jenkins法等随机型时间序列预测法。

因果模型预测法是以数理统计为理论依据，在所收集的大量数据中寻求变化规律的一种数理统计方法。因果模型预测法包括回归分析预测法、计量经济模型法、投入产出预测法等。由于时间序列预测法和因果模型预测法都是以统计资料为依据，应用数理统计方法进行预测的，所以又统称二者为统计预测。

3.2.2　基于四阶段法的高速铁路客运需求预测方法

目前，铁路网或高铁网规划，常用的是四阶段方法。四阶段法可分为交通生成、交通分布、方式选择、交通分配四个阶段。四阶段法已成为交通规划的通用模式。四阶段法通过对未来交通产生和交通分布的预测，并进行方式选择和交通分配，形成交通流量预测方法，也适用于区域出行需求分析。与其他传统的预测方法相比，四阶段法因对预测的完整定义和准确刻画，并且对需求的社会经济因素、服务水平和运输系统内的竞争进行全面的考量，从而在交通规划、运营组织管理等方面有着广泛的应用。

1. 客运量生成预测方法

客运量生成预测的目的是建立各交通小区的客运发生量与小区的社会经济特征等变量之间的定量关系，推算出规划年度各交通小区的客运发生量。交通小区客运发生量区分对外出行和内部出行，高速铁路出行一般为区域出行行为，主要服务交通小区对外出行，客运发送量与吸引量基本相同。常用的预测方法有时间序列法、回归分析法、原单位法、弹性系数法和聚类分析法。

2. 客运量分布预测方法

客运分布预测根据调查得到的各交通小区现状 OD 数据为基础，综合考虑各小区经济、社会发展所引起的客运量增长情况，推算出规划期各小区之间的客运分布，即给定各区的客运生成量和客运吸引量，拟合出各区之间的客运交换量。客运量分布预测是四阶段预测的重点之一，是高铁路网规划和客运量预测的基本方法。客运量分布预测的方法主要有两大类：增长率法和重力模型法。

3. 客运量方式划分方法

客运量方式划分预测，把总的交通量划分给各种交通方式（区域出行交通运输系统中主要有铁路运输、公路运输、水路运输、航空运输等）。影响出行者对交通方式选择的因素很多，如各种交通方式的舒适性、安全性、便捷性以及选择者的社会经济特征等。预测方法很多，如转移曲线法、概率模型法、回归分析法等。

4. 客运量分配方法

客运量分配是将已经预测出的铁路客运 OD 按照客运出行的规律，根据各铁路通道的功能定位，在路网中选取合适的节点，进行里程、时间、费用或广义费用的比选，确定各铁路通道的合理吸引铁路 OD 范围及分工，将铁路 OD 分配到铁路路网中的主要铁路通道中，获得各相关铁路通道的客流断面密度，然后结合各铁路通道内现状及规划年各铁路线的功能、分工进行合理分配，最后得到高速铁路各断面的客流密度及客车对数。

高速铁路一般为铁路通道中的客运主体，对于仅有一条高速铁路形成铁路通道，铁路通道分配量即为该高速铁路运量；对于多条线路并存的铁路通道，在铁路通道分配量的基础上，还应研究铁路通道中各线的分工，以确定各高速铁路线路的客运量。

客运量分配方法分为均衡模型与非均衡模型两大类。均衡模型依据原理为 Wardrop 原理，即网络上的交通分布方式是使所有使用的线路都比没有使用的线路费用小，或客流在网络上的分布，使得网络上所有客流的总出行时间或费用最小。非均衡模型是采用模拟方法，包括最短路分配、容量限制分配、静态多路径分配及动态多路径分配等四类模型。

基于四阶段的客运需求预测各阶段方法总结见表 3.2。

表 3.2 四阶段法中各阶段方法总结

方法		原理	适用性	优点	缺点
客运生成预测方法	时间序列法	考虑事物发展的变化规律，以时间为自变量建立起相关模型	移动平均法、指数平滑法等适用时间序列比较平稳、波动不大情景，适合做短期预测；随机时间序列预测模型可用于节点旅客和发送量的预测	简单易行，能够将现实状况较为准确地反映出来，能够同时进行近期和远期预测	受计算期数的影响比较明显，计算期数在很大程度上影响预测结果，权数的选择需要具有一定的经验，时间序列需要有较明显的线性变化趋势
	回归分析法	用回归分析的数学方法研究变量与变量之间的依靠关系，从一个变量过去和现在的取值去推断和预测未来可能的取值范围	适用于两个或两个以上的自变量	有一个清晰的模型结构，预测结果比较可信，能给出预测结果的置信区间和置信度	需要的数据量多，计算工作量大，不能完全包含所有的影响因素
	原单位法	采用易于测定的人口、经济、土地面积等指标，通过单位人口、经济指标所产生的客运发生、集中量来预测未来小区客运发生、集中量的方法	适用于城市客运需求预测	数据容易获取，可以直观地表示与测量，计算简单，预测精度相对较高	在城市布局和发展比较快的情况下，未来的原单位明显有别于现状的原单位的交通需求预测中，预测精度会下降
	弹性系数法	基于项目影响区各年历史数据及各城市远期发展规划的基础上，运用定性和定量相结合的方法获得预测数据	适合于客运生成长期预测	准确反映区域交通与社会经济之间的关系，计算简便，能从宏观上看出运输与经济发展关系，可进行类比分析，容易把握预测的可信度，应用较为广泛	弹性系数的精确确定十分困难，导致预测精度低，准确性差
	聚类分析法	以估计给定出行目的每户家庭的出行产生量为基础，建立以家庭属性为变量的函数	客运生成预测，适用性较弱	计算简单，突出以家庭作为基本单元，用将来的出行发生率求得将来的出行量	需要大量数据，对于调查结果要求较高

续上表

方法		原理	适用性	优点	缺点
客运分布预测方法	增长率法	假设预测的OD客运需求量的分布形式和先验的OD表的分布形式相同，在此基础上分析和预测未来运输需求的增长与交通区域之间的平衡	对全部交通出行目的的OD预测都适应，当OD表周边分布变化较小时特别有效，计算铁路旅客OD分布时很有效	公式简明，易于计算，不需要小区间出行所需时间。当对研究对象地区之外的交通分区进行发生吸引预测时，通常都是使用增长率法	基年要有完整的OD表，忽视了潜在需求的产生，相对比较粗糙
	重力模型法	借鉴了牛顿万有引力定律来描述城市居民的出行行为，考虑了两个区域的吸引强度和吸引阻抗因素	对任何区域都适用；当没有完整的基年OD表，或预测年的土地利用形态变化比较显著时，适合用重力模型	模型结构简单，适用范围较广，即使没有完整的现状OD表也能进行推算预测	考虑影响因素相对单一，区域内部出行时间界定比较困难，参数的标定需要借助其他方法进行收敛计算。当交通阻抗趋于零时，交通分布量会趋于无穷大
客运方式划分方法	转移曲线模型	针对不同的阶层和不同的出行目的，需要将所有的情况都绘制成曲线才能描述不同交通方式的对客流的分担情况	适合运输历史资料比较齐全完备的区域	较简单、直观，预测时可直接查出各种运输方式分担率	需要大量的调查资料和现状数据，无法反映政策、技术等不可量化因素对各运输方式的影响
	概率模型	假定对各种运输方式的选择是以各种运输方式所需阻抗参数构成的各种交通阻抗大小为基础，以一定的概率关系构造的模型	适合描述具有特殊形态(例如双峰形态)分布的随机变量	能够比较充分地考虑到旅客选择行为中的随机性以及其中的不确定因素	在实际应用时存在输入数据量巨大的问题，预测精度的控制难以得到充分保证
	回归模型	建立出行量和相关因素的函数关系，以此类推预测	适用于交通统计数据较完善的区域	函数关系明确，可用统计数据检验模型的精度	有时会出现相关系数较高，就使出行率出现虚假的上升或是下降现象

续上表

方法		原理	适用性	优点	缺点
客运分配方法	均衡模型	网络上的交通分布方式是使所有使用的线路都比没有使用的线路费用小，或客流在网络上的分布，使得网络上所有客流的总出行时间或费用最小	用户均衡原理适用于用户在出行时总想选择最优路径行为的条件；系统最优原理较多的作为系统评价的指标，为交通规划提供一种决策方法	在其原理的假设条件下构建模型容易，求解简单可行	假设条件不符合实际的交通状况，其所做出的任何决策都或多或少具有一定的随机性
	非均衡分配模型	采用模拟方法，包括最短路分配、容量限制分配、静态多路径分配及动态多路径分配等四类模型	在可行性研究、交通运输规划和经济评价等领域中常用	结构简单、概念明确、计算简便，在实际工程中得到了广泛的应用，效果良好	分配过程与方法过于简单，分配结果与实际情况相差较大

3.2.3 客运需求预测方法及模型简介

1. 人均指标法

人均指标法主要应用于客运需求总量预测，人均旅客发送量也称乘车率，乘车率既是反映乘客出行强度，也是反映该铁路运输发达程度，是预测总客运量的重要指标。总客运量如下：

$$\overline{Y}_{客}=M\times\gamma \tag{3.1}$$

式中 M——人口数；

γ——乘车率。

国情不同、地区和城市的差异、铁路网密度大小对乘车率高低有很大影响。人均乘车次数是个历史年度的平均指标，国家经济发展、居民收入提高、国家政策变化、运价调整、路网变化以及交通运输方式之间的竞争，都使人均乘车次数产生波动。如果扣除市郊，我国铁路乘车率，大体在 0.8～1.5 之间。利用乘车率指标预测未来时期客运量关键在于未来年度乘车率的选用。必须在分析利用历史资料基础上，要深入研究经济和社会发展趋势、地区差异以及铁路自身发展和市场竞争能力的提高，合理拟订未来时期乘车率。

2. 增长系数法

增长系数法也称增长率法，是铁路运量预测常采用的方法。增长系数法，按照因变量指标选择和约束条件不同，又可分为常增长系数法，弹性系数法和有约束增长系数法。

(1)常增长系数法

常增长系数法也称平均增长率法，其计算公式为

$$\hat{y}=y_0(1+r)^t \tag{3.2}$$

式中 $\hat{y}$——预测年度运量；

y_0——基年运量；

r——年平均增长率；

t——自基年到预测年度的时间，年。

年均增长率根据历史年度增长率拟定，历史年度平均增长率采用“水平法”(即几何平均法)求得

$$\bar{r}=\left(\sqrt[n]{\frac{a_n}{a_0}}-1\right)\times 100\% \tag{3.3}$$

式中 $\bar{r}$——平均年增长率；

a_n——最后一个历史年度数据；

a_0——计算起始年度数据；

n——统计年份。

运用平均增长率法预测运量时预测时间愈长准确度愈低，确定中长期特别是远期运量的增长率时需研究发展趋势予以调整。

(2)弹性系数法

弹性系数是运量增长速度和经济增长速度的比值。即

$$E_y=\frac{A_y}{A_m} \tag{3.4}$$

式中 E_y——运量增长弹性系数；

A_y——运量平均增长速度；

A_m——国民经济平均增长速度。

除了运量弹性系数外，还有能源弹性系数、电力弹性系数。弹性系数反映与国民经济发展速度的关系，弹性系数大于1，说明本行业发展快于经济增长速度；弹性系数小于1，说明本行业发展慢于经济增长速度。工业化初期弹性系数一般都大于1，工业化后期弹性系数一般都小于1。运用弹性系数预测运量公式为

$$\hat{y}=y_0(1+A_m\cdot E_y)^t \tag{3.5}$$

式中 $\hat{y}$——预测年度运量；

y_0——基年运量。

(3)有约束增长系数法

①平均增长系数法

主要在运量OD分布矩阵计算中使用，相对于一个OD对，起始区(i)运量增长受i区经济增长率影响较大，到达区(j)运量增长受j区经济增长影响较大，采用同一增长率则忽略了地区差异，因此计算OD对时可用平均增长率计算。

$$\hat{y}_{ij}=y_{ij}\times\frac{r_i+r_j}{2} \tag{3.6}$$

式中 $\hat{y}$——ij分区间未来年度运输量；

y_{ij}——ij分区间基年运输量；

r_i——i分区发送量增长率；

r_j——j 分区到达量增长率。

②弗莱特法

平均增长系数法虽然考虑了不同分区间变化的差别，但这种差别仅仅反映两个直接发生作用的分区间的影响，实际上其他分区的相互作用也会对其产生影响，采用弗莱特法有较好的功效。计算公式如下：

$$Y_{ij}=Y_{0(ij)}\times\alpha_i\times\beta_j\times\frac{L_i+L_j}{2} \tag{3.7}$$

$$L_i=\frac{\sum_{j=1}^{n}Y_{0(ij)}}{\sum_{j=1}^{n}Y_{0(ij)}\times\beta_j} \tag{3.8}$$

$$L_j=\frac{\sum_{i=1}^{n}Y_{0(ij)}}{\sum_{i=1}^{n}Y_{0(ij)}\times\alpha_i} \tag{3.9}$$

式中 Y_{ij}——未来分区 i 到分区 j 的分布运量；

$Y_{0(ij)}$——现状分区 i 到分区 j 的分布运量；

α_i——分区 i 发送运量增长系数；

β_j——分区 j 到达运量增长系数。

为了满足将来小区发生交通量与吸引交通量之和相等，即满足

$$\sum_{i=1}^{n}Y_{(ij)}=\sum_{j=1}^{n}Y_{(ij)} \tag{3.10}$$

必须进行收敛迭代计算。

3. 时间趋势模型

(1)指数平滑模型

所谓平滑，即通过某种平均方式，消除历史统计序列中的随机波动，找出其中的主要发展趋势。根据平滑次数的不同，有一次指数平滑、二次指数平滑、三次指数平滑和高次指数平滑之分，但高次的很少用。指数平滑法适合用于短期预测，也可用于修匀数列。

①指数平滑计算公式

一次指数平滑公式

$$S_t^{(1)}=\alpha Y_t+(1-\alpha)S_{t-1}^{(1)} \tag{3.11}$$

$$t=1,2,\cdots,T$$

式中 $S_t^{(1)}$——一次指数平滑值；

α——加权系数，一般取 0.01～0.3。

二次指数平滑公式

所谓二次指数平滑，就是用一次指数平滑值 $S_t^{(1)}$ 代替观察值 Y_t，再进行一次平滑。即

$$S_t^{(2)}=\alpha S_t^{(2)}+(1-\alpha)S_{t-1}^{(2)} \tag{3.12}$$

三次指数平滑公式

$$S_t^{(3)}=\alpha S_t^{(3)}+(1-\alpha)S_{t-1}^{(3)} \tag{3.13}$$

②指数平滑预测公式

大多数时间序列的趋势变化有三种情形，即水平趋势、线性趋势和二次曲线趋势。这三种趋势都可以用合适的指数平滑来预测，即水平趋势可用一次平滑，线性趋势用二次平滑，二次曲线趋势用三次平滑法来预测。

水平趋势——一次指数平滑：

$$\hat{Y}_{T+L}=S_T^{(1)} \tag{3.14}$$
$$L=1,2,\cdots,n$$

式中 $\hat{Y}_{T+L}$——第 L 年预测量；

$S_T^{(1)}$——当前时期 T 时的一次平滑值。

线性趋势——二次指数平滑：

$$\hat{Y}_{T+L}=a_T+b_TL \tag{3.15}$$
$$L=1,2,\cdots,n$$

平滑系数 a_T 和 b_T 的估计公式为

$$a_T=2S_T^{(1)}-S_T^{(2)} \tag{3.16}$$

$$b_T=\frac{\alpha}{1-\alpha}(S_T^{(1)}-S_T^{(2)}) \tag{3.17}$$

式中 $S_T^{(1)}$、$S_T^{(2)}$——当前时期的一次和二次指数平滑值。

二次曲线趋势——三次指数平滑：

$$\hat{Y}_{T+L}=a_T+b_TL+\frac{1}{2}c_TL^2 \tag{3.18}$$
$$L=1,2,\cdots,n$$

平滑系数 a_T、b_T 和 c_T 的估计公式为

$$a_T=3S_T^{(1)}-3S_T^{(2)}+3S_T^{(3)} \tag{3.19}$$

$$b_T=\frac{\alpha}{2(1-\alpha)^2}\left[(6-5\alpha)S_T^{(1)}-2(5-4\alpha)S_T^{(2)}+(4-3\alpha)S_T^{(3)}\right] \tag{3.20}$$

$$c_T=\frac{\alpha}{(1-\alpha)^2}\left[S_T^{(1)}-2S_T^{(2)}+S_T^{(3)}\right] \tag{3.21}$$

③加权系数的选择和初始值的确定

在运用指数平滑法时，选择合适的加权系数 α 是很重要的。加权系数体现了过去和当前信息的倚重程度。一般来说，取 $\alpha=3$。因为根据计算，当 $\alpha=3$ 时，10 年以前的数据的加权系数为 0.008，就是说可以忽略不计了，若选用 $\alpha=3$ 时，则 10 年以前的加权系数为 0.035，10 年前数据仍有一定作用。但在运量预测中，对 10 年以前的数据是可以不考虑什么影响，或者考虑很少影响。所以当历史数据在 10～20 年左右时，选用 α 不大于 0.3 较为合适。如果历史数据不足 10 年，而近期影响又相对较大时，也可选用大于 0.3 的加权系数。

关于初始值的选定问题，一般做法是，把历史数据分成两段，前一段(3～5 年)的数据用于计算初始值(简单的办法是取算术平均值)；用后一段数据进行平滑，计算各平滑参数。

(2)趋势外延模型

即把时间 t 的延续作为自变量,运量 Y 随时间呈现一定趋势,从而拟用一定数学表达式来体现的一种预测方法。

①几种常见的趋势变化形式及其数学模型

几种常见的变化趋势见表 3.3,表中所列各种变化及其数学表达式都是较好的曲线方程。一种趋势有时可以用几种方法来描述。因此,若有可能,应尽量用几种曲线进行拟合比较,作出抉择。

表 3.3 几种常见的趋势形式及其数学模型

数学模型	模型参数值域			
	趋势形式 A 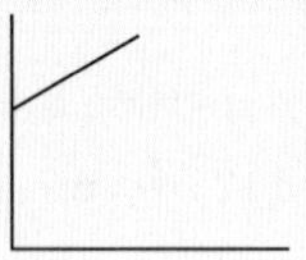	趋势形式 B 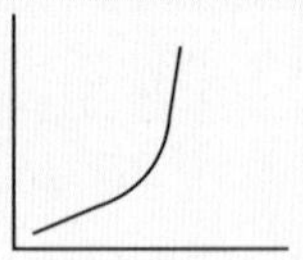	趋势形式 C 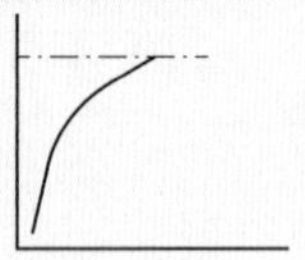	趋势形式 D 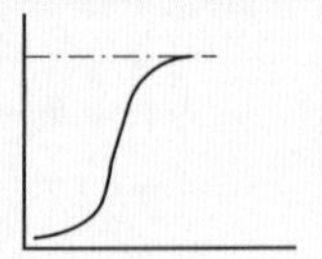
线性方程 $Y_t=a+bt$	$b>0$			
二次曲线 $Y_t=a+bt+ct^2$		$b>0$ $c>0$		
指数曲线 $Y_t=e^{a+bt}$ 或 $\ln Y_t=a+bt$		$b>0$		
修正指数曲线 $Y_t=K+ab^t$		$b>1$ $a>0$	$0<b<1$ $a<0$	
龚帕兹(Compertz)曲线 $Y_t=e^{(K+ab^t)}$ 或 $\ln Y_t=K+ab^t(0<b<1)$				$a<0$
逻辑斯蒂(Logistic)曲线 $Y_t=1/k+ab^t$ 或 $1/Y_t=K+ab^t(0<b<1)$				$a>0$

②趋势变动的判断

趋势变动的形势可以用以下几种方法判断。

根据预测目标本身的特性进行判断:随着时间的延续,运量一直增长时,选用表 3.3 中 A、B 种型式,受到能力最终限制的可选用表 3.3 中 C 型,如果预测目标的发展趋势还伴随着一个“成长”规律,则选用表 3.3 中 D 型。

通过作图进行判断:将已知序列描绘在坐标纸上,可帮助我们直观地判断预测目标的发展趋势。对存在线性趋势、二次曲线增长趋势的判断是比较容易的。如果数据在半对数坐标纸上近似成一直线分布时,可能存在指数形势;如果在半对数坐标纸上近似成一修正指数曲线,预测目标的变化趋势很可能就是一条龚帕兹曲线。

运用差分原理进行判断:

一阶差分(后向)定义为

$$\Delta Y_t=Y_t-Y_{t-1} \qquad t+T,T-1,\cdots \tag{3.22}$$

二阶差分定义为

$$\Delta^2 T_t = \Delta Y_t - \Delta Y_{t-1} \tag{3.23}$$

则有，一阶差分近似等于一常数时为线性方程，二阶差分近似等于常数时为二次曲线变化，若一阶差分按一定百分比增加时为指数曲线。

③趋势方程

趋势方程又可分为线性方程、指数曲线预测方程和二次曲线预测方程。

线性方程：

$$Y = a + bt \tag{3.24}$$

参数 a、b 的估计公式为

$$b = \frac{\sum_{t=1}^{T} tY_t - \bar{t}\sum_{t=1}^{T} Y_t}{\sum_{t=1}^{T} t^2 - \bar{t}\sum_{t=1}^{T} t} \tag{3.25}$$

$$a = \bar{Y} - \bar{t}b \tag{3.26}$$

式中　T——序列长度；

$\bar{Y}$、$\bar{t}$——分别为 Y_t 和 t 的平均值。

上式还可以简化成

$$b = \frac{\sum_{t=1}^{T} tY_t - \frac{1}{2}(T+1)\sum_{t=1}^{T} Y_t}{\frac{1}{12}T(T^2-1)} \tag{3.27}$$

$$a = \frac{1}{T}\sum_{t=1}^{T} Y_t - \frac{1}{2}(T+1)b \tag{3.28}$$

线性趋势的预测公式为

$$\hat{Y}_{t+1} = a + b(T+L) \tag{3.29}$$

$$T = 1, 2, \cdots$$

式中　L——现在至预测年份的时间长度。

指数曲线预测方程：

$$\hat{Y}_t = \mathrm{e}^{a+bt} \text{ 或 } \ln\hat{Y} = a + bt \tag{3.30}$$

其参数估计值为

$$b = \frac{\sum t\ln Y - \bar{t}\sum \ln Y}{\sum t^2 - \bar{t}\sum t} \tag{3.31}$$

$$a = \ln\bar{Y} - \bar{t}b \tag{3.32}$$

二次曲线预测方程：

$$\bar{Y}_t = a + bt + ct^2 \tag{3.33}$$

其参数估计值通过变换参数解得，令

$$X_1 = t \qquad X_2 = t^2 \tag{3.34}$$

变换得方程

$$Y = a + bX_1 + cX_2 \tag{3.35}$$

则
$$b=\frac{\sum X_2^2\sum X_1Y-\sum X_1X_2\sum X_2Y}{\sum X_1^2\sum X_2^2-(\sum X_1X_2)^2}=\frac{\sum t^4\sum tY-\sum t^3\sum t^2Y}{\sum t^2\sum t^4-(\sum t^3)^2} \tag{3.36}$$

$$c=\frac{\sum X_1^2\sum X_2Y-\sum X_1X_2\sum X_1Y}{\sum X_1^2\sum X_2^2-(\sum X_1X_2)^2}=\frac{\sum t^2\sum t^2Y-\sum t^3\sum tY}{\sum t^2\sum t^4-(\sum t^3)^2} \tag{3.37}$$

$$a=\frac{1}{n}(\sum Y-b\sum X_1-c\sum X_2)=\frac{1}{n}(\sum Y-b\sum t-c\sum t^2) \tag{3.38}$$

④龚帕斯(Compertz)曲线和逻辑斯蒂(Logistic)曲线

龚帕斯曲线和逻辑斯蒂曲线也即人们常说的“生长”曲线。曲线的趋势显示低增长、高增长到饱和(或发展极限)这样一个大体规律。

龚帕斯曲线预测方程为

$$\hat{Y}_t=\mathrm{e}^{(K+ab^t)}\text{ 或 }\ln\hat{Y}_t=K+ab^t \tag{3.39}$$

参数估计值可采用三段法进行估计,即样本数据 T 平均分成三段(如 T 不能被 3 整除,可通过增减个别数据使其恰为 3 的倍数),则每段有 n 个数,即 $n=\frac{T}{3}$,对各段求和可得

$$\sum\nolimits_1\ln Y_t=\sum_{t=1}^{n}\ln Y_t \tag{3.40}$$

$$\sum\nolimits_2\ln Y_t=\sum_{t=n+1}^{2n}\ln Y_t \tag{3.41}$$

$$\sum\nolimits_3\ln Y_t=\sum_{t=2n+1}^{3n}\ln Y_t \tag{3.42}$$

解得参数估计值为

$$b=\sqrt[n]{\frac{\sum_3\ln Y_t-\sum_2\ln Y_t}{\sum_2\ln Y_t-\sum_1\ln Y_t}} \tag{3.43}$$

$$a=\frac{b-1}{(b^n-1)^2b}(\sum\nolimits_2\ln Y_t-\sum\nolimits_1\ln Y_t) \tag{3.44}$$

$$K=\frac{1}{n}\left[\frac{(\sum_1\ln Y_t)(\sum_3\ln Y_t)-(\sum_2\ln Y_t)^2}{\sum_1\ln Y_t+\sum_3\ln Y_t-2\sum_2\ln Y_t}\right] \tag{3.45}$$

逻辑斯蒂曲线预测方程为

$$\hat{Y}_t=\frac{1}{(K+ab^t)} \tag{3.46}$$

参数估计值同样采用三段法解得

$$b=\sqrt[n]{\frac{\sum_3\frac{1}{Y_t}-\sum_2\frac{1}{Y_t}}{\sum_2\frac{1}{Y_t}-\sum_1\frac{1}{Y_t}}} \tag{3.47}$$

$$a=\frac{b-1}{(b^n-1)^2b}\left(\sum\nolimits_2\frac{1}{Y_t}-\sum\nolimits_1\frac{1}{Y_t}\right) \tag{3.48}$$

$$K=\frac{1}{n}\left[\frac{\left(\sum_1\frac{1}{Y_t}\right)\left(\sum_3\frac{1}{Y_t}\right)-\left(\sum_2\frac{1}{Y_t}\right)^2}{\sum_1\frac{1}{Y_t}+\sum_3\frac{1}{Y_t}-2\sum_2\frac{1}{Y_t}}\right] \tag{3.49}$$

(3)三点预测法

三点预测法是时间序列预测技术的一种简便方法。时间回归预测法采用最小平方法的原理计算公式的参数,数据较多,对过去的经济信息都是相等的影响预测方程。指数平滑法又有一个如何确定初始值和平滑系数的问题,而三点法使用起来则比较简便。

三点预测法是通过计算三个坐标点来计算预测公式的参数(直线型为两个坐标点),其预测步骤是:先根据搜集的历史数据画出散点图和趋势线的大致形状,选用合适的趋势线模型;其次将数据均匀地分成三段(直线型分成两段),每段中选取五项(历史数据较少时取三项),算出加权平均数,作为三点的坐标;再代入公式求出公式的参数估计值,而后对未来作出预测。

①两次抛物线趋势

预测公式:

$$\hat{Y}=a+bt+ct^2 \tag{3.50}$$

确定三点的坐标:

各项历史数据为 $Y_1,Y_2,\cdots,Y_n$;

各年序为 $t_1,t_2,\cdots,t_n$;

正中项 $d=\dfrac{n+1}{2}$,其中 n 为奇数(若历史数据为偶数时,可删去最早期一项,使总项数保持奇数)。

设初、中、近期三点的坐标分别为 $M_1(t_1、R)$、$M_2(t_2、S)$、$M_3(t_3、T)$。若历史数据总项数 $n\geqslant15$ 时,在数列的首尾两端和正中各取五项数据,算出三个加权平均数(权数由远到近分别为1、2、3、4、5,用以提高近期信息在平均数中的比重)。这三个平均数作为趋势线上三个点的纵坐标,取为 $R、S、T$。若历史数据为 $9\leqslant n\leqslant15$ 时,初、中、近期各取三项算出三个加权平均数(权数由远及近分别用1、2、3),作为三个点的纵坐标见表3.4。以时间年序为数列,用同样方法算出三个加权平均数 $t_1、t_2、t_3$,作为三个点的横坐标见表3.5。

表3.4 二个点的纵坐标

五项加权平均	三项加权平均
$R=\frac{1}{15}(Y_1+2Y_2+3Y_3+4Y_4+5Y_5)$	$R=\frac{1}{6}(Y_1+2Y_2+3Y_3)$
$S=\frac{1}{15}(Y_{d-2}+2Y_{d-1}+3Y_d+4Y_{d+1}+5Y_{d+2})$	$S=\frac{1}{6}(Y_{d-1}+2Y_d+3Y_{d+1})$
$T=\frac{1}{15}(Y_{n-4}+2Y_{n-3}+3Y_{n-2}+4Y_{n-1}+5Y_n)$	$T=\frac{1}{6}(Y_{n-2}+2Y_{n-1}+3Y_n)$

表3.5 三个点的横坐标

五项加权平均	三项加权平均
$t_1=\frac{1}{15}(1+2\times2+3\times3+4\times4+5\times5)=3\frac{2}{3}$	$t_1=\frac{1}{6}(1+2\times2+3\times3)=\frac{7}{3}$

续上表

五项加权平均	三项加权平均
$t_2=d+\frac{2}{3}=\frac{3n+7}{6}$	$t_2=\frac{3n+5}{6}$
$t_3=(n-2)+\frac{2}{3}=n-\frac{4}{3}$	$t_3=n-\frac{2}{3}$

求预测方程参考估计值：

由于初、中、近三点 M_1、M_2、M_3 必须满足方程 $\hat{Y}=a+bt+ct^2$，因此五项加权平均时，有方程

$$\begin{cases} R=a+\frac{11}{3}b+\left(\frac{11}{3}\right)^2 c \\ S=a+\frac{3n+7}{6}b+\left(\frac{3n+7}{6}\right)^2 c \\ T=a+\left(n-\frac{4}{3}\right)b+\left(n-\frac{4}{3}\right)^2 c \end{cases} \tag{3.51}$$

解得参考估计值为

$$\begin{cases} \hat{c}=\frac{2(R+T-2S)}{(n-5)^2} \\ \hat{b}=\frac{T-R}{n-5}-\frac{3n+7}{3}\hat{c} \\ \hat{a}=R-\frac{11}{3}\hat{b}-\frac{121}{9}\hat{c} \end{cases} \tag{3.52}$$

同理，三项加权平均时，可解得参数估计值为

$$\begin{cases} \hat{c}=\frac{2(R+T-2S)}{(n-3)^2} \\ \hat{b}=\frac{T-R}{n-3}-\frac{3n+5}{3}\hat{c} \\ \hat{a}=R-\frac{7}{3}\hat{b}-\frac{49}{9}\hat{c} \end{cases} \tag{3.53}$$

估计标准误差，计算预测区间

$$S_Y=\sqrt{\frac{\sum(Y-\hat{Y})^2}{n-m}} \tag{3.54}$$

式中 n——总项目数；

m——约束条件(本预测方程 $m=3$)。

$$Y=\hat{Y}\pm 2S_Y \tag{3.55}$$

②直线型趋势

若历史资料在散图上呈直线形状，则选用直线型趋势，预测公式为

$$\hat{Y}=a+bt \tag{3.56}$$

若 $n\geqslant 10$ 时，取五项加权平均，在数列的首尾两端各取五项，用以计算初期和近期的坐标。若 $b\leqslant n\leqslant 10$ 时，则取三项加权平均。根据三点预测原理，可解得参考数值。

五项加权平均时

$$\hat{b}=\frac{T-R}{n-5} \tag{3.57}$$

$$\hat{a}=R-\frac{11}{3}\hat{b} \tag{3.58}$$

三项加权平均时

$$\hat{b}=\frac{T-R}{n-3} \tag{3.59}$$

$$\hat{a}=R-\frac{7}{3}\hat{b} \tag{3.60}$$

直线趋势选用坐标为两点，属于三点法的特例，所以仍用三点预测计算。

(4)灰色模型

灰色模型是应用模糊数学原理的一种预测方法，是对随机的原始时间序列数据进行累加生成处理，使生成序列(一次或多次累加处理生产)符合指数规律，然后建立微分方程来模拟该生成序列，求解微分方程，将此微分方程所得的预测值还原，即得到原时间序列的预测值。灰色模型主要用于历史数据中个别年份随机性较大的序列预测，也可用于修匀历史数列。灰色模型预测公式：

设给定变量为

$$\boldsymbol{x}^{(0)}=[x_{(1)}^{(0)},x_{(2)}^{(0)},\cdots,x_{(n)}^{(0)}] \tag{3.61}$$

其相应的微分方程为

$$\mathrm{d}x_{(t)}^{(1)}/\mathrm{d}t+ax_{(t)}^{(1)}=u \tag{3.62}$$

微分方程的解(离散)为

$$X_{(k+1)}^{(1)}=(x_{(1)}^{(0)}-u/a)\mathrm{e}^{-ak}+u/a \tag{3.63}$$

式中 $[a,u]^{\mathrm{T}}=[\boldsymbol{B}^{\mathrm{T}}\boldsymbol{B}]^{-1}\boldsymbol{B}^{\mathrm{T}}\boldsymbol{Y}_n$

$$\boldsymbol{B}=\begin{bmatrix} -1/2(x_{(1)}^{(1)}+x_{(2)}^{(1)}\cdots) & 1 \\ -1/2(x_{(2)}^{(1)}+x_{(3)}^{(1)}\cdots) & 1 \\ \cdots & \\ -1/2(x_{(n-1)}^{(1)}+x_{(n)}^{(1)}\cdots) & 1 \end{bmatrix} \tag{3.64}$$

$$\boldsymbol{Y}_n=[x_{(2)}^{(0)},x_{(3)}^{(0)},\cdots,x_{(n)}^{(0)}]^{\mathrm{T}} \tag{3.65}$$

式中 $x_{(t)}^{(1)}$——预测原始数据的一次累加；

$x_{(k)}^{(0)}$——预测原始数据。

4. 回归模型

相关预测模型是从各种经济现象之间的相互关系出发，通过对与预测对象有联系的现象变动趋势的分析，推算预测对象未来状态数量表现的一种预测模型。研究某一个随机变量(因变量)与其他一个或几个变量(自变量)之间的数量变动关系，通常采用回归分析求出，因此通常称为回归模型。

根据自变量个数的多少,模型可以分为一元回归和多元回归模型。根据回归趋势,模型可以分为线性回归和非线性回归。

(1)一元线性

①预测公式

$$y=a+bx \tag{3.66}$$

式中 y——因变量,即运量;

x——自变量,即相关因素值(如 GDP、人口);

a,b——回归系数。

回归系数的估计:

a、b 系数一般采用最小二乘法解得,即

$$a=\overline{Y}-b\overline{X} \tag{3.67}$$

$$b=\frac{\sum XY}{\sum X^2-\overline{X}\sum X} \tag{3.68}$$

②相关检验

由统计数列建立起来的预测方程是否适用,因变量与自变量间线性相关程度是否密切,需要通过相关检验。检验的步骤如下。

a. 计算相关系数 r

$$r=\frac{\sum(X-\overline{X})(Y-\overline{Y})}{\sqrt{\sum(X-\overline{X})^2\cdot\sum(Y-\overline{Y})^2}}=\sqrt{b\,\frac{n\sum XY-(\sum X)(\sum Y)}{n\sum Y^2-(\sum Y)^2}} \tag{3.69}$$

给定显著检验水平($\alpha=0.05;0.01$),根据相关系数检验表(可查相关数学用表),查得临界值 R_α。

判别。若 $|R|\geqslant R_\alpha$,表明线性相关显著,检验通过;若 $|R|\leqslant R_\alpha$,表明相关关系不显著,应另行选择模式。

在实际分析中,当 $R>0.7$ 时,称强相关;$0.3\leqslant R\leqslant 0.7$ 时,称为相关;$R<0.3$ 时,称为弱相关,或可以认为不相关。

b. 预测区间

根据公式计算的仅是回归估计值,由于各种情况和影响因素的变化,预测目标的实际值总会同预测值产生偏离,也就是说会出现变化范围,这个变化范围称为预测区间。预测区间为

$$\overline{Y}\pm(t_\alpha)S \tag{3.70}$$

式中 t_α——t 分布;

S——标准差。

$$S=\sqrt{\frac{\sum(Y-\overline{Y})^2}{n-2}}=\sqrt{\frac{l_{yy}-bl_{xy}}{n-2}} \tag{3.71}$$

其中,

$$l_{yy}=\sum Y^2-\frac{1}{n}(\sum Y)^2 \tag{3.72}$$

$$l_{xy}=\sum XY-\frac{1}{n}(\sum X)(\sum Y) \tag{3.73}$$

(2)一元非线性

一元非线性方程参数求解比较复杂，在实际工作中，是把曲线方程转变成直线方程，然后按解直线方程参数的办法求得参数，再转变成曲线方程。

①对数曲线方程

$$Y=a+b\lg X \tag{3.74}$$

令 $X'=\lg X$，即有

$$Y=a+bX' \tag{3.75}$$

将 X 变换成 X' 进行数据计算，即可解得参数 a、b。

②指数曲线回归

$$Y=ab^{x} \tag{3.76}$$

③上式两边取对数

$$\ln Y=\ln a+X\ln b \tag{3.77}$$

令 $Y'=\ln Y$，$A=\ln a$，$B=\ln b$，则有

$$Y'=A+BX \tag{3.78}$$

④用解线性方程参数的公式解

$$A=\overline{Y}'-B\,\overline{X} \tag{3.79}$$

$$B=\frac{\sum XY'-\overline{X}\sum Y'}{\sum X^{2}-\overline{X}^{2}\sum X} \tag{3.80}$$

并据此求得 a、b 的值，建立预测模型表达式 $Y=ab^{k}$。

(3)二元线性

二元线性回归定义为：影响运量的因素为两个(X_1、X_2)，总的相关关系仍是线性的。

①预测公式及参数计算

$$Y=b_0+b_1X_1+b_2X_2 \tag{3.81}$$

式中 b_0——常数项；

b_1——Y 对 X_1 的回归系数，表明当 X_2 固定时，X_1 变动一个单位引起 Y 的平均变动量；

b_2——Y 对 X_2 的回归系数，表明当 X_1 固定时，X_2 变动一个单位引起 Y 的平均变动量。

②参数计算公式

$$b_0=\overline{Y}-b_1\overline{X}_1-b_2\overline{X}_2 \tag{3.82}$$

$$b_1=\frac{\sum X_1Y\cdot\sum X_2^2-\sum X_2Y\cdot\sum X_1X_2}{\sum X_1^2\cdot\sum X_2^2-(\sum X_1X_2)^2} \tag{3.83}$$

$$b_2=\frac{\sum X_1^2\cdot\sum X_2Y-\sum X_1Y\cdot\sum X_1X_2}{\sum X_1^2\cdot\sum X_2^2-(\sum X_1X_2)^2} \tag{3.84}$$

③回归模型检验

在二元线性回归预测实践中，一般只作 R 检验。

④二元线性回归复相关系数计算公式如下：

$$R=\sqrt{1-\frac{\sum(Y_i-\overline{Y}_i)^2}{\sum(Y_i-\overline{Y})^2}} \tag{3.85}$$

(4)多元线性回归

①多元线性回归模型

预测对象作为因变量Y,诸影响因素为自变量$X_j(j=1,2,\cdots,k)$,Y与各X之间存在的线性关系。根据一定的估计准则,对因变量Y和诸变量X的实际观察值经过统计处理,得到$\beta_0,\beta_1,\cdots,\beta_k$,若有$n$个实际观察值(样本数据),因变量$Y$与其相应的诸$X_i(i=1,2,\cdots,n)$之间的线性关系还可以表述为

$$Y=b_0+b_1X_{1i}+b_2X_{2i}+\cdots+b_kX_{ki}+e_i \tag{3.86}$$

其中:b_0是实际回归常数;$b_j(j=1,2,\cdots,k)$是实际回归系数;$e_i(i=1,2,\cdots,n)$是回归余项,也称残差项。由于回归余项e的变化往往无法预测,因此实际预测模型是通过上式主体部分完成的,即

$$\hat{Y}_i=b_0+b_1X_{1i}+b_2X_{2i}+\cdots+b_kX_{ki} \qquad (i=1,2,\cdots,n) \tag{3.87}$$

②参数估计

最小二乘法是预测中常用的估计参数的方法,其目的是选择参数$b_0,b_1,b_2,\cdots,b_k$,使因变量Y的实际观察值与预测模型得到的回归估计值之间的离差平方和最小,即

$\sum e_i^2=\sum(Y_i-\overline{Y}_i)^2=\sum(Y_i-b_0-b_1X_{1i}-\cdots-b_kX_{ki})^2$ 达到最小。

多元线性回归模型参数估计可以用矩阵形式表达。写成矩阵形式为

$$\boldsymbol{Y}=\boldsymbol{Xb}+\boldsymbol{e} \tag{3.88}$$

其中

$$\boldsymbol{Y}=\begin{bmatrix} y_1 \\ y_2 \\ \vdots \\ y_n \end{bmatrix} \quad \boldsymbol{b}=\begin{bmatrix} b_1 \\ b_2 \\ \vdots \\ b_n \end{bmatrix} \quad \boldsymbol{e}=\begin{bmatrix} e_1 \\ e_2 \\ \vdots \\ e_n \end{bmatrix}$$

$$\boldsymbol{X}=\begin{bmatrix} 1 & x_{11} & x_{21} & \cdots & x_{k1} \\ 1 & x_{12} & x_{22} & \cdots & x_{k2} \\ \vdots & \vdots & \vdots & \cdots & \vdots \\ 1 & x_{1n} & x_{2n} & \cdots & x_{kn} \end{bmatrix}$$

其中:$\boldsymbol{b}$是特定参数向量;$\boldsymbol{e}$是残差向量,遵从正态分布,即$\boldsymbol{e}$服从$N(0,\sigma^2\boldsymbol{I})$;$\boldsymbol{I}$为$n\times n$单位阵,满足$E(\boldsymbol{e})=0,E(\boldsymbol{ee}')=\sigma^2\boldsymbol{I}$。利用最小二乘法得到参数向量$\boldsymbol{b}$的估计值为

$$\boldsymbol{b}=(\boldsymbol{X}'\boldsymbol{X})^{-1}\boldsymbol{X}'\boldsymbol{Y} \tag{3.89}$$

其中:$\boldsymbol{X}'$是矩阵$\boldsymbol{X}$的转置矩阵,$(\boldsymbol{X}'\boldsymbol{X})^{-1}$是矩阵$(\boldsymbol{X}'\boldsymbol{X})$的逆矩阵。

③模型检验

t检验:多元线性回归模型的回归系数$b_j,j=1,2,\cdots,k$用来测定在其他变量保持不变时,自变量X_j与因变量Y之间的变化关系。回归系数的最小二乘法估计$b_j(j=1,2,\cdots,k)$在一定的显著性水平α(α很小,通常采用0.05)下,若显著地不为0,说明自变量X_j与因变量Y有较强的线性关系$S_{b_j}=\sqrt{S^2C_{jj}}$,X_j的变化能很好地解释Y的变化,符合回归分析的线性假设,变量X_j可以保留在预测模型中。反之X_j是否应作为自变量值得考虑。在多元线性回归分析中,对回归系数的显著性检验,也是通过计算各回归系数的t值进行的。回归

系数 b_j 的 t 值进行的。

$$t_{b_j}=b_j/S_{b_j} \qquad (j=1,2,\cdots,k) \tag{3.90}$$

其中：S_{b_j} 是回归系数 b_j 的标准差，它可以这样得到：

$$S_{b_j}=\sqrt{S^2C_{jj}} \qquad (j=1,2,\cdots,k) \tag{3.91}$$

其中：S^2 是回归方差 $S^2=\dfrac{\sum e_t^2}{n-k-1}$，$n$ 是观察值数目，k 是自变量个数；C_{jj} 是矩阵 $(X' \quad X)^{-1}$ 主对角线上的元素；e^2 为残差平方和，即：

$$e^2=\sum(Y-b_0-b_1X_1-b_2X_2-\cdots-b_kX_k)^2 \tag{3.92}$$

计算出各回归系数 b_j 的 t_{b_j} 后，根据给定的显著性水平 α，查 t 分布表中自由度为 $n-k-1$ 的 $\alpha/2$ 的临界值 t_c。将计算的 $t_{b_j}(j=1,2,\cdots,k)$ 与查得的 t_c 比较，若 $|t_{b_j}|>t_c$，则回归系数 b_j 显著地不为 0，参数的 t 值检验通过；若 $|t_{b_j}|<t_c$，则回归系数不显著，参数的 t 值检验不通过。

F 检验：即回归方程的显著性检验。

计算回归模型的 F 统计量

$$F(k,n-k-1)=\frac{\sum(\hat{Y}_i-\overline{Y})/k}{\sum(Y_i-\hat{Y}_i)^2/n-k-1} \tag{3.93}$$

查 F 分布表，显著性水平为 α，自由度 $n_1=k,n_2=n-k-1$，得 $F_\alpha=(k,n,n-k-1)$。将计算的 $F(k,n-k-1)$ 与表中 $F_\alpha=(k,n-k-1)$ 进行比较，若 $F(k,n-k-1)>F_\alpha=(k,n-k-1)$，拒绝 H_0。回归方程的线性回归效果显著，模型的 F 检验通过。反之则模型没有什么实际意义，不能用于预测。

5. 重力模型

重力模型是把牛顿万有引力定律原理应用到未来运输量预测中的一种预测模型，多用于流向分布。其原理是分区 i 到分区 j 流向分布与分区 i 的产生量、分区 j 的吸引量成正比，与分区 i 和 j 之间的交通阻抗，如两区间交通距离、时间或费用等成反比。它是将空间阻碍因素与地区增长特性一并考虑的模型分析法，是一种空间互动形态的模拟预测技术，它利用现状 OD 形态模拟出一种模型，去预测未来 OD。重力模型广泛应用道路交通量出行分布预测，也可用于铁路客流的流向分布预测。其模型形式如下。

(1)基本型

$$\overline{Y}_{ij}=k\frac{A_i^\alpha G_j^\beta}{t_{ij}^\gamma} \tag{3.94}$$

式中 $\overline{Y}_{ij}$——分区 i 到分区 j 的分布量；

A_i——分区 i 的产生量；

G_j——分区 j 的吸引量；

t_{ij}——分区 i 与分区 j 之间的交通阻抗参数；

κ、α、β、γ——待定系数。

交通阻抗参数是反映分区间交通便利程度的指标，有代表性的交通阻抗指标如时间、距离、费用等。交通阻抗参数一般可根据现状及未来交通网络采用最短路法确定。如有现状分区区间时间、距离、费用等阻抗调查资料，现状交通阻抗也可通过现状资料采用最小二乘法统计分析确定，拟合时可将模型取对数使之线性化。在客流预测时，阻抗参数宜演变为反映服务属性的广义成本比较合适。

无约束重力模型迭代过程简单，有关参数估计示例见“罗吉特(Logit)模型广义出行费用参数估计”。

未来 OD 量的预测步骤是：首先将预测未来运量产生量 A_i 和运量吸引量 G_j 以及根据未来交通网络确定的交通阻抗参数代入模型计算 $\overline{Y}_{ij}$，由于其不满足约束条件，还应用增长率法进行迭代计算，使 $\overline{Y}_{ij}$ 满足约束条件，例如可用平均增长率法进行迭代计算，其公式为

$$Y'_{ij}=\overline{Y}_{ij}\times\frac{1}{2}\left(\frac{A_i}{\sum\limits_{j}\overline{Y}_{ij}}+\frac{G_j}{\sum\limits_{i}\overline{Y}_{ij}}\right) \tag{3.95}$$

将前一轮计算为 Y'_{ij} 代替 $\overline{Y}_{ij}$ 用上式反复计算，直到 $\dfrac{A_i}{\sum\limits_{j}\overline{Y}_{ij}}$、$\dfrac{G_j}{\sum\limits_{i}\overline{Y}_{ij}}$ 接近于 1，此时的 Y'_{ij} 即为预测运量分布量。

(2)乌尔希斯重力模型

$$\overline{Y}_{ij}=A_i\frac{U_jf(t_{ij})}{\sum\limits_{j}U_jf(t_{ij})} \tag{3.96}$$

其中：$f(t_{ij})$为交通阻抗参数，包括 $t_{ij}^{-\alpha}$，$e^{-\beta t_{ij}}$ 等形式，$t_{ij}^{-\alpha}$ 为最常用的形式，α 为待定系数，其余符号同前“无约束重力模型”。

待定系数 α 根据现状 OD 调查资料拟合确定，一般可采用试算法等数值方式，以某一指标作为控制目标，通过用模型计算和实际调查所得指标的误差(一般不超过 3%)比较确定，当误差超过限定值时，需改动待定常数 α 进行下一步计算。以 t_{ij} 采用时间为例，平均出行时间($\bar{t}$)可用下式计算：

$$\bar{t}=\frac{\sum\limits_{i}\sum\limits_{j}Y_{ij}t_{ij}}{\sum\limits_{i}\sum\limits_{j}Y_{ij}} \tag{3.97}$$

(3)重力模型的验证

重力模型的标定是通过拟合现状 OD 调查资料确定待定系数，但拟合的目标是以某种(如平均出行时间)误差作为控制指标，因此其标定的模型精度有时不能仅以此作为评判标准，必要时应作统计检验，统计学中的许多标准统计检验方法均可使用，其中最常用的是 χ^2 检验。如用模型计算的分布值为 $\overline{Y}_{ij}$，实际调查值为 Y_{ij}，则

$$\chi^2=\sum_{i}\sum_{j}(Y_{ij}-\overline{Y}_{ij})/Y_{ij} \tag{3.98}$$

计算 χ^2 值与其临界值比较，如果计算的 χ^2 比临界值小，则说明模型拟合良好。临界值可根据自由度和显著性水平查 χ^2 的临界分布标准表得到。

6. 概率统计法

(1)罗吉特(Logit)模型

Logit 模型是运用概率统计法模拟出来的一种预测模型，主要应用方式划分和运量分配

预测，原理是对各种运输方式（或径路）的选择以各种运输方式（或径路）交通阻抗为基础，以一定的出行选择关系来构造。在客流量较大，竞争激烈的城际间旅客运输分担率采用罗吉特模型来计算，有较好效果。常用 Logit 模型公式为

$$P_k = \frac{\exp(-\lambda \cdot C_k)}{\sum_k \exp(-\lambda \cdot C_k)} \tag{3.99}$$

式中 P_k——k 种运输方式分担率；

C_k——k 种运输方式广义出行费用，模型结构为

$$C_{ijk} = \alpha_{0k} + \alpha_{1k} t_{ijk} + \alpha_{2k} p_{ijk} + \alpha_{3k} w_{ijk} + \alpha_{4k} f_{ijk} \tag{3.100}$$

式中 t_{ijk}——i 区到 j 区 k 种运输方式的在车旅行时间；

p_{ijk}——i 区到 j 区 k 种运输方式的进出站时间；

w_{ijk}——i 区到 j 区 k 种运输方式的等候时间；

f_{ijk}——i 区到 j 区 k 种运输方式直接付出的费用（包括票价和附加费）；

α_{0k}——k 种运输方式的方式罚因子，表示交通方式服务属性中除时间、费用以外的因素（安全、舒适、方便性等）；

α_{1k}、α_{2k}、α_{3k}、α_{4k}——参数。

模型计算结果精度如何，主要通过广义出行费用函数参数标定中 F 检验和 T 检验确定。当参数估计值在显著性水平 $\alpha=0.05$ 条件下为高度显著，说明模型参数标定是合理的。

(2)插入机会模型

插入机会模型主要用于运量 OD 分布。其模型假定为：阻抗参数相同的每一个分区吸引点均按指数分布概率成为交通的终点，而当阻抗参数不同时，运量总是选择阻抗参数最小的分区吸引点作为分区吸引点的终点。插入机会模型主要考虑的是交通阻抗参数。

插入机会模型形式为

$$\overline{Y}_{ij} = A_i \left[e^{-lG} - e^{-l(G+G_j)} \right] \tag{3.101}$$

式中 $\overline{Y}_{ij}$——分区 i 到分区 j 的交通分布量；

A_i——分区 i 的运量产生量；

G_j——分区 j 的运量吸引量；

G——从分区 i 出发，交通阻抗参数（如交通时间或距离）小于到交通区 j 的交通阻抗参数的所有分区的交通吸引量之和；

l——交通吸引率，为待定系数。

l 值的确定可根据现状 OD 调查资料，用同乌尔希斯重力模型相似的试算法等数值解法确定。用插入机会模型预测未来 OD 分布时，同样可能会出现，根据模型计算出的 OD 分布量不满足 $\sum_i Y_{ij} = G_j$，$\sum_j Y_{ij} = A_i$ 两个约束条件，此时需用增长率法进行迭代计算，使 Y_{ij} 满足约束条件。插入机会模型在建模根据上较重力模型强，但其使用不易，主要原因是 G 值的确定复杂，因此影响了其应用。

插入机会模型的标定在必要时也需要进行同重力模型类同的统计检验，以对模型精度进行更进一步验证。

7. 规划模型

规划模型主要是将数学规划理论知识运用到交通运输领域，主要的规划模型有如下几种：

(1)全有全无分配法(AON)

该方法主要用于运量分配，其理论基础为各区域之间的运输量完全根据运输距离最短(或运输时间最短、运输费用最小等)原则在区间各条线路中选择运输路径，当所有运输量在路网上都通过了最短路径，则完成了运量的全有全无分配。全有全无法优点是计算很简便，缺点是没有考虑路网上各条线路通行能力，出现预测结果与线路能力不适应的情况。随着分配量的增加，出行阻抗也会发生变化，甚至超过次短路径等。

(2)容量限制法

容量限制分配法用于运量分配，有增量加载和迭代平衡两种预测方法，它考虑了路权与通行能力限制的关系，能较合理地分配线路上的运输量。在实际应用中，首先计算出规划路网各条线路“零流量”状态下的行程时间，在求出路网最短路径的基础上，按“全有全无法”进行运量分配，然后根据运量与行程时间、通行能力的关系，进行反复迭代计算，直至运量分配结果趋于稳定。

路权(如在途运输时间)是运量分配的关键因素，铁路运量分配的路权计算可以用下面的路阻函数公式表示：

$$t=t_0[1+\alpha(Q/N)^\beta] \tag{3.102}$$

式中 t——列车在铁路线路上的实际运行时间；

t_0——列车在铁路线路上的理论运行时间；

Q——实际通过的列车数；

N——线路通行能力；

α,β——待定系数。

(3)多路径法

多路径分配法用于运量分配，它有效地克服了单路径分配法中运量全部集中于最短路上这一不切实际的现象，使各条可能的运输线路均能分配到合理的运输量。

多路径分配方法有静态多路径法和动态多路径法两种类型。静态多路径法采用的分配模型主要有 Dial 概率分配模型、Logit 型路径选择模型等，分配算法除了常规算法外，还有较为快速的节点算法。而动态多路径法考虑了路权与线路通行能力限制的关系，在迭代过程中每次均采用多路径分配模型，真正实现了运量分配的多时段动态连续模拟，较好地反映了运输需求的变化规律。

在静态多路径中，多路径分配模型的选择是关键因素。由出行者的路径选择特性可知，出行者总是选择最适合的路线出行，即最短路因素；而由于运输网络的复杂性和运输状况的随机性，在选择出行线路时往往带有不确定性，即随机因素。这两种因素存在于出行者的整个出行过程中，两种因素所处的主次地位取决于可供选择的出行路线的路权差(时间或费用差)。因此，各出行路线被选用的概率也可采用 Logit 型的路径选择模型计算，可以用如下公式表示。

$$P(r,s,k)=\frac{e^{-\frac{\theta\cdot t(k)}{\bar{t}}}}{\sum_{i=1}^{m}e^{-\frac{\theta\cdot t(i)}{\bar{t}}}} \tag{3.103}$$

式中 $P(r,s,k)$——OD 量 $T(r,s)$在第 k 条出行路线上的分配率；

$t(k)$——第 k 条出行路线的平均路权(时间)；

$\bar{t}$——各出行路线的平均路权(时间)；

θ——分配参数；

m——有效出行路线条数。

Logit 型的路径选择模型能较好地反映路径选择过程中的最短路因素和随机因素。若各出行路线路权相同,则本模型成为随机分配模型,各路线被选用的概率相同。若某条路线的路权远小于其他各路线,则本模型成为最短路模型。因此,这种改进的多路径分配模型也可称为随机-最短路分配模型。

3.2.4 需求预测方法总结

1. 需求预测发展趋势

高速铁路客运需求预测方法的实际运用是受到不同研究背景和要求,资料获取的难易程度等多方面因素的影响,在具体高速铁路网络规划研究中应当合理分析研判,准确使用相关方法。

近年来伴随着智能交通多源信息采集技术、互联网大数据技术、手机大数据、人工智能技术等先进科学技术的发展,高速铁路客运需求预测方法也将不断得到补充和完善。

2. 货运量预测

在高速铁路网规划布局中,经常会遇到分析布局通道内的运输能力,需要通道内的客、货运量分析,此时需要研究区域和通道的货运量预测,鉴于本书重点研究高速铁路网规划布局,关注客运需求预测,因此本书对于货运量的预测理论与方法不做研究。

4 高速铁路网战略规划

战略规划研究是高速铁路网规划的纲领，注重高速铁路网规划宏观层面的战略发展方向。通过对规划地区发展定位、发展战略、社会经济、城镇体系、综合交通、铁路网发展、需求预测等特征的研究，确定高速铁路网规划的发展战略、规划原则、目标、规模等。

4.1 基础研究

4.1.1 区域发展战略

高速铁路网规划战略层面的研究，需要深入分析国家相关的区域发展战略，从国家战略中梳理出来对高速铁路发展的战略方向，支撑和引领区域发展。一般情况下，需要研究区域战略的战略定位、战略目标以及区域战略中关于交通基础设施的发展要求和目标，从而为区域高速铁路网规划提供依据和方向。

《交通强国建设纲要》提出到 2035 年，我国基本建成交通强国：现代化综合交通体系基本形成，人民满意度明显提高，支撑国家现代化建设能力显著增强；拥有发达的快速网、完善的干线网、广泛的基础网，城乡区域交通协调发展达到新高度；基本形成“全国 123 出行交通圈”和“全球 123 快货物流圈”等。其中快速网含高铁、航空，出行 123 交通圈，也需要依赖高铁和航空，要支撑这一战略目标，高速铁路网规划需要依据国家战略制定自己的发展方向和目标。《交通强国建设纲要》提出在前沿关键科技研发方面，要合理统筹安排时速 600 km 级高速磁浮系统、时速 400 km 级高速轮轨（含可变轨距）客运列车系统等新要求。这些都要求在制定高速铁路战略规划时需要深入考虑的问题。

《长江三角洲区域一体化发展规划纲要》提出基本实现基础设施互联互通，基本建成轨道上的长三角；要加快建设集高速铁路、普速铁路、城际铁路、市域（郊）铁路、城市轨道交通于一体的现代轨道交通运输体系，构建高品质快速轨道交通网；要求构建一体化的轨道交通系统。

当前，我国已经出台了一系列的国家及区域发展战略，主要包括交通强国发展战略、京津冀协同发展战略、长三角区域一体化发展战略、粤港澳大湾区发展战略、长江经济带发展战略、黄河流域生态保护和高质量发展战略等，都对基础设施和铁路发展提出了新的要求。此外，中部崛起、东部振兴、西部大开发、西部陆海新通道也是我国根据经济社会发展需要提出的重要战略。国家战略的发布，一般都提出了区域战略的战略定位和目标，同时对基础设施的发展也提出了发展方向，依据这些战略要求，可以梳理出高速铁路网规划的战略支撑方向。

4.1.2 区域社会经济

区域社会经济研究，包括社会经济发展现状、产业布局、产业结构等现状特征及发展趋势，从这些现状特征研究中梳理出来区域人流、物流、信息流、经济流等分布特征，为高铁网布局提供依据和要素支撑。同时，需要研究区域社会经济发展趋势，判断区域人口、经济、产业、出行需求发展趋势及发展指标，为需求分析、研究规划规模、目标提供依据和指标。

高速铁路网规划以区域经济发展为基础，同时需要支撑国民经济发展。通常情况下，区域社会经济研究，需要两个方面梳理发展特征。一是社会经济发展现状特征研究，总结提炼行政区划、面积、人口及产值，准确把握研究区域的基本情况以及其在更大区域内的发展定位；随着我国高铁网络的日趋完善以及居民收入水平的不断提高，旅游资源为高铁规划也提出了新要求；产业发展是客流生成的基础，产业链内上下游企业的交流促进了人员的流动，催生了旅客运输需求。二是社会经济发展趋势研究，通过研究区域人口、经济总量、产业结构等发展趋势，合理确定社会经济趋势特征，为后续的运输需求预测、规划规模、规划目标研究提供依据。

4.1.3 城镇体系

在城镇体系方面，要分析研究区域城镇体系发展现状，解读城镇体系发展规划。高速铁路网规划一是要满足现状城镇体系的运输需求，二是要支撑未来城镇体系格局的形成。

以粤港澳大湾区为例进行分析，如图 4.1 所示。目前，粤港澳大湾区内部的发展以广佛极、深港极以及连接两极之间的广深港主轴为主，因此现状高铁网规划应当满足广深港之间的客运需求。根据粤港澳大湾区发展规划，未来将形成“三极、三轴”协同发展的格局，因此高铁网规划应当进一步支撑广珠澳主轴、深港珠澳轴的发展。

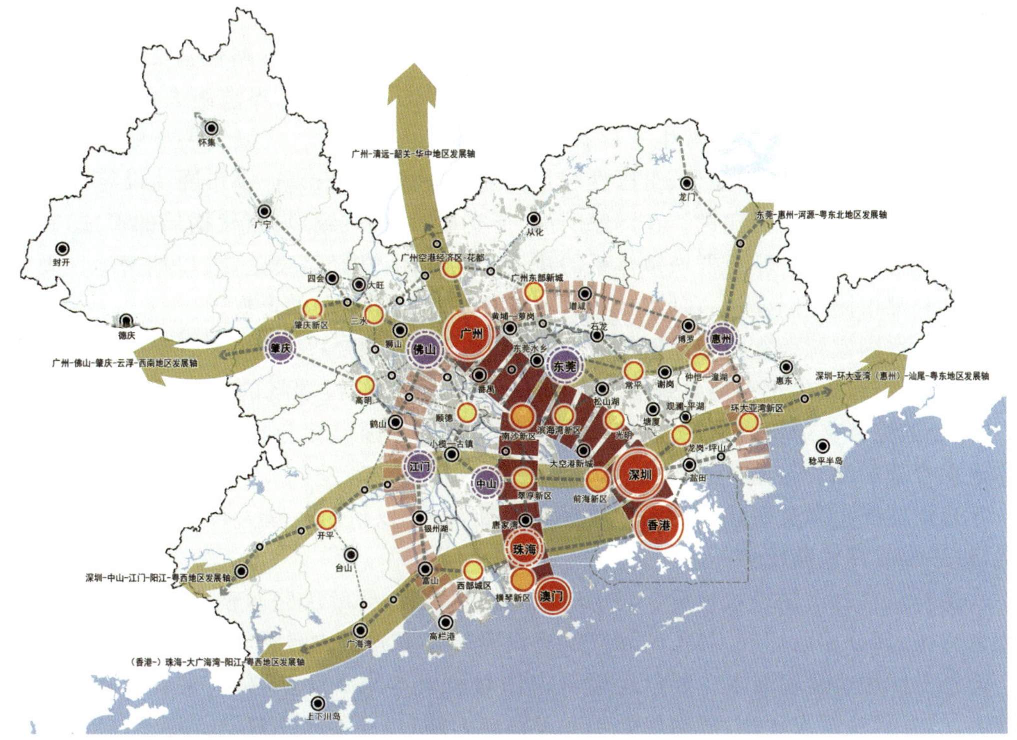

图 4.1 粤港澳大湾区城镇体系格局

4.1.4 综合交通

高速铁路网规划是区域综合交通网规划的重要组成部分，并在综合运输体系中发挥骨干作用，高速铁路网规划布局需要深入研究区域综合运输体系、运输结构、综合运输通道布局，找出综合交通网的薄弱环节，提出完善综合运输网络的高速铁路规划目标和方向。

在综合交通方面，一是要研究综合交通网的发展现状，分析现状对外、对内综合运输通道的运输质量、运输能力与运输需求的适应性，分析梳理出综合运输通道内各运输方式的适应性，提出通道内高铁规划或补强的可能性；二是要分析综合交通运输结构，分析铁路和高速铁路在区域运输体系中的地位和作用，提出高速铁路规划的要素和方向；三是要总结综合交通发展特征及发展趋势。通过以上分析，找准高速铁路在区域综合交通运输体系中的定位及发展方向。

4.2 战略研究

高速铁路网规划的发展战略因不同层次规划而异，但主要从“战略、问题、需求”三大导向出发，可以从以下几个方面展开研究。

一是支撑“两个一百年”奋斗目标。到建党一百年时，使国民经济更加发展，各项制度更加完善；到世纪中叶建国一百年时，基本实现现代化，建成富强民主文明的社会主义国家。支撑交通强国建设提出两个阶段的战略目标，需要研究高铁规划支撑该战略目标的发展战略。

二是支撑国家重大发展战略及区域发展战略。国家重大发展战略包括交通强国、“一带一路”倡议、京津冀协同发展及雄安新区、长三角一体化发展战略、粤港澳大湾区发展战略、长江经济带发展战略、黄河流域生态保护和高质量发展战略等。区域发展战略包括国家中心城市建设、区域中心城市建设、全国性综合交通枢纽建设、城市群/都市圈建设等。

三是支撑新型城镇化建设。在国家层面，要支撑“两横三纵”城市化格局的形成；在都市圈层面，要支撑“3＋18”城市群城镇体系的建设。特别的，在经济发达、人口稠密地区要加快区域城际和都市圈城际建设；在城市层面，要支撑城市空间格局的形成。

四是支撑国家综合立体交通网建设。交通强国建设纲要提出打造“3”张交通网、“2”个出行交通圈，建设现代化高质量综合立体交通网络，构建便捷顺畅的城市群交通网及多层级、一体化的综合交通枢纽体系，高速铁路网规划需要以国家综合立体交通网建设为导向，支撑建立合理的综合运输体系。

五是要支撑生态文明建设。要加快铁路发展，构建以铁路运输为骨干的综合交通运输体系，进一步发挥铁路优势。

六是补强自身运输现状短板。对于现状高铁网而言，要解决路网整体覆盖不足、部分通道能力紧张、部分路段标准不高、城际铁路建设滞后等多方面的问题，弥补高铁网络短板。

七是支撑旅客运输需求。要以运输需求作为最根本的出发点，在现状运输能力分析的基础上，结合运输需求预测，研判规划年度运输能力缺口，开展高铁规划。

4.3 发展目标

高速铁路网规划目标包括高铁网达到的总体目标及分目标，即运输结构、路网规模、路网覆盖、时空距离等内容的研究。

4.3.1 总体目标

总体目标研究，需要研究提出高速铁路网规划达到的总体水平，比如创新、协调、绿色、开放、共享发展新理念。

战略目标：实现“交通强国、铁路先行”的奋斗目标，打造安全、便捷、高效、绿色、经济的现代化铁路网。

总体水平：达到 4 个世界领先，即在路网规模和质量、技术装备和创新能力、运输安全和经营管理、服务水平和综合效益等 4 方面实现世界领先。

4.3.2 规模目标

根据区域经济发展、运输需求、综合运输通道及综合交通分工，测算高速铁路网规划的规模，包括主通道规模和区域高铁连接线的规划总规模等，同时需要结合规划年度，研究分年度的规划规模。

4.3.3 结构目标

运输结构在合理需求预测结果，并结合区域综合运输结构发展趋势，提出铁路在综合运输的占比及目标，同时要研究高速铁路承担铁路客运量的分年度运输结构及目标等。

4.3.4 密度目标

根据区域社会经济、人口发展指标及综合交通网发展趋势，测算高速铁路网密度，并反馈规模目标，研究高速铁路的人均、地均、GDP 均的密度等。

4.3.5 覆盖目标

研究高速铁路网覆盖率，一般包括对地市以上行政区划覆盖率、县级行政区划覆盖率、100 万以上人口城市覆盖率、50 万以上人口城市覆盖率等。高速铁路一般按照设站 50 km 的吸引范围统计分析，并结合城市、人口的实际空间分布特征，确定高速铁路网规划的科学覆盖率目标。

4.3.6 时空目标

时空距离目标，主要结合规划区域空间位置，制定本区域高速铁路规划布局与国家其他战略区域的时空距离、周边省会城市时空距离及本区域城市群内主要城市时空距离等。时空距离的计算需要统筹考虑距离与高铁速度目标值。

4.4 发展规模

高速铁路网规划规模是指导网络布局的主要因素之一。高速铁路网合理规模的确定，主要根据区域社会经济发展和对铁路运输的需求，确定合理的铁路运输供给水平，以期达到较好的供需平衡。由于交通运输需求和供给是动态平衡过程，因此合理只是一个相对概念，是指在一定条件下、一定阶段路网规模与区域经济社会发展的适应程度的定量表示。高速铁路网的合理规模的匡算，应以能在一定程度的服务水平上满足旅客运输需求为目标，并在此前提下，分析高速铁路运输需求，将需求分析的结果连同路网规模的其他主要影响因素作为已知变量输入模型系统，最后定量输出高速铁路网规模。

确定高速铁路网合理规模，要以区域社会经济发展规划为依据，研究分析区域人口分布、城镇布局、产业规划等特征，并结合铁路运营的实际特点，通过对客运需求的分析，分别匡算高速铁路网建设规模范围，然后进行综合分析，以确定规划年度高速铁路网适宜规模。

4.4.1 规模计算方法

铁路网规模匡算是一个系统而复杂的问题，匡算方法的合理性直接影响计算结果，并间接影响对建设规模和规划进程的科学决策。综合分析国内外关于陆路运输方式的路网规模匡算方法，总体可分为四大类：网络分析法、运输需求法、类比法及统计分析法，如图 4.2 所示。

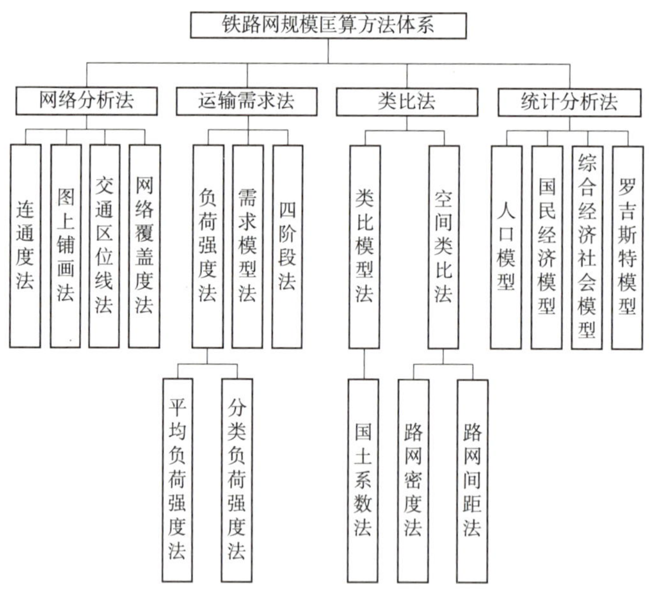

图 4.2 铁路网规模匡算方法体系

网络分析法以图论为基础，以地理空间上各节点的连通性为研究基础，考虑网络的可达性及吸引服务水平。该方法具体又可分为连通度法、图上铺画法、网络覆盖度法、交通区位线法等。

运输需求法以客流运输服务对象为研究基础，以其运输联系作为构建运输网络的基础。即当运输需求发生时，不同的运输强度和运输服务质量将选择不同的运输方式，并选择适当的运输规模和网络等级结构以适应其发展需要，该方法可分为四阶段法、需求模型法、负荷强度法等。

类比法借鉴发达国家铁路网发展经验，结合本国社会经济发展情况和需要，通过技术经济比较分析，确定路网增长系数或模型来匡算铁路网规模，该方法分为空间类比法和类比模型法。

统计分析法主要采用回归分析，建立经济社会指标与铁路网规模的数理模型，根据未来经济社会发展趋势，匡算路网发展规模，统计分析法主要包括人口模型、国民经济模型、综合经济社会模型、罗吉斯特模型等。

4.4.2　各计算方法的适应性

各种路网匡算方法对基础数据的要求差异较大，同时适应性也不同。

综合分析路网匡算方法，研究发现影响方法匡算结果的主要因素为地理空间特征和经济社会指标。其中网络分析法取决于空间上经济社会节点的分布特征；统计分析法主要强调经济指标对路网规模的影响；类比法采用了空间和经济两种指标分析，以发达国家的实证经验来确定各参数；运输需求法以经济发展引起的运输需求作为匡算规模的基础。路网规模匡算属于概念规划的范畴，受经济指标影响较大的统计分析法不适于当前中国经济社会快速发展的特点，其余三类方法均各具特色，应根据数据的可获得性进行综合分析。

5 高速铁路网布局规划

5.1 规划布局影响因素

5.1.1 经济社会发展影响因素

区域经济的发展和交通的发展是紧密结合在一起的。高速铁路网规划布局要重点考虑与国土空间、区域经济、城市群布局相互协调，要支撑和引导国土空间、城镇化建设。随着我国高速铁路网的不断完善，区域经济发展及空间结构的变化越来越显现，人口和产业的聚集也为高铁网带来源源不断的客流，高铁网对区域经济发展有着极为重要的支撑作用。

1. 国土空间、城市群布局影响

近年来，为了促进我国区域协调开发、国土空间优化提升，我国相继颁布了《全国国土规划纲要(2016—2030年)》《国家新型城镇化规划(2014—2020年)》《国务院关于印发全国主体功能区规划的通知》《全国城镇体系规划纲要(2005—2020年)》等指导意见，提出深入实施区域发展总体战略、主体功能区战略和京津冀协同、长江经济带、粤港澳大湾区三大战略，以资源环境承载能力为基础，推动国土集聚开发和分类保护相适应，立足比较优势，促进区域协调发展，切实优化国土空间开发格局。

从我国高速铁路网规划布局分析，高铁主通道从“四纵、四横”到“八纵、八横”，与我国的国土空间开发、城镇群布局紧密结合，支撑和引领国土空间开发。高速铁路网布局以人口分布(图5.1)为基础，依托城市和城市群，把握客运需求，以国土空间开发主轴及国家中心城市、城市群布局为基础，结合城镇化空间格局，构建高速铁路网主通道；以城市群进一步规划连接线和延伸线，扩大高速铁路覆盖面，增强路网辐射带动力。

为促进区域协调发展，我国政府制定了西部大开发、中部崛起、东北振兴、东部率先发展等区域总体发展战略，相继出台了主体功能区规划及辽宁沿海经济、海峡西岸经济区、江苏沿海地区等多个区域发展规划和指导意见。铁路作为国民经济大动脉，在连接区域、覆盖城乡、保障全面协调可持续发展方面，具有不可替代的作用。

高速铁路的规划布局，需要着重国土空间格局、全国城市群总体布局(图5.2)的需要，支撑国土空间格局实现，便捷城市群之间的协调发展，为东中西、南北发展提供大能力、快速度、低成本的交通运输方式，既能成为东部发达地区发挥辐射带动作用的媒介，也有利于中西部地区人员流动和物资运输，促进产业梯度转移，提高经济资源配置效率，逐步形成东中西部优势互补和各具特色的区域发展格局。

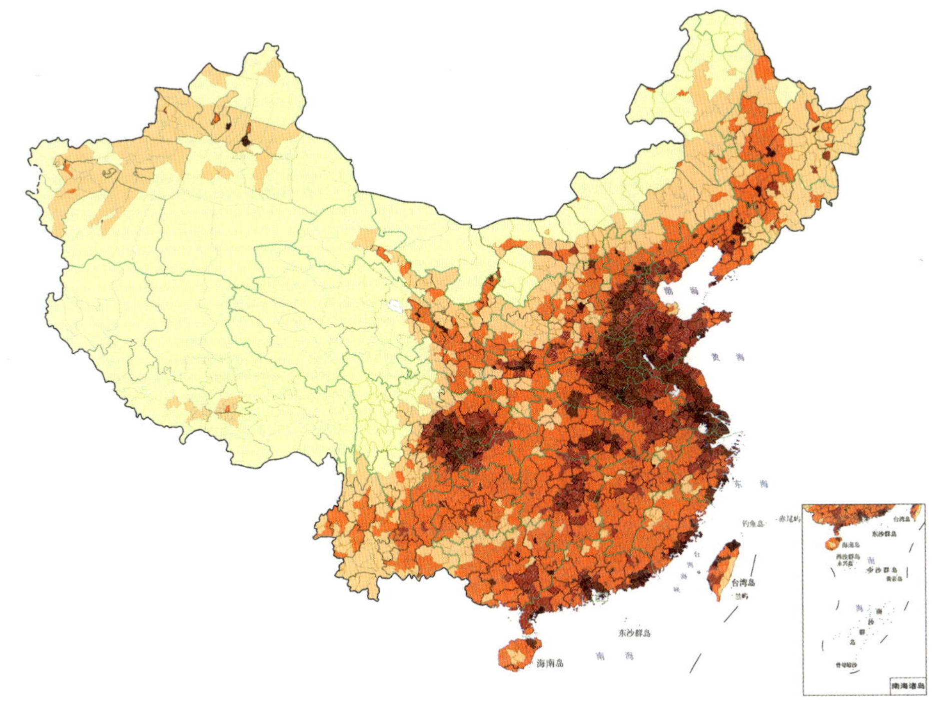
图 5.1 全国人口强度分布图(颜色深,人口密集)

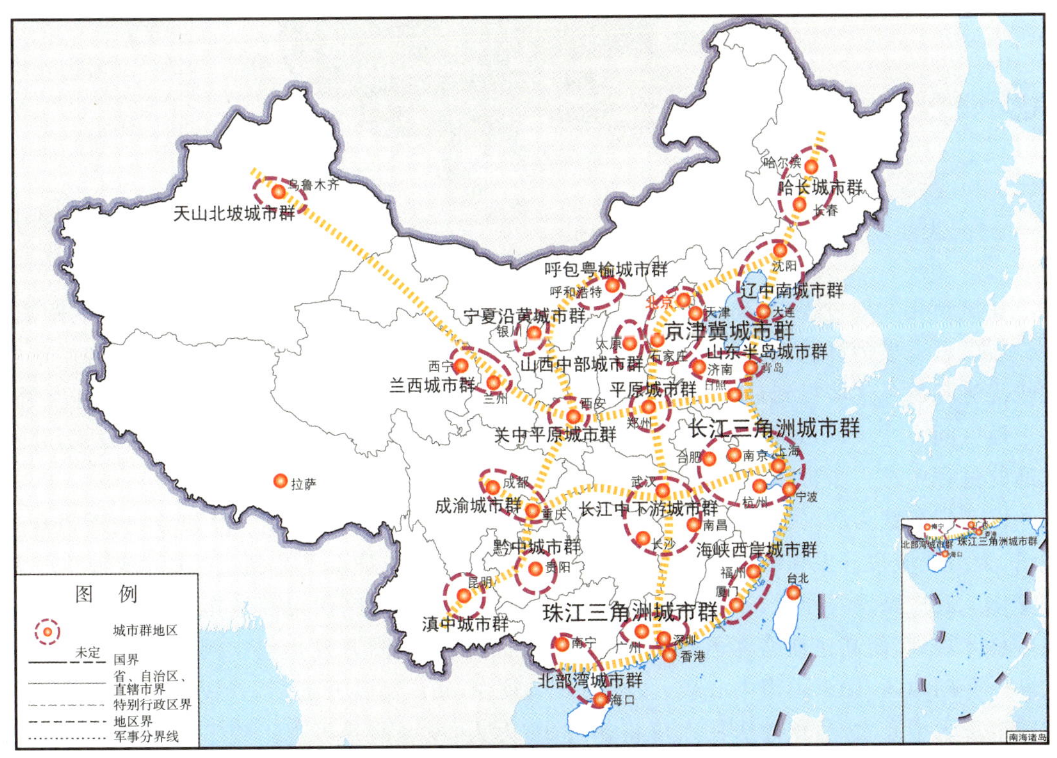

图 5.2 全国城市群分布示意图

2. 国家新型城镇化战略影响

国家新型城镇化规划指出，未来我国将构建以路桥通道、沿长江通道为两条横轴，以沿海、京哈京广、包昆通道为三条纵轴，以轴线上城市群、节点城市为依托、其他城镇化地区为重要组成部分，大中小城市和小城镇协调发展的“两横三纵”城镇化战略格局(图 5.3)，高速铁路网规划布局，应充分考虑新型城镇化的要求和布局，支撑和引导“两横三纵”城镇化战略格局的实现。

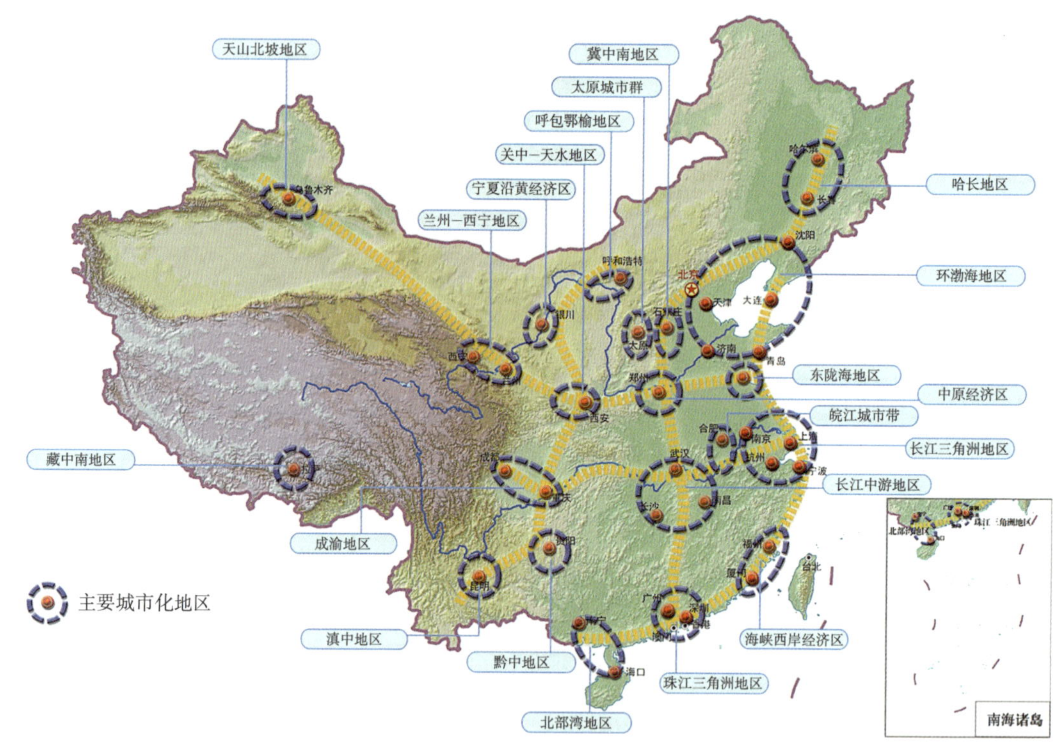

图 5.3 “两横三纵”城镇化战略布局图

在城镇化发展过程中，高速铁路拉近沿线地区间的时空距离，也拉近了城乡间的距离。“同城化”日益成为高速铁路的代名词之一，实现不同城市间的顺畅便捷交流，使得各城市的比较优势和特色优势得到最大程度发挥。在公共基础设施上实现节约，推动实现产业互补，促进地区间人才流、信息流、技术流、资金流快速流通，改善、改变人们的生产生活方式，并在流通的过程中进一步带动周边地区的快速发展。

以武广高铁为例，武广高铁途经 12 个地级以上城市和 6 个县级市，覆盖沿线、周边众多城镇，为沿线城市开发和城市化进程注入了新的动力，沿线群众的生活、工作方式发生了显著变化。武广高铁开通后，武汉市、赤壁市、咸宁市、长沙市、广州市等城市都相应地调整了城市总体规划，使高速铁路客运站的周边成为新的城市商圈开发焦点。例如武汉站所在的武汉杨春湖地区，原来距市中心较远，常住人口较少，武广高铁开通后，武汉市明确将其规划为城市三大中心之一，预计居住人口将超过 10 万人，发展前景可观。咸宁市围绕客运专线的开通，专门开辟了“广东工业园区”，计划投资 20 亿元，以咸宁北站为中心打造一座现代化的城市新区。作为湖北省境内唯一的县级站点，赤壁市投入了 8 000 多万元，为武广高铁赤壁北站修建政府配套工程，以吸引老城区人口转移。长沙市以长沙南站为核心打造一个约40万人口的“武广新城、城市副中心”、辐射长株潭城市群的城市商务中心，包括国际商贸中心、浏阳河生态商务区、潭阳滨江乐园等9大项目，向全国推出武广新城等138个项目，涉及可开发用地1.2万余亩，预计总投资490亿元。韶关市配合武广高铁新韶关站规划了一座17.8 km^2 的“芙蓉新城”，作为未来主城区的组成部分，定位以中央商务办公为中心、兼具高端产业，集聚、商业、文娱、生态宜居功能的现代化城区，总承载人口约25万。其他高铁经过的地区，亦开始对城市产业和商务区开展新一轮的规划。

3. 区域经济发展的影响

高速铁路从建设到运营对区域经济增长有着重要的直接和间接促进作用。例如武广高铁作为贯穿广东、湖南、湖北三省安全快捷的大通道，通过武广高铁这一公交化、快速化“黄金通道”的串联，珠三角城市群、长株潭城市群和武汉城市群有机连为一体，实现了跨区域间的“同城化”，加速了三省间人员流动，增进了三省的交往程度、优化了三省的资源配置，有力地推动了地方经济的发展，促进了三地经济社会的协调发展。在武广高铁开通后的2010年、2011年，湖北省GDP增速按可比价格计算分别达到14.8%、13.8%，湖南省GDP增速按可比价格计算分别达到14.6%、12.8%，广东省GDP增速按可比价格计算分别达到12.4%、10%。如图5.4所示为武广高铁开通前后沿线城市历年GDP变化情况。

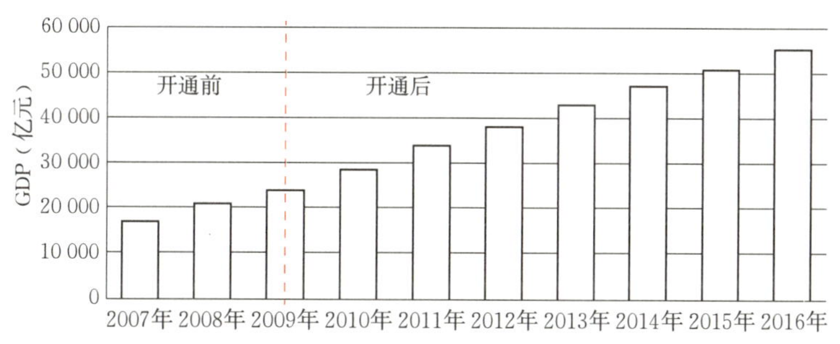

图5.4 武广高速铁路沿线城市历年GDP增长趋势图

4. 产业结构优化调整的影响

产业结构代表着经济发展水平、发展阶段和发展方向，推进产业结构优化升级是我国经济社会发展进程中的一项长期任务。高铁建设作为我国一项重大工程，影响着社会生产要素的分配和流动，高铁的建成可以促进沿线地区经济发展潜力的发挥，促进地区间的人员和货物交流，实现资源的有效配置和专业化协作。结合区域经济产业结构的调整及发展趋势，合理布局高速铁路网，引导区域经济格局，为产业间的互补和合作构筑平台，拓展区域经济圈的内涵，促进传统经济圈向更深的腹地延伸，进而推动地区产业转移、结构优化。

武广高铁扩大了泛珠三角的范围，使珠三角的发展腹地直接延伸到湖南和湖北，加快了广东地区的产业转移和升级改造，强化广东省对外经济联系及辐射功能，带动湖南湖北两省的经济发展和产业升级，同时也强化了中部崛起战略，促进湖南湖北两省实现资源共享、优化配置等，使得三省的物流、人流、资金流能够自由流通，实现资源优势互补。武广高铁加快了粤企产业转移的步伐，湖南、湖北等中部城市圈的影响力也从长江蔓延到沿海。伴随着武广高铁这条“黄金通道”的，是一场跨区域“经济一体化”变革。

武广高铁途经 18 个城市，这些城市产业结构、布局的调整和规划无一例外选择与高铁对接。在武广高铁开通后的 2010 年、2011 年，湖北省的三次产业结构由 13.4∶48.7∶37.9 转变为 13.1∶50.1∶36.8，二次产业比重上升 1.4 个百分点，在第三产业中交通运输仓储和邮政业、批发和零售业、房地产业的年增长率由 2010 年的 10.6%、9.5%、7.3%提高到 2011 年的 12.5%、10.9%、18.9%；湖南省的三次产业结构由 14.5∶45.8∶39.7 转变为 13.9∶47.5∶38.6，二次产业比重上升 1.7 个百分点；广东省的三次产业结构由 5∶50∶45 转变为 5.0∶49.8∶45.2，三次产业比重上升 0.2 个百分点。高铁开通对产业结构的影响因区域的不同而有所差异，对于湖北湖南来说，高铁对沿线影响区的第二产业刺激更加明显；而对于广东来说，高铁对沿线影响区的第三产业刺激更加突出。武广高铁好比一条血管动脉，不仅拉近了沿海发达地区和中部地区的经济交流距离，而且直接拉动沿海产业加速向中部转移，促进了区域经济结构的调整和优化。

5. 旅游产业发展的影响

高速铁路网规划布局，应充分考虑旅游资源的分布及影响。高铁网极大地促进了区域旅游业的发展，使原来的长线游变为短线游。以武汉市为例，2010 年春运期间，乘坐高铁到武汉旅游的游客达到 5 万余人，旅行社接待的武广高铁团近千个，武汉主要景区接待人数最低增长 20%、最高增长 40%，创武汉市旅游业历史之最。2010 年武汉市旅游局先后前往广州、佛山、深圳、韶关等高铁沿线的广东城市进行大规模的宣传和推介，也预示着武汉旅游进入了高铁时代。2010 年春节黄金周七天，在武广高铁的拉动下，广州市接待游客达 892.74 万人次，旅游总收入达 43.45 亿元，同比增长 26.85%。据统计，2010 年武广高铁沿线三省的国内旅游人数 80 891.79 万人次，同比增长 22.3%；国内旅游收入 5 737.59 亿元，同比增长 30.2%；入境旅游人数 10 857.41 万人次，同比增长 3.44%；国际旅游外汇收入 140.2 亿美元，同比增长 25.06%。2011 年三省的国内旅游人数 99 271.84 万人次，同比增长 22.72%；国内旅游收入 7 581.71 亿元，同比增长 32.14%；入境旅游人数 11 527.98 万人次，同比增长 6.18%；国际旅游外汇收入 158.86 亿美元，同比增长 13.31%。

武广高铁开通前，沿线旅游收入基本稳定在 GDP 的 8%左右，并且多年保持平稳；武广高铁开通之后，高铁影响区内的城市可达性明显提高，旅游收入增长明显提速，旅游总收入占 GDP 的比重逐年稳步提高。到 2014 年，沿线城市旅游总收入对 GDP 的贡献率达到 14.5%，比高铁开通前提高约 80%，由此可见，高铁开通对沿线区域旅游业的发展刺激作用明显。

5.1.2 综合运输体系影响因素

高速铁路作为国家综合运输大通道的骨干交通方式，在服务能力、质量和运行速度等方面有其他运输方式无法比拟的优势，其开通运营将更好的完善和优化区域综合交通结构，提升综合交通网络的服务能力和质量，更好的服务区域经济的发展和沿线人们的出行。

高速铁路网规划布局，需要深入研究国家综合运输大通道，做好规划衔接，与综合运输大通道的规划建设做好研究协调，根据综合运输大通道的定位、需求特征、各运输方式的特性，合理规划布局高速铁路，提升通道运输质量及缩短时空距离。

1. 协调综合运输大通道

高速铁路网规划布局需要规划协调综合运输大通道布局，根据综合运输大通道的定位、运输特征、需求水平确定是否布局高速铁路。

我国综合运输大通道，由“十二五”提出的“五纵五横”综合运输大通道至“十三五”提出的“十纵十横”综合运输大通道，至2018年我国综合运输大通道“五纵五横”基本贯通。

2017年2月3日，《国务院关于印发“十三五”现代综合交通运输体系发展规划的通知》（国发〔2017〕11号）要求中国要构建横贯东西、纵贯南北、内畅外通的“十纵十横”综合运输大通道，如图5.5所示。

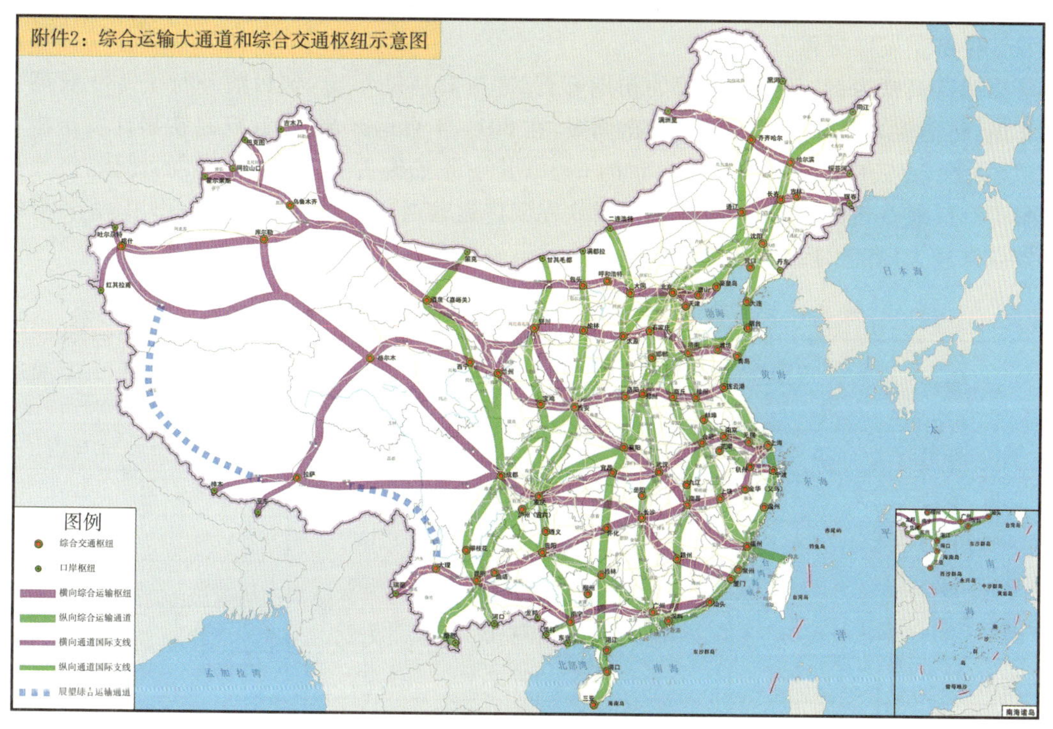

图5.5 综合运输大通道示意图

纵向综合运输通道：沿海运输通道、北京至上海运输通道、北京至港澳台运输通道、黑河至港澳运输通道、二连浩特至湛江运输通道、包头至防城港运输通道、临河至磨憨运输通道、北京至昆明运输通道、额济纳至广州运输通道、烟台至重庆运输通道。

横向综合运输通道：绥芬河至满洲里运输通道、珲春至二连浩特运输通道、西北北部运输通道、青岛至拉萨运输通道、陆桥运输通道、沿江运输通道、上海至瑞丽运输通道、汕头至昆明运输通道、福州至银川运输通道、厦门至喀什运输通道。

我国2016年的中长期铁路网规划，如图2.11所示，提出高速铁路主通道“八纵、八横”，高速铁路主通道与国家综合运输大通道规划布局紧密协调。

2. 补强综合通道质量和能力，提升综合运输通道效率

高速铁路不仅增加了铁路旅客运输能力，而且通过分流客流，释放既有线货物运输能

力，缓解了铁路货运能力紧张状况，更好地满足关系国计民生的煤炭、石油、粮食等重点物资的运输需要，提高了通道的运输能力和运输质量。

如沿江综合运输大通道集合了各种类型的交通运输方式，既有铁路标准不一，能力不足，铁路的技术经济优势和通道整体能力未得到充分发挥，长江水运一直以来严重制约航运的三峡船闸“肠梗阻”问题，尚未解决，能不能从综合交通运输体系全局出发找出解决问题的有效办法？根据推动长江经济带发展领导小组办公室文件第72号文关于印发《推动长江经济带沿江高铁通道建设实施方案》的通知，按照高质量发展的要求，深入推进实施《长江经济带发展规划纲要》，围绕畅通长江大动脉，高起点规划建设高标准高质量的东西向沿江高铁动脉，加快沿江铁路通道能力紧张区段和规划缺失区段建设步伐，释放普速铁路货运能力，加强多种运输方式协调配合，有效疏解三峡水运枢纽瓶颈，提升沿江通道运输品质和效率，为长江经济带发展提供有力支撑。

以武广高铁为例，从正式运营的初期开行28对高速动车组，到目前开行了130对高速动车组，运输能力整整翻了约4倍。据调查，在2011年春运客流中，武广高铁累计发送旅客428万人次，占武广区段旅客运输总量的54%，其中务工流占有15%～20%的比例，极大地缓解了京广线春运的压力，这说明武广高铁在武广运输通道中发挥旅客分流作用、客货分线功能越来越大，有效地缓解了武广运输通道的运输瓶颈问题，见表5.1。

表5.1 武广通道历年既有线及高铁客流增速及2016年占比结构

区 段	2010—2016年区段客流年均增长/%			2016年区段客流占比/%		
	合 计	既有线	高 铁	合 计	既有线	高 铁
武汉—岳阳	6.7	−1.7	34.3	100	54.1	45.9
岳阳—长沙	6.8	−1.7	32.6	100	52.8	47.2
长沙—株洲	6.6	−1.9	28.7	100	51.3	48.7
株洲—衡阳	4.7	−3.3	27.7	100	53.6	46.4
衡阳—郴州	4.7	−2.7	24.9	100	54.0	46.0
郴州—韶关	4.6	−2.6	27.0	100	55.4	44.6
韶关—广州	5.5	−1.6	25.5	100	55.6	44.4

3. 优化交通运输结构

在区域综合运输体系建设中，必须根据各种运输方式的技术经济特征，发挥各自的优势，合理分工，协调发展，在干线运输中要突出运输的经济性，同时满足时效性的要求。因此，在区域综合运输结构及综合运输通道内，需要结合综合运输结构发展要求，合理布局高速铁路网，提升铁路在综合运输体系中的定位和作用。

武广高铁开通前，公路通道已陷入交通困境，既有京广铁路是我国铁路运输最繁忙的干线之一，运输能力已处于超饱和状态，通道综合运输质量难以进一步提高，严重制约着区域经济的发展。武广高铁提供了一种服务水平、频率更高的运输方式，通道综合客运市场在价格、快速和服务等竞争主要因素都朝着有利于旅客出行的方面发展。面对高速铁路的竞争，民航价格加服务双拳出击，武广航线的特价机票，最低则卖到了190元。为了快线更“快”，南航还为快线旅客“量身定制”了从值机到提取行李的一条龙快捷服务，如专柜办理免排队、专用快速安检通道、最近的登机口和最近的专用行李转盘。在求“快”的同时提升服务质量，铁路、公路都不约而同地搞起了“航空式服务”，各地高速公路上，发出的班车均为豪华大巴，车上配有卫生间、电视，供应两次快餐，服务员统一穿着天蓝色服装，实行航空式服务。高铁不仅带来了新的交通方式，也使得通道内其他方式的服务质量和水平得到了合理的提升。

5.1.3 生态优先、绿色发展的影响因素

1. 节约土地

要走可持续的发展道路，从土地资源利用上说，就是要保护和珍惜土地资源，减少甚至消除过度的或不当的土地利用。我国人均耕地面积仅有 1.38 亩[①]，节约建设用地显得十分重要。而四车道高速公路路基面占地宽 26 m，每公里用地 105 亩；双线高速铁路路基面占地宽为 13.6 m，每公里用地 35 亩，为高速公路 1/3 左右，以武广高铁为例，比修建同样长度的高速公路净节约土地 36 260 亩。

2. 节约能源

我国石油等能源资源短缺，土地资源有限，资源环境矛盾突出。石油资源人均占有量不到世界平均水平的 11%，原油对外依存度超过了 50%。交通运输石油消费量约占全国石油消费总量的 25%左右。据相关统计资料：铁路内燃机车牵引完成每万吨公里货物周转量的平均耗油为 25.9 kg，而汽车货运每万吨公里油量达 554.8 kg，为铁路的 21.4 倍，采用高速电气化铁道，能耗还可进一步降低。高速铁路与小汽车、飞机相比，平均每人·km 的能耗比例为 1∶5.3∶5.6。如果以每个旅客消耗 1 单位燃料所能行驶的里程来比较，则高速铁路为 1.0，公路为 0.62，航空为 0.26。

我国土地资源有限，资源环境矛盾突出。人均耕地面积仅为 0.09 公顷(1.4 亩)，相当于世界平均水平 43%，适合工业化、城镇化发展的地域空间极为有限。环境污染日益严重，大气污染、生态恶化已成为中国经济可持续发展主要影响因素之一，交通运输业是环境的主要污染源之一。

在现有技术条件下，铁路是最节能、最节地、最环保的运输方式。从节约能源看，铁路是唯一可以实现以电代油的运输方式，中国铁路用交通行业不到 1/6 左右的能源消耗，完成全社会接近 40%运输量。从土地占用看，高速铁路与四车道高速公路相比，占地仅为高速公路的 1/2，完成单位运输量占地仅为 1/10。从环境保护看，由于铁路的能源利用效率高且可以大量使用电能，其产生的污染与公路民航相比微乎其微。目前，在铁路建设和运营中，坚持减量化、再利用、低碳化原则，大力采用新技术，减少资源消耗，降低废物排放，提高资源生产效率，贯彻环保选线的理念，采用绿色设计技术，开发利用新能源和可再生能源，实现能源、土地等资源高效利用和废弃物循环利用，比较优势将会进一步凸显。发展高速铁路，逐步提高铁路运输客货市场份额。发挥铁路节能减排的骨干作用，可有效降低石油消耗量、废气排放量、土地占用量及社会运输成本，对于促进全社会节能减排，发展低碳经济，实现我国可持续发展具有重要意义。

---

①1 亩约等于 666.67 m^2。

3. 减排效应

以每位乘客每公里的碳排放量计算，高铁的碳排放量只是飞机和汽车的15%～25%，在节能减排领域产生了良好的示范效应，主要体现在三个方面：首先，它快速地提升了铁路电气化水平，优化了铁路能耗结构，实现了铁路大面积的“以电代油”，降低了对石油的依赖；其次，高速铁路技术有力地提升了铁路行业的节能减排效应，形成了绿色环保的交通大动脉；第三，铁路能耗结构调整和优化不仅对其他交通运输方式产生了良好的示范作用，而且对我国整体能耗结构调整有着重要的启示作用，即在能耗结构整体调整难以突破的情况下，可先从某一或某几个行业实施局部性突破，最后带动整个国家的能耗结构的转变。

5.2 规划布局的理论基础

高速铁路网布局规划理论包括城市群布局理论、区域布局理论、交通区域布局理论、节点连通度理论、网络覆盖理论等。在理论分析基础上，介绍常用的节点分层布局法、空间与OD布局法。

5.2.1 城市群布局理论

城市群是经济、产业、人口、城镇分布最为密集的地区，也是交通出行最为旺盛的地方，高速铁路主要解决人们出行快捷、方便，时效性高，因此高铁网络的布局首先要考虑全国或某个区域的城市群、城市分布特征，实现城市群之间的高铁联系。

1. 理论基础

(1)全国主体功能区关于城市群的布局划分

2010年12月21日，国务院发布《国务院关于印发全国主体功能区规划的通知》(国发〔2010〕46号)，明确提出“构建‘两横三纵’为主体的城市化战略格局。构建以陆桥通道、沿长江通道为两条横轴，以沿海、京哈京广、包昆通道为三条纵轴，以国家优化开发和重点开发的城市化地区为主要支撑，以轴线上其他城市化地区为重要组成的城市化战略格局。推进环渤海、长江三角洲、珠江三角洲地区的优化开发，形成3个特大城市群；推进哈长、江淮、海峡西岸、中原、长江中游、北部湾、成渝、关中—天水等地区的重点开发，形成若干新的大城市群和区域性的城市群。”

(2)国家新型城镇化规划(2014—2020年)

2014年3月16日，中共中央、国务院印发《国家新型城镇化规划(2014—2020年)》，明确重申了《全国主体功能区规划》确定的“两横三纵”城镇化战略格局，如图5.3所示，明确提出优化提升东部地区城市群、培育发展中西部地区城市群、建立城市群发展协调机制、促进各类城市协调发展、强化综合交通运输网络支撑等相关要求。

其中，强化综合交通运输网络支撑要求“完善综合运输通道和区际交通骨干网络，强化城市群之间交通联系，加快城市群交通一体化规划建设，改善中小城市和小城镇对外交通，发挥综合交通运输网络对城镇化格局的支撑和引导作用。到2020年，普通铁路网覆盖20万以上人口城市，快速铁路网基本覆盖50万以上人口城市；普通国道基本覆盖县城，国家高速公路基本覆盖20万以上人口城市；民用航空网络不断扩展，航空服务覆盖全国90%左右的人口。

(3)全国“十三五”规划纲要

2016 年 3 月发布的《中华人民共和国国民经济和社会发展第十三个五年规划纲要》提出“加快构建以陆桥通道、沿长江通道为横轴,以沿海、京哈京广、包昆通道为纵轴,大中小城市和小城镇合理分布、协调发展的‘两横三纵’城市化战略格局。”

(4)区域协调发展新机制

2018 年 11 月 18 日,中共中央、国务院发布的《中共中央国务院关于建立更加有效的区域协调发展新机制的意见》明确指出,以京津冀城市群、长三角城市群、粤港澳大湾区、成渝城市群、长江中游城市群、中原城市群、关中平原城市群等城市群推动国家重大区域战略融合发展,建立以中心城市引领城市群发展、城市群带动区域发展新模式,推动区域板块之间融合互动发展。以北京、天津为中心引领京津冀城市群发展,以上海为中心引领长三角城市群发展,以香港、澳门、广州、深圳为中心引领粤港澳大湾区建设,以重庆、成都、武汉、郑州、西安为中心,引领成渝、长江中游、中原、关中平原城市群发展,如图 5.2 所示。

2. 布局理念

城市群按照其经济、人口、城市等体量,可以划分不同的等级,如世界级城市群、国家级城市群、区域性城市群、地区性城市群,不同等级的城市群对于对外交通的联系要求也不尽相同,如国家级城市群京津冀与长三角之间,需要高速铁路快速链接,促进区域快速联系与协调发展。

(1)城市群之间的高速铁路

从城市群的布局来看,可以根据城市群的等级,划分不同的层次,国家级城市群之间布局高铁线,形成第一层次的高铁主骨架网络,并结合城市群之间的客运需求,考虑实现高铁双通道;第二层次高铁网络应是国家级城市群向邻近的区域性城市群放射,串联其他区域性城市群,并结合而形成的高速网络,促进城市群之间协调发展;第三个层次网络应连接区域性城市群与地区性城市群,并考虑城市群在整个区域中的区位条件,综合运输通道布局,结合综合运输通道的交通需求量级,布置高速铁路,最终形成高铁网络布局。

(2)城市群内的高速铁路

在城市群之间布局的高铁,进入某个城市群内,需要进一步明确高铁的经由,需要结合城市内的城镇、产业、人口、交通走廊分布情况,进行布置。通常而言,城市群在形成过程中,城镇、产业、人口会逐步地聚集在交通走廊沿线,逐步地形成交通出行的高发地区。因此,高速铁路进入城市群应首先选择主要的交通走廊进行布置,交通需求旺盛的交通走廊可以考虑多线布局。

5.2.2 区域划分理论

“区域划分理论”适合于研究某个区域的铁路发展战略研究,结合某个区域铁路运输与经济发展相互影响的关系和发展水平,提出该区域铁路发展的方向,也可以为高速铁路网的规划提供依据和参照,因此也值得研究。

区域,指的是用某项指标或某几个特定指标的结合,在地理空间上划分出具有一定范围的连续而不分离的单位。区域泛指一定地域空间,即一定范围的土地或空间的扩展。区域是以人为主体的一定政治、经济、文化辐射所及的社会和地域空间。它表现为一个国家、若干省的集合、一个省区或一个地区。区域应该是一个国家的特殊的经济上尽可能完整的地区。区域的具体含义包括实体和抽象概念的二重性,区域的内聚力、结构、功能、规模和边界是构成一个区域的五个基本要素,具有客观性、动态性和一定的等级体系。

由于不同的区域经济特性将对不同的区域运输需求从规模、结构、层次上产生巨大的差异,因此高速铁路运输在区域发展中的功能定位不同,不同的功能定位决定了不同区域的高速铁路发展战略不同,高速铁路发展规划的总体目标就不同。因此,只有认清了不同区域经济发展特点及面临的发展形势,才能准确把握区域经济发展的内涵,提炼区域高速铁路网规划理念,以及如何科学合理地确定区域铁路网规划目标。根据区域经济发展特征和我国铁路运输业发展规律对高速铁路运输区域划分进行研究,不仅能够为制定合理的高速铁路网规划布局提供依据,同时有助于认清我国高速铁路运输业区域格局,为未来铁路运输业投资规划和决策提供支持。

由于铁路运输与区域经济是相互影响、相互促进和相互制约的两个系统,两者之间只有形成一种动态平衡协调关系,才能相互促进、协调发展。铁路网与区域经济发展的协调度也在一定程度上反映了区域铁路网的供给水平,因此,从空间格局上依据不同区域的耦合关联度实现对区域的划分,能更好地反映区域铁路运输与经济发展的协调一致性。高速铁路规划区域划分理论技术路线如图 5.6 所示。

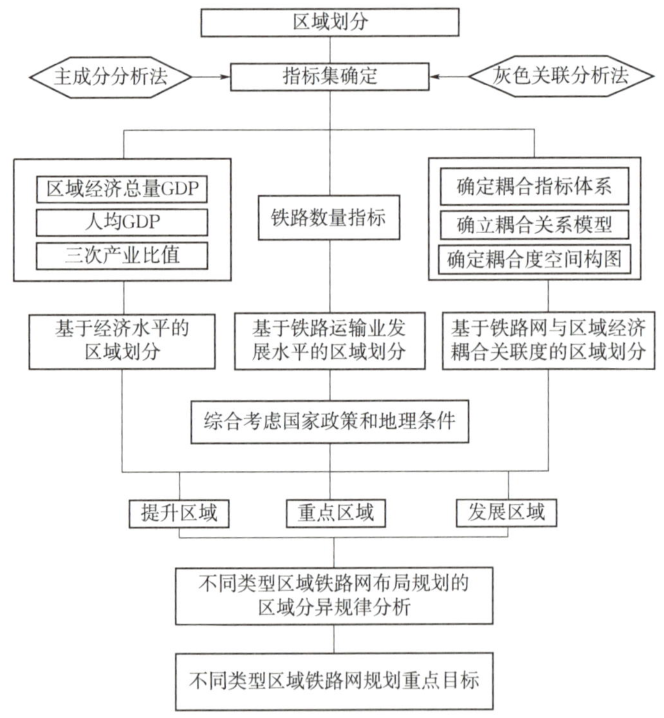

图 5.6 高速铁路规划区域划分理论技术路线图

1. 基于经济发展水平的区域划分

(1)人均 GDP 指标计算

区域经济发展水平的判定,可以通过人均 GDP、霍夫曼系数和三产比值指标衡量。这 3

个指标之间具有相关关系，一般认为，人均 GDP 较高，霍夫曼系数较低，继而带动第三产业的发展。且 GDP 可以比较综合的代表区域经济的发展水平。因此，可选取人均 GDP 作为区域经济发展水平的衡量指标。

(2)基于竞争发展阶段理论的区域划分

按照世界银行的衡量标准，依据“竞争发展阶段理论”，可以将人均 GDP 化为三个阶段，对中国 31 个区域进行划分，见表 5.2。

表 5.2 各区域基于竞争发展阶段理论的分类

类别	区域
一类地区	上海、北京、天津、江苏、浙江、内蒙古、广东、辽宁、山东、福建
二类地区	吉林、湖北、河北、重庆、陕西、黑龙江、宁夏、山西、新疆、湖南、河南
三类地区	青海、海南、江西、四川、安徽、广西、西藏、甘肃、云南、贵州

第一类地区的经济增长以技术创新和制度创新为主动力。这类地区，在铁路网规划时能提供更多的资金支持，在获取交通运输技术时阻力较小。第二类地区生产要素，在资本的推动下快速积累和高度集中，投资成为经济增长主要推动力。第三类地区资源为推动经济发展的主动力。三类地区，由于经济发展水平较低，路网规划潜能很大。但在制定和实施正确的发展战略时，应充分考虑当地经济的承受能力。

2. 基于铁路运输业发展水平的区域划分

(1)指标计算

对区域货运总量、货物周转量、客运总量、客运周转量和路网密度 5 个指标值进行相关性分析，在显著性水平 0.05 下，具有显著的相关关系。因此，按照 5 个指标进行主成分分析，可得到主成分特征值、贡献率和累计贡献率。

通过试算，主成分综合模型：

$$F_j=5.47ZX_1+1.06ZX_2+0.42ZX_3+0.55ZX_4+0.76ZX_5 \tag{5.1}$$

式中 F_j——第 j 区域铁路运输业发展水平的综合主成分得分，$j=1,2,\cdots,31$，分别代表全国 31 个区域；

ZX_i——第 i 个指标标准化后的数值，$i=1,2,\cdots,5$，分别代表铁路货运总量、铁路货运周转量、铁路客运总量、铁路客运周转量、铁路路网密度等 5 个指标。

依据式(5.1)计算，得到中国各区域的铁路运输业发展状况综合得分，并进行排序。

(2)基于铁路运输业综合发展水平的区域划分

依据系统聚类方法，将 31 个区域铁路运输业发展水平划分为 3 类。第 1 类：山西、内蒙古、河北、辽宁、河南、山东、黑龙江；第 2 类：陕西、安徽、天津、湖南、广东、四川、吉林、江西、湖北、北京、江苏、广西、贵州、甘肃；第 3 类：浙江、新疆、上海、云南、福建、宁夏、重庆、青海、海南、西藏。

3. 基于铁路运输与经济发展的耦合关联度的区域划分

(1)概述

在区域经济一体化、都市圈化的经济发展趋势背景下，区域交通运输系统的理念不断深入，区域铁路网作为区域交通运输系统的子系统，其规划建设关系到铁路运输业的运营效果和区域经济的快速、持续发展。由于不同区域在人口、经济特征、产业结构及分布、资源分布等方面存在一定的差异，导致铁路在不同区域的功能和地位也不同。通过对铁路运输与经济发展的耦合协调度进行研究分析，实现对区域的划分，是区域铁路网规划建设的前提和基础。

耦合的概念已被生态学、生物学、经济学等多个学科引用，类似地，可以把铁路运输与经济两个系统通过耦合形成一个相互作用而彼此影响的大系统。耦合协调度应用领域较为广泛，通过相关文献的检索发现，目前的研究主要集中在对于物流、环境、交通运输及其他基础设施等与经济的互动关系研究。

耦合是指两个或两个以上的系统或运动方式之间通过各种相互作用而彼此影响以至联合起来的现象，是在各子系统间的良性互动下，相互依赖、相互协调、相互促进的动态关联关系。耦合关联度是度量系统之间耦合状况好坏程度的定量模型，耦合关联度分析的意义在于它可以评价多个时段和不同区域发展的耦合关联程度，寻找耦合系统间演变的特征规律，从而为每个时段和每个区域经济发展提供参考标准。

铁路运输和经济两个系统的耦合，就是两者相互作用、相互影响的非线性关系总和。其耦合作用主要表现为：一方面，打破系统内部各个主体原有的各自独立的运作模式，将原有系统耦合形成一个有机整体。这个有机整体便于协调和消除铁路运输与经济之间的矛盾，在铁路运输水平提高的同时，经济发展水平也随之提升，进而促进经济社会的全面可持续发展；另一方面，重点研究铁路运输和经济耦合后的结构和功能的相互作用、影响和转化，产生“1＋1＞2”效果。

(2)铁路运输与经济发展互动关系分析

区域经济发展与交通运输相互影响的关系，因时因地而异，在何者起主导作用上有不同的表现。当区域经济发展乏力、迟缓甚至衰弱时，主要表现为区域经济对于交通运输发展的制约与障碍。因为这时区域经济对交通运输发展的市场需求萎缩，它对交通运输发展的投入能力受到限制。在区域经济快速增长和蓬勃发展时，它对交通运输发展的需求迫切，投资积极性与能力旺盛。然而，由于交通运输设施的建设，周期较长，系统的效益有待多种交通运输方式的配合以及线路网络与设施的逐步完善，明显表现为交通运输的发展不能适应区域经济发展的要求，表现为交通运输对区域经济发展的阻碍和制约。因此，对于区域经济的发展而言，交通运输的发展最好要走在区域经济发展的前头，应有适度的超前，有一定的运能与动力的储备，使得铁路运输发挥它对区域经济的拉动和牵引作用，真正体现它与区域经济发展的协调关系。

铁路作为国民经济与社会发展的重要载体，是国民经济发展的基础性与先导性产业。铁路运输与区域经济是相互影响、相互促进和相互制约的两个系统，两者之间只有形成一种动态平衡协调关系，才能相互促进、协调发展。铁路网规划以经济社会发展对运输需求为前提，铁路网建设必须符合或适度超前国民经济发展及社会发展的需要，不同的社会发展阶段应有相应的发展规模。如果铁路建设规模过度超过实际铁路交通需求，将导致大量建设资金的过早占用；而建设规模过低，则路网提供的通过能力不能满足实际交通量，成为制约区域社会经济持续健康发展的瓶颈。

铁路运输的发展能够显著地促进社会经济的增长，与此同时，社会经济的增长又能促进铁路运输的发展，二者是相互促进、相互制约的。铁路运输和经济发展的耦合关系表现为二者的相互制约和刺激作用：铁路运输系统服务质量的提高，使得旅客的运输时间、运输成本等就会下降，从而诱使原本因交通运输服务质量低下而被压抑的运输需求的重新产生，同时也增加了单位时间内交通需求出行次数，刺激运输需求的发展；而运输需求的增加会带动经济社会的进一步发展，经济社会的发展有助于为运输业的发展提供良好的基础设施条件，进而提高交通运输服务水平。

社会经济的发展水平是铁路运输发展的重要前提，经济活动中各环节之间的联系在很大程度上是以运输联系为基础的，铁路运输是区域经济活动生产、流通、分配、消费诸环节及各部门和各地区间实现有效联系的纽带，是区域经济机体的循环系统。运用耦合关联度定量模型对铁路运输与经济发展进行耦合分析，依据不同区域的耦合关联度实现对区域的划分，能更好地反映区域铁路运输与经济发展的协调一致性。

(3)铁路运输与经济发展耦合关联度定量分析

①铁路运输与经济发展相关性分析

将区域经济与铁路运输视为一个经济-交通复合系统，对其进行相关性分析。利用全国人均 GDP 与铁路运输相关统计数据进行计算，指标分别利用全国人均 GDP、铁路货运量、铁路货运周转量、客运量、客运周转量、路网密度。根据 EXCEL 软件中 CORREL 函数计算出全国人均 GDP 关于铁路货运量、铁路货运周转量、客运量、客运周转量、路网密度的相关矩阵。通过试算相关矩阵，说明全国人均 GDP 与铁路货运量、铁路货运周转量、客运量、客运周转量、路网密度指标具有极高的正相关关系。

②灰色关联分析法

灰色关联分析方法基本思想是通过确定参考数据列和若干个比较数据列的几何形状相似程度来判断其联系是否紧密，它反映了曲线间的关联程度，关联度越大，说明被研究的系统内各比较序列的发展方向和速率与参考序列越近似，近似程度越高，与参考序列的关系越紧密。

把关联系数按样本数求其平均数可以得到一个关联度矩阵 $\boldsymbol{r}_{ij}$，通过比较各个关联度 $\boldsymbol{r}_{ij}$ 的大小可以分析出铁路运输基础设施系统对经济发展的相关程度。若 $0<\boldsymbol{r}_{ij}<1$，说明 $Z_j(k)$ 与 $Z_i(k)$ 有关联性，$\boldsymbol{r}_{ij}$ 值越大，关联性越强，耦合性越强，反之亦然；当 $0<\boldsymbol{r}_{ij}\leqslant 0.35$ 时，关联性较弱，两系统指标耦合作用弱；当 $0.35<\boldsymbol{r}_{ij}\leqslant 0.65$ 时，关联度为中，两系统指标耦合作用中等；当 $0.65<\boldsymbol{r}_{ij}\leqslant 0.85$ 时，关联性较强，两系统指标耦合作用较强；当 $0.85<\boldsymbol{r}_{ij}\leqslant 1$ 时，关联度为极强，两指标相互作用规律几乎一样，单个指标间耦合作用明显，耦合作用极强。

在关联度矩阵的基础上分别按行或列求其平均值，根据其大小及其对应的值域范围可以筛选出铁路网对经济发展最重要的支撑因素。为了从整体上判断铁路网与经济两个系统耦合强度的大小，进一步构造了铁路网与经济相互关联的耦合度模型：$R(k)=\dfrac{1}{m\times l}\sum_{i=1}^{m}\sum_{j=1}^{l}L_{ij}(k)$，式中 m,l 分别为铁路网与经济系统的指标数，$i=1,2,\cdots,m$；$j=1,2,\cdots,l$；$R(k)$ 为耦合度。

③结果分析

根据灰色关联分析方法分析，以经济发展指标作为参考序列，在 MATLAB 环境下分别计算各地区铁路网供给与经济发展的耦合作用关联矩阵。

铁路网供给水平与经济发展各因素间是错综复杂的关系，总体而言，两个系统各项指标交错作用的类型以中等关联和较强关联为主。耦合关系较强，说明铁路网供给水平与经济发展两者是相伴而生的，即铁路基础设施既是经济发展的条件，也是经济发展的结果。

根据系统聚类分析方法和耦合理论，将全国分为几大区域，再根据地区间经济发展水平和基础设施发展水平的实际情况以及地域临近关系，将全国划分为经济发展超前型、基本协调型和低水平耦合型 3 种类型，具体详见表 5.3。

表 5.3　铁路网与经济发展耦合关联的区域分类

级　别	区　域
经济发展超前型	广东、北京
初步协调型	山东、浙江、河北、吉林、西藏、上海、辽宁、湖南、江苏、福建、河南、四川、云南、山西、重庆、宁夏、江西、内蒙古、黑龙江、安徽，天津、湖北
低水平耦合型	新疆、贵州、海南、陕西、广西、甘肃、青海

a. 经济发展超前型

经济发展超前型包括广东省和北京市，其经济发展水平较高，对铁路网的服务提出了更高的要求。但是基础设施的建设速度跟不上经济发展步伐，对区域经济发展的“瓶颈”作用较为明显，总体上经济发展相对于基础设施建设超前，两个系统发展不协调，所以耦合度表现为最小。

b. 初步协调性型

初步协调型包括山东、浙江、河北、吉林、西藏、上海、辽宁、湖南、江苏、福建、河南、四川、云南、山西、重庆、宁夏、江西、内蒙古、黑龙江、安徽，天津、湖北，这些地区除个别地区以外，经济发展达到了较高水平，同时有较完善的铁路网，地区经济和铁路网建设水平总体上看曾现出一定的适应性，但是，路网设施建设速度相对缓慢，处于铁路建设和经济发展的适应调整阶段，比较起来耦合度较大。

c. 低水平协调型

低水平协调型包括新疆、贵州、海南、陕西、广西、甘肃、青海，但是，这些地区也表现为经济发展水平和铁路基础设施水平都很低，铁路网建设滞后，经济增长方式粗放，表现为耦合度最大。

区域划分综合分析见表 5.4，划分依据见表 5.5。

表 5.4　区域划分综合分析表

类　别	划分指标			综合评价	区域类型
	经济发展水平	铁路运输发展水平	铁路运输与经济发展的耦合关联度		
一类区域	上海、北京、天津、江苏、浙江、内蒙古、广东、辽宁、山东、福建	山西、内蒙古、河北、辽宁、河南、山东、黑龙江	广东、北京	浙江、上海、福建	提升区域

续上表

类 别	划分指标			综合评价	区域类型
	经济发展水平	铁路运输发展水平	铁路运输与经济发展的耦合关联度		
二类区域	吉林、湖北、河北、重庆、陕西、黑龙江、宁夏、山西、新疆、湖南、河南	陕西、安徽、天津、湖南、广东、四川、吉林、江西、湖北、北京、江苏、广西、贵州、甘肃	山东、浙江、河北、吉林、西藏、上海、辽宁、湖南、江苏、福建、河南、四川、云南、山西、重庆、宁夏、江西、内蒙古、黑龙江、安徽、天津、湖北	广东、北京、天津、江苏、内蒙古、辽宁、山西、河北、黑龙江、河南、陕西、吉林、湖北、湖南、安徽、江西、	重点区域
三类区域	青海、海南、江西、四川、安徽、广西、西藏、甘肃、云南、贵州	浙江、新疆、上海、云南、福建、宁夏、重庆、青海、海南、西藏	新疆、贵州、海南、陕西、广西、甘肃、青海	新疆、重庆、宁夏、广西、甘肃、贵州、四川、青海、海南、西藏、云南	发展区域

表 5.5 区域划分依据表

区域划分	经济发展水平	铁路运输发展水平	铁路运输与经济发展的耦合关联度
提升区域	高	较 低	较 大
重点区域	高	较 高	较 小
发展区域	较 低	较 低	较 大

提升区域包括浙江、上海、福建，这类地区位于我国东南沿海地区，经济水平发展高，铁路运输业在综合运输体系所占的比例较低，因此发展水平相对较低，铁路运输系统与经济系统的耦合作用度较大。由于这类地区经济发展水平高，需要发达的综合运输交通体系作为支撑，因此铁路建设在继续提高交通基础设施存量的同时，更加需要努力实现基础设施质量的提升，建立现代化程度高、运作架构完善的运输网络，提供高质量的运输服务为主。

重点区域包括广东、北京、天津、江苏、内蒙古，辽宁，山西、河北、黑龙江、河南、陕西、吉林、湖北、湖南、安徽、江西，这类地区主要位于我国的中部和东北地区，是我国的能源基地，同时也是连贯我国东西部地区的纽带，对于扩大东部地区经济腹地，提高西部地区的通达性等都有重要的作用。这类地区经济发展水平较高，铁路发展水平较高，但是两者之间的耦合作用程度较低，表现为铁路基础设施对经济发展的瓶颈制约作用，因此应重点和优先发展这些地区的路网建设，不仅有利于当地经济的发展，也是满足全国经济和谐发展，实现区域经济一体化的要求。

发展区域包括新疆、重庆、宁夏、广西、甘肃、贵州、四川、青海、海南、西藏、云南，这类地区主要位于我国的西部地区，经济发展水平相对落后，铁路运输发展水平低，由于地理条件的限制，这类地区修建铁路有一定的困难，但从国家长远发展和安全的角度，政府需加快铁路基础设施投资，刺激经济增长。其中考虑到安徽省和江西省作为东部地区以产业转移为主题的区域发展规划战略，将其调整到重点区域，以促进区域协调发展。区域划分的最终结果如图 5.7 所示。

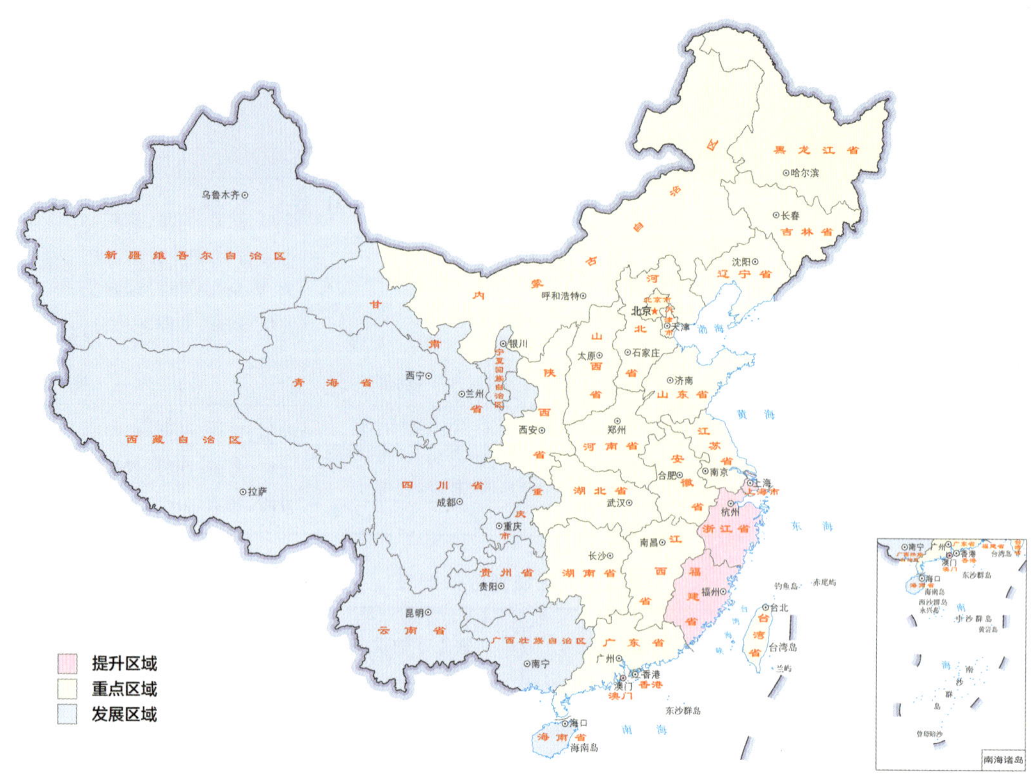

图 5.7 综合评价后的区域划分空间分布图

5.2.3 交通区位理论

区位理论的核心概念是区位，是一种经济地理现象。从观察角度的定义，交通区位研究的任务之一是发现一定地域内高发（出现的频率大）的交通线路和交通枢纽站点的区位位置。从操作角度的定义，交通区位研究的任务就是，我们应研究将交通线和交通枢纽站布局在何处才能更好地使一定区域的国民经济建设达到目标。

交通运输业与其他行业最显著的差异是运输需求的快变性与供给的慢变性，供给的慢变性决定了其是不可能对运输需求的快变迅速做出反应而表现得缺乏弹性，所以交通运输之中的均衡是要提前进行操作才有效。

交通区位理论是高速铁路网规划的理论基础，也是高速铁路网优化的定性基础。系统科学告诉我们事物的变化是慢变量支配快变量的原理决定的，只要找出支配事物变化的慢变量就可以把握事物的变化规律。通过分析可以知道在交通运输供给中的慢变因素就是线网，只要把握住线网结构这个慢变因素，就可以找到支配运输客体需求的变化规律。交通线网是由交通线路和交通节点集合组成，交通线网的规划设计必须是要以交通空间经济学为依据，而不能以交通工程学为依据。只要依据交通区位分析做出交通区位线网发展战略，并根据需求逐步在交通区位上建设交通线以达到最优方案，就可在不同时期为实现不同的社会需求提供可靠的交通保障。

交通区位线是一条地理上高发的交通运输线的“座位线”，高发指的是介于定发与偶发两者之间、并偏于定发的一种状态。因此，高发是一种准必然性，并且一定是必然性多于偶然性的综合状态。交通区位线的特点如下：

(1)交通区位线是一种大概率发生交通的原理线，其中不包含工程实物的内容。

(2)交通区位线由一些联系相邻节点(城、镇等)的直线构成的折线表示的。它与实际上弯弯曲曲的交通线是不同的，它不受微观的地形、地貌特征的约束，只受宏观的地形、地貌的影响。

(3)交通区位线是一条地理上高发的交通运输线的"座位线"，至于在上面是公路还是铁路，或者是其他运输方式并没有特指。

(4)在交通区位线上建设哪种方式的交通线，线路的等级如何都是可以变化的。这些变化是受社会经济因素和科技因素的影响。

(5)交通区位线具有不变的特征。

因此，高速铁路网规划可以借助交通区位理论，首先确定研究区域交通区位线分布特征，其次结合交通区域线与实际客运需求空间部分特征及需求量，定义综合运输通道及通道内的交通方式合理配置。

5.2.4 节点连通度理论

节点连通度是描述一个节点在区域内重要程度的相对指标，可用来比较不同经济节点之间功能强弱的相对性。节点连通度的大小，可采用几个指标的线性加权合成。人口是节点规模大小的直接反映，国内生产总值、人均收入反映了节点的经济发展水平，值高的节点，说明该区域的生产潜力大。考虑到区域发展的不平衡性，节点连通度的评价可结合生产力布局、城镇体系规划状况做出适当调整，最终得出节点连通度的数值。

节点连通度法布局的过程是：节点连通度计算出来以后，就可根据系统聚类分析的原理，对区域内节点进行聚类分析，按照各节点连通度大小，可将其划分为二到四类。然后，根据节点聚类分析结果，分层拟定各层节点间联系路线轴向，划分功能和作用，如图 5.8 所示。

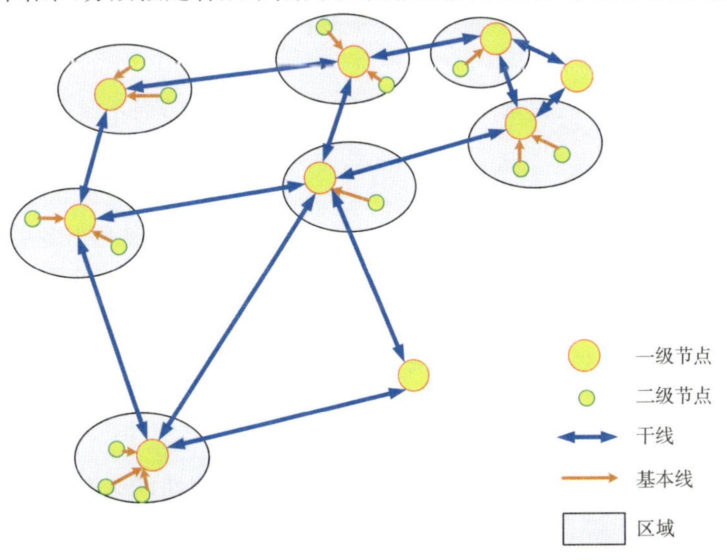

图 5.8 节点连通度示意图

在高速铁路网规划中，根据网络节点所处的区位特征、服务功能、客货流特征及未来定位等，可将铁路节点分为不同等级：一级节点、二级节点及三级节点等。可以选择不同级别和功能的节点作为网络轴心，每个轴心节点有其各自的服务辐射范围。高等级节点与低等级节点间存在着"侍服"关系，即高等级的节点是低等级节点客货流的集散地，而低等级节点是高等级节点的客货流来源点。由于交通节点实际上代表的是一定的面域范围，把握了交通节点的格局，也就等于控制了交通网络的格局。所以，只要交通节点根据区域的政治、经济、国防、资源等因素划分了等级，也就等于将交通网络进行了等级层次的划分。

因此，本书采用节点重要度评价区域高速铁路网经济节点的重要性。

5.2.5 网络覆盖理论

1. 覆盖的涵义

目前，对高速铁路覆盖范围的研究相对缺乏，还没有形成对高速铁路覆盖范围统一的定义。一般情况下，在实际操作中，根据高速铁路 50 km 左右间距设站原则，高速铁路覆盖范围可以按照其设站辐射吸引范围 50 km 左右考虑。但根据高速铁路覆盖率研究的特点来看，高速铁路覆盖范围应具有如下特点：

(1)覆盖范围所包含的区域受研究高速铁路影响的作用明显强于其他地区，并在空间布局上围绕于高速铁路对外服务接口周围。

高速铁路对覆盖地区的交通组织是集中在一些有限的点(车站)，通过这些点来组织交通，所以覆盖的合理区应该是以车站为中心的圆形区域。

(2)覆盖范围的内涵应能够明显体现出不同区域的差异性。

我国东中西部差异较大，尤其是西部与东中部差别明显。东中部人口占全国的 78%，GDP 占全国的 85%，铁路网规模占 66%；西部虽然地域面积占全国的 68%，但经济体量、高速铁路网规模均较小。因此覆盖范围分析需要分区域确定。

(3)覆盖范围的内涵应能够明显体现客运需求的特点，即高速铁路速度目标值的差异性。

高速铁路覆盖客流需要人员密集增加其客流辐射，高铁一般在城市密集区域设站，考虑客流出行的便捷性、可达性。

(4)某一具体高速铁路的覆盖范围应是其独立作用的范围，而不是和其他相关铁路线路共同作用的联合范围。

基于以上分析，定义高速铁路覆盖范围是指：高速铁路车站周边旅客在一定费用水平下直接到达或通过其他交通运输方式到达高速铁路车站、获得高速铁路服务的区域范围，一般按照其设站吸引范围 50 km 左右考虑。

其中，费用水平是沿线区域旅客获得高速铁路服务的难易程度的体现，能够综合反映高速铁路对其影响程度的大小。而高速铁路作为一种封闭的线性系统，旅客乘降集散都是在高速铁路车站完成的，中间线路只承担站点之间客运的位移，高速铁路车站是铁路对外服务的接口，客流只有到达高速铁路车站才能接受铁路服务。

另一方面，旅客出行运输的费用是对资金花费、时间的消耗以及安全性等因素综合考虑的结果，与客运特点密切相关，也能够反映出所在区域的实际特点。

此外，定义中规定的客流到达站点是通过直接到达和其他运输方式，排除了将其他相关铁路的覆盖范围纳入研究铁路的可能。

在获得高速铁路服务的方式中，直接到达是指旅客通过步行极短距离到达车站，该范围是铁路的直接覆盖区；而通过其他交通方式则是指旅客通过小汽车或城市公共交通、长途汽车等短途或长途交通到达车站，该范围为高速铁路的间接覆盖区。如图 5.9 所示，显示了以高速铁路车站为中心的三层覆盖范围，站点的覆盖范围是这三层的总和。

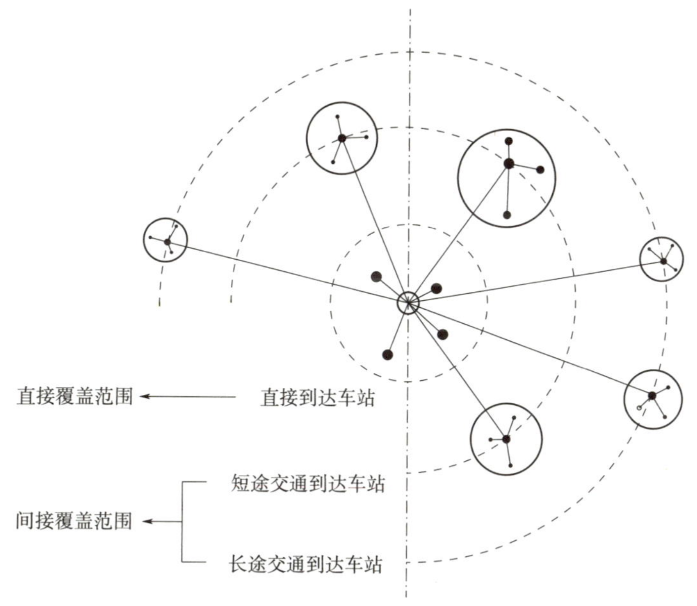

图 5.9　高速铁路车站覆盖范围示意图

在这样的定义下，高速铁路线路的覆盖范围就转化为其沿线站点覆盖范围的合集。而高速铁路网的覆盖范围进一步转化为所含高速铁路线路覆盖范围的合集。高速铁路线路和高速铁路网覆盖范围的示意如图 5.10 所示，图中红色原点表示高速铁路站点，绿色区域为覆盖范围。

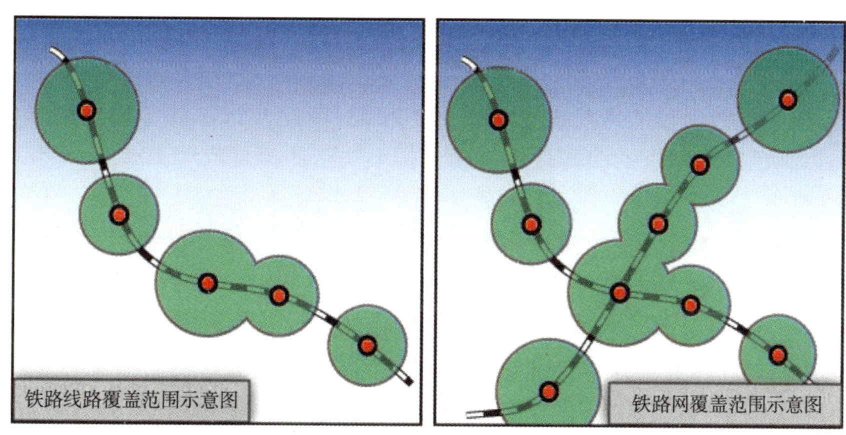

图 5.10　铁路线路与铁路网络覆盖范围示意图

因此，研究的覆盖范围，主要是基于客运出行，从点、线、面三个层次，分别对应高速铁路车站或枢纽、高速铁路线路、高速铁路连接区域，分析高速铁路自身对其覆盖率的影响。

2. 车站覆盖

高速铁路车站覆盖与车站的地理位置、车站间隔、车站等级等因素有关。

其中,车站的地理位置直接决定了车站的直接到达范围。当车站处于人口集中汇聚地时,其直接覆盖范围将会明显增大,间接覆盖范围也会相应增大。

由于旅客上下车都是在高速铁路车站完成的,也就是说高速铁路线路是通过车站完成对周边地区的覆盖,因此不同的高速车站间隔距离将会对铁路覆盖产生不同的作用,如图 5.11 所示。图中分别显示了在车站间距较大的情况和车站间距较小的情况下,铁路对周边区域的覆盖情况。

从图中可以看出车站间距减小后,铁路对沿线的覆盖明显加强,但间距减小后将影响高速铁路列车的运行速度,引起运行时间的增大,也可能引起覆盖范围的减小,因此对其影响效果还需进行进一步的研究。

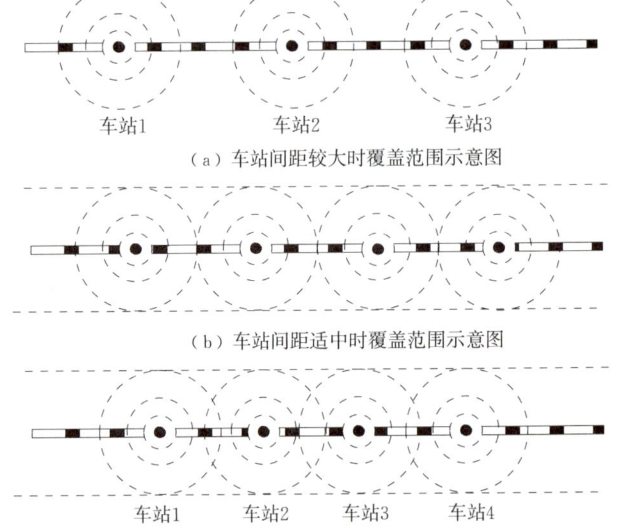

图 5.11 车站覆盖范围示意图

高速铁路车站的等级决定了其所能提供的服务质量。车站的等级越高,其服务能力越强,旅客或货物在站停留时间相对缩短,铁路对周围区域的覆盖范围就会增大。

3. 线路覆盖

高速铁路线路覆盖与铁路等级、运行速度、运输能力、舒适程度、开行列车等级、票价等因素有关。

高速铁路车站是铁路客、货流聚集扩散的直接体现,而线路则是高速铁路运输能力的主要提供者。因此,线路的相关特性,如高速铁路等级、运行速度、运输能力、舒适程度,直接决定着高速铁路所能提供的服务水平。

此外,不同人群的消费能力及出行需求并不相同,因此开行不同等级的列车,制定合理的票价结构以满足运输需求的多样性将有助于扩大铁路的覆盖范围。

4. 网络覆盖

高速铁路网络覆盖与高速铁路线路通过接入路网所能连接区域的数量、铁路连接区域的经济状况等因素有关。

高速铁路线路并不是单独存在、独立完成运输任务的。当多条高速铁路线路彼此连接、交叉形成网络效应,将比单独存在时发挥更大的作用。高速铁路运输提供的服务实质上是旅客从出发地到目的地的位移。那么,当高速铁路线路通过其接入的线网连接的区域数量越多,那么它的服务范围就越广,能够服务的人群也就越多,其对沿线的覆盖范围就越大。此外,当其连接的区域经济越发达,其对所能服务的主要人群人数就越多,也将进一步扩大其覆盖范围。

5. 相关研究结论

随着高速铁路行业的高速发展,更快、更舒适的高速铁路带来了速度优势,加强了旅客出行对时间的敏感性。高速铁路的覆盖范围与出行选择的细分方式，即高速铁路、城际铁路或是一般铁路有必然的联系，通常用距离特征来表达，可由旅客接受的资金费用和时间费用的综合上限来测算。

根据相关研究成果，在高速铁路、城际铁路、普速铁路的分类下，吸引范围最广的是高速铁路，且具有较强的代表性。高铁覆盖范围由有针对性的调查结论分析获得，一般在40～50 km半径范围内。城际铁路主要服务沿线城镇，站间距较小、车站分布较为密集，出行总时长较短，因此对两段接驳时间比较敏感，覆盖半径相对较小，一般在20～30 km半径范围。普速铁路主要服务于长途客流，对两端接驳的时间敏感性差，覆盖半径本应较大，但考虑到普速铁路服务频次较低，部分车站甚至全天仅有1列班次，大大降低了其吸引覆盖范围，乘客优先选择其他方式出行。综上，普通铁路一般取20 km半径范围。需要说明的是，西部地区经济据点较为离散，覆盖范围一般较大，可达30 km半径范围。但随着经济增长和市域公共交通的发展，旅客对资金费用的敏感性和消耗的时间费用均逐步降低，基于车站的铁路覆盖范围数值应呈增长趋势。

5.3 规划布局方法研究

5.3.1 节点分层布局法

影响高速铁路布局的主要因素包括国家战略、城市群、城市和人口、产业分布、经济发展水平、旅游景区和既有高速铁路布局等，高速铁路网规划布局的方法也不是唯一的，往往在实际规划操作中，综合运用多种方法，最终提出合理的高铁网布局。

1. *布局理念*

城市群、城市是客流产生和集聚的中心，高速铁路网应以覆盖城市群、城市为主要目标。覆盖城市节点的选择，综合考虑城市行政等级、人口和经济规模等因素。同时，根据国家新型城镇化发展战略，城市群是我国未来城镇化发展的主要形态。因此，要充分考虑高速铁路对城市群以及大中城市的有效连通和人口密集区域的最大限度覆盖。

我国的高速铁路网规划布局，应形成以国家级中心城市为中心覆盖全国主要城市、以省会城市为支点覆盖周边的高速铁路网；高速铁路网基本覆盖省会城市以及大中城市；城市群之间、省会城市之间形成纵横交错、便捷通达的高速铁路主通道；区域内形成地级城市便捷通达省会和必要的地级城市互通的区域性高速铁路网。

结合国家新型城镇化发展战略，充分考虑高速铁路对城市群以及大中城市的有效连通和最大限度覆盖，高速铁路网布局的总体思路可以按照国家的区域协调发展战略要求，以国家城镇体系规划和城市群规划为依托，综合考虑城市规模、人口分布和经济水平，通过相关路网布局理论，分层分类布设，形成快速铁路概念网；在进一步结合既有高速快速铁路网布局、分地区研究方案以及中长期实现可能的基础上，对快速铁路概念网进行线位对照、布局优化和专家筛选，进而通过通道功能分析和技术标准匹配分析从快速铁路概念网中提炼出高速铁路网的规划初步方案。

2. *布局方法*

分层布局方法的主要思想是首先对高速铁路网需要覆盖的城市目标进行设定，并根据城市的政治、经济、社会等方面的影响因素，将城市进行一、二、三级节点进行分层，然后构建四个层次的概念网络,一是构建一级节点之间的概念网络;二是构建一级节点向周边二级节点辐射的概念网络;三是构建二级节点向其周边的三级节点辐射的概念网络;四是对于某些特殊的带状高密度城市带以及国家5A旅游城市、景区、重要交通枢纽的链接;在以上四层网络的基础上,结合既有铁路网布局以及有关规划,将概念网进行实线化,并进行优化完善,形成最终的高铁网络。

按照节点分层布局思想,高速铁路网布局可以采用分层叠图的方法顺次展开,各层次节点的选择将着重考虑对高速快速铁路形成有关键影响的城市行政级别、城市人口分布、城市经济水平和城市客运量等因素,各层次网络的布设将着重考虑区位交通结构、线位重要度以及带状高密度人口县市的有效覆盖等因素。

不同城市节点对政治、经济、社会等方面实现的功能不同,决定了不同城市节点将具有不同的层次,以及不同层次的城市节点对路网的连接也具有不同的要求。在国家城镇体系规划中,国家中心城市是城镇体系中最高层级的城市,在全国具有引领、辐射和集散功能,应纳入第一层级节点。除国家中心城市外,省会城市作为区域中心城市,应纳入第二层级节点。围绕省会城市,省辖地级城市具有建设高速快速铁路的必要条件,可纳入第二层级节点。除上述地级及以上行政级别的城市应纳入高速铁路网节点外,个别人口密度相对较大且呈带状连续分布的县市以及国家5A级旅游景区城市也具有纳入高速铁路网节点的可能。

根据节点层次,高速铁路网布局规划采用逐层展开、分层叠图的方法,各层次网络的布设以交通区位理论、线位重要度和最优树布设理论为依据,按照自上而下便捷连通的原则,力求网络的全覆盖性和通达性。在考虑节点布设高速铁路网的同时,也进一步考虑城市群的有效串联和人口密集带状分布城市的有效串联。

3. 概念网形成

概念网是基于高速快速铁路形成机理而形成的节点连接成航空线网。根据前述各层次节点选择,高速铁路概念网可分为四个层级来分层布设叠图:第一层级为国家中心城市间相互连接;第二层级为国家中心城市向周边省会城市辐射连接;第三层级为以省会城市为中心向省辖地级城市辐射连接;第四层级为带状高密度人口县市以及国家5A级旅游城市的连接。在以上四层级的基础上,结合新的城市群规划,按照国家级城市群向区域性、地区性城市群辐射及有效串联来补充概念网,并进一步结合既有网布局和各省市区规划将概念网进行实线化。

(1)国家中心城市连接概念网(第一层级)

按照全国城镇体系规划,我国国家中心城市共5个,分别为北京、天津、上海、广州和重庆。考虑北京和天津在区位上距离过近,在实现国家中心城市两两互联时,可将北京和天津视为一个大的节点来进行概念网布设,如图5.12所示。

(2)国家中心城市辐射省会城市连接概念网(第二层级)

国家中心城市应与周边省会城市形成便捷连接的快速线,同时,进一步考虑相邻省会城市间按照交通区位理论实现最便捷连接,从而形成国家中心城市辐射周边省会城市连接概念网,如图5.13所示。

(3)省会城市向省辖地级城市连接概念网(第三层级)

省会城市与省辖地级及以上城市在经济、人员等方面交流最为密切,有必要考虑省会城市向省辖地级及以上城市的辐射连接,同时考虑相邻地级城市间重要度较高的线位。对前面层级的概念线,可按照地级城市的最大覆盖原则在必要时调整相应线位,如图5.14所示。

图 5.12 国家中心城市连接概念网

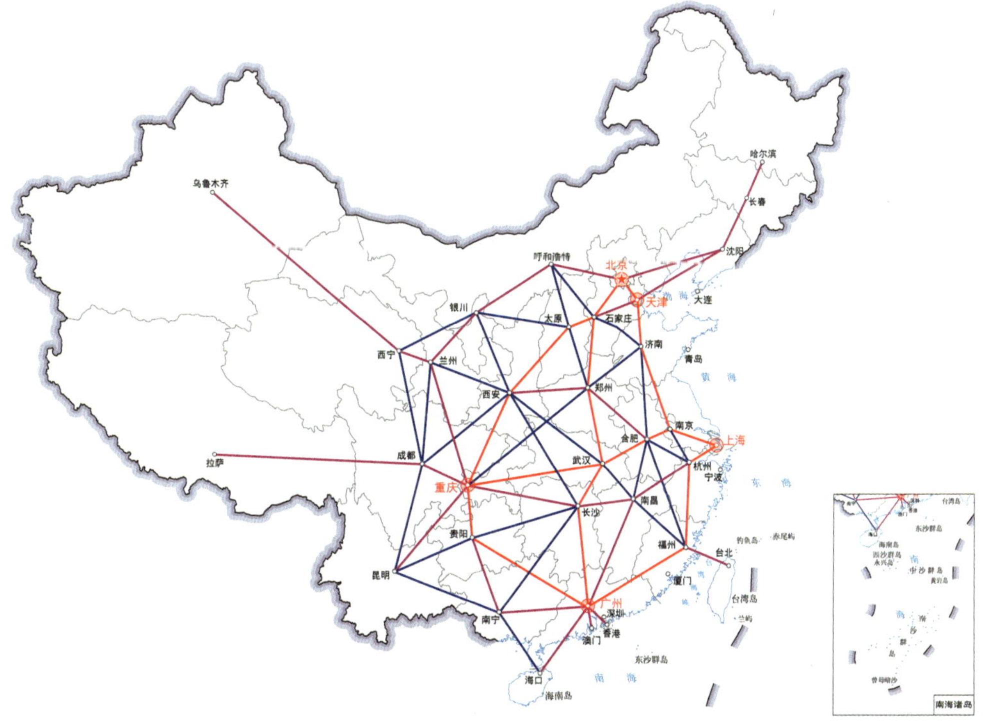

图 5.13 国家中心城市辐射省会城市连接概念网

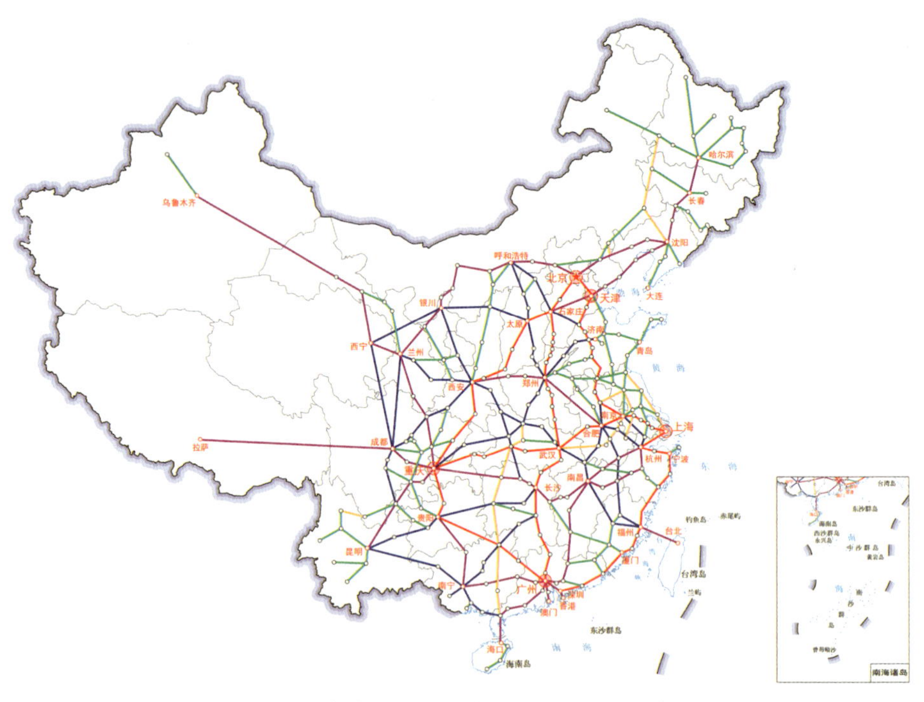

图 5.14 省会城市向省辖地级城市连接概念网

(4)带状高密度人口城市及 5A 级旅游景区城市连接概念网(第四层级)

除连接地级及以上城市外,高速快速铁路在带状高密度人口地区和国家 5A 级旅游景区城市也具备发展的条件,如图 5.15 所示。

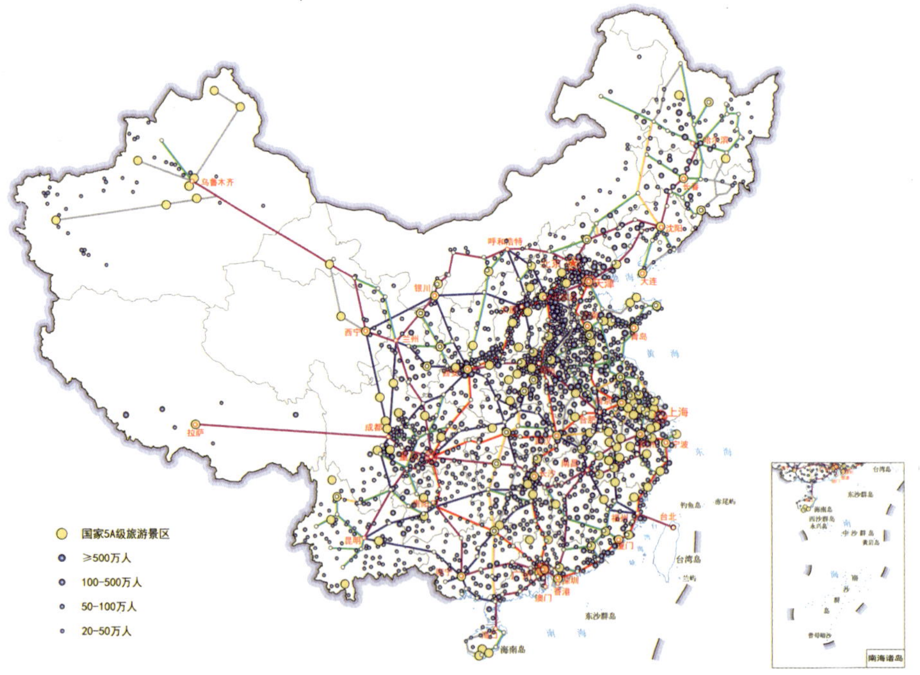

图 5.15 带状高密度人口城市及 5A 级旅游景区城市连接概念网

(5)城市群连接补充概念线

城市群具有产业和人口相对集中、城镇化水平较高的显著特征。在国家新型城镇化发展战略下,城市群的发展将是未来很长一段时期内我国城镇化发展的主轴和经济发展的支撑点。随着国家区域经济协调发展的深入推进以及因技术进步而产生的时空距离的大幅缩短,城市群间的客运交流将会保持稳定的增长态势,由此给城市群间的交通建设提出了更高要求。按照最新的城市群规划研究成果,城市群可分为国家级、区域性和地区性城市群三类。一般地,国家级城市群间应至少存在两条高速铁路,国家级与区域性城市群间应存在便捷的高速通道,区域性与地区性城市群间可通过高速或快速铁路连接,如图 5.16 所示。

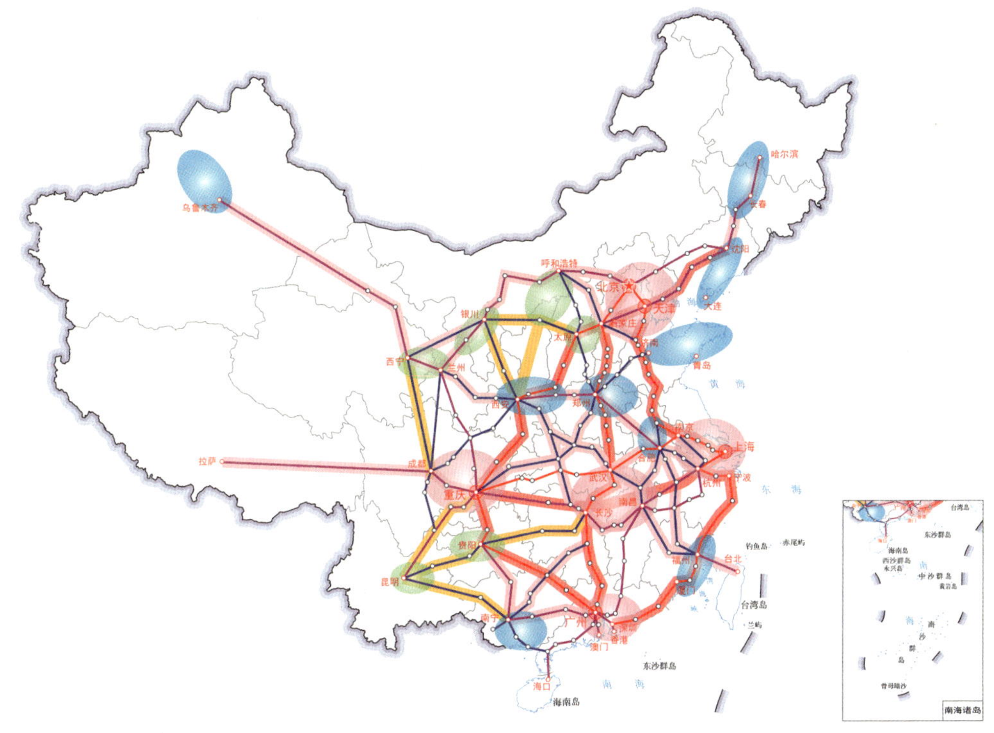

图 5.16 城市群连接概念网

(6)基于既有网和区域规划的高速铁路概念网

对上述高速铁路概念网进行既有线位比照,同时结合各省市区规划研究成果,综合考虑环境、土地资源和工程技术等因素,通过适当添加、删除和合并,从而形成高速铁路概念网,如图 5.17 所示(图中实线为既有线,虚线为规划线,绿线为地方规划研究添加线)。

4. 概念网的修正

概念网络形成过程中,往往会遇到多个同级节点进行连接筛选的问题,可在各层次网络概念形成过程中,考虑以交通区位理论、线位重要度和最优树布设理论为依据,按照自上而下便捷连通的原则,力求网络的全覆盖性和通达性。

(1)交通区位法

交通区位理论认为,当三个同级别的城市节点用交通线依次连接时,出现的夹角不应小于 120°,否则就应两两互连,如图 5.18 所示。

图 5.17　高速铁路概念网

(2)线位重要度法

线位重要度是研判节点间是否需要连接铁路线的重要依据。线位重要度采用单位里程线位所覆盖节点重要度计算，反应多个节点间的吸引力。线位里程可采用明氏距离计算。线位重要度计算公式为：

$$INL=\frac{\sum_i I_i}{L} \tag{5.2}$$

式中　INL——线位重要度；

I_i——节点 i 的重要度；

L——线位里程。

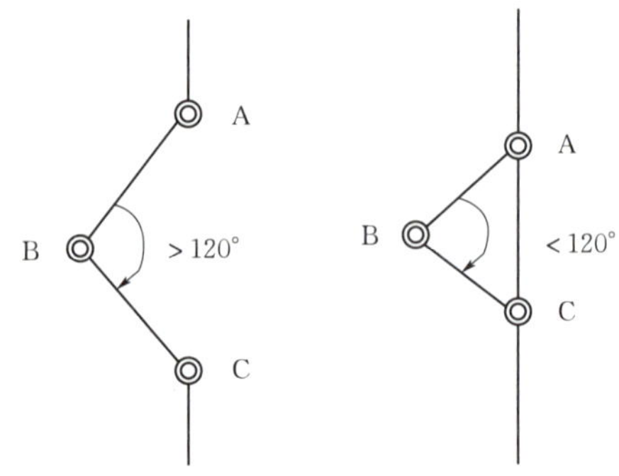

图 5.18　三个同级别的城市节点连接示意

考虑影响快速铁路所覆盖城市节点的关键因素包括人口、经济和运量，在计算节点重要度时，可采用城市人口、城市 GDP 和社会客运量指标，并运用统计学中的主成分分析法。主成分分析是一种可以将众多评价指标进行正交分解，产生一组互不相关的新指标，并将各节点信息最大程度浓缩于一个新指标的系统方法。一般来说，由于前三个主成分累计贡献率达到 87%，第一主成分可以直接作为节点的重要度。主成分分析模型如下：

$$I_i=\sum_{j=1}^{m} b_j f_{ij} \tag{5.3}$$

式中　I_i——i 节点的重要度；

b_j——由主成分分析导出的第 j 项社会经济指标权重；

f_{ij}——i 节点第 j 项社会经济指标。

(3)最优树布设法

一般来说，网络的最初形成是向最优树或近似最优树方向发展的。离散数学中的最优树是指带权路径长度最短的树。在铁路网布设中，最优树是指路段重要度之和最大的树。由于国家的行政管理结构是自相似的，各级别地域的铁路网布局最初也是自相似结构。通常情况下，在路线布设时，可用自相似最优树替代最优树，如图 5.19 所示。

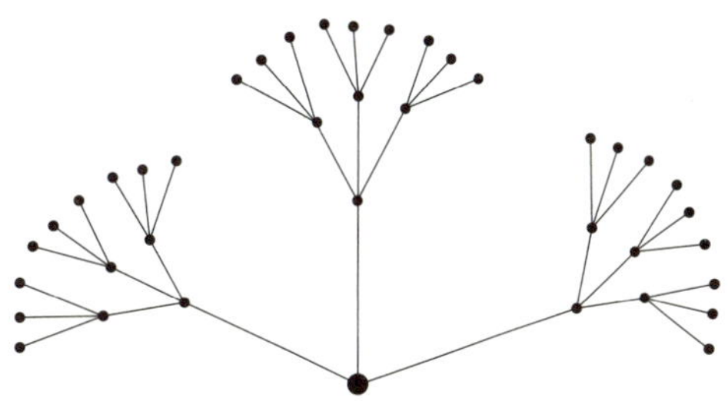

图 5.19 最优树布设方法示意

5. 物理网络的形成

高速铁路网布局优化应综合考虑既有高速快速铁路和铁路旅客运输需求分布，从战略要求、资金控制、综合交通发展要求、项目前期工作、项目重要度等方面对快速概念网进行优化完善，并通过专家咨询、通道功能定位分析、技术标准匹配分析等方法从快速铁路概念网中提炼出高速铁路网的布局方案。

高速铁路网布局优化主要遵循以下原则和方法。

(1)以既有高速快速网布局为基础进行新线优化，新线优化着重考虑既有通道的分流和补强、新增通道扩大网络覆盖和区域高速快速网的补充。

(2)对符合国家战略和国家整体利益要求，在战略发展相关纲要或指导意见中明确提出的高速快速铁路项目纳入中长期规划。

(3)对已开展前期工作且项目共识度较高的项目纳入中长期规划；对国家、总公司、地方政府和企业主推并承诺有资金支持的项目纳入中长期规划。

(4)对在路网中具有通道作用、对路网强化完善具有重要意义的项目纳入中长期规划。

(5)对有助于提高路网整体效益、项目覆盖带状人口密集地区、方案比选优势较大的项目纳入中长期规划。

(6)对在区域城际铁路网规划中已列入的城际铁路项目，原则上不在高速网中重复出现。

(7)对工程条件差、经济效益差、实施可能性不大或有较好可替代方案的项目予以剔除。

(8)借助行业专家意见，将重要度较差的项目予以剔除。

(9)对区域性高速铁路进行协调性分析，将工程难度大、存在少量货运需求的铁路调整为快速铁路。

5.3.2 空间与 OD 布局法

1. 布局理念

贯彻落实国家总体发展战略，统筹考虑国家经济布局、国家城市群、人口、资源分布，对外开放、国家安全、国民经济持续稳定发展要求，体现国家主体功能区规划意图和区域协调均衡发展，根据国家综合交通发展的总体要求，结合高速铁路自身发展特点，构建高速铁路网。

在高速铁路网布局要素分析过程中，涉及的经济、人口、中心城市、城市群分布等要素，在分布特征上，均可理解为“空间”的概念，而空间的概念往往是概念性的网络，需要结合交通出行 OD 的量级判断衡量是否需要布置高速铁路，因此本方法是空间与 OD 结合的理论分析。

高速铁路网布局以人口分布为基础，依托城市和城市群，把握客运需求 OD，在充分利用既有高铁网络的基础上，构建高速铁路网；一是以国家中心城市和 5 大城市群布局为基础，结合城镇化空间格局，构建高速铁路网主骨架；依托主骨架，布局区际高铁干线，连接省会城市和重要地级市；进一步规划连接线和延伸线，扩大高速铁路覆盖面，扩大高速铁路覆盖面，增强路网辐射带动力。

2. 布局方法

以人口分布为基础，依托城市和城市群，把握客运需求 OD，充分利用既有高铁网络，构建现代化的高速铁路网。

以国家中心城市和 5 大国家级城市群布局为基础，结合城镇化空间格局，构建高速铁路网主骨架；依托主骨架，布局区际高铁干线，连接省会城市和重要地级市；进一步规划连接线和延伸线，扩大高速铁路覆盖面。

3. 布局网络

高速铁路网主通道沟通联系全国人口分布最为密集地区，是国家中心城市和主要城市群联系的主要通道，是国家城市化格局的主骨架，主要服务于国家级城市群间跨区域大运量、高频率客运需求，是承担我国主要客运任务的高速走廊。

从人口分布上：人口总量及密度最大的为华北平原、长江三角洲、珠江三角洲、长江中游地区、四川盆地等 5 个地区，如图 5.1 和图 5.20 所示，高速铁路网主通道应首先联系 5 大区域。

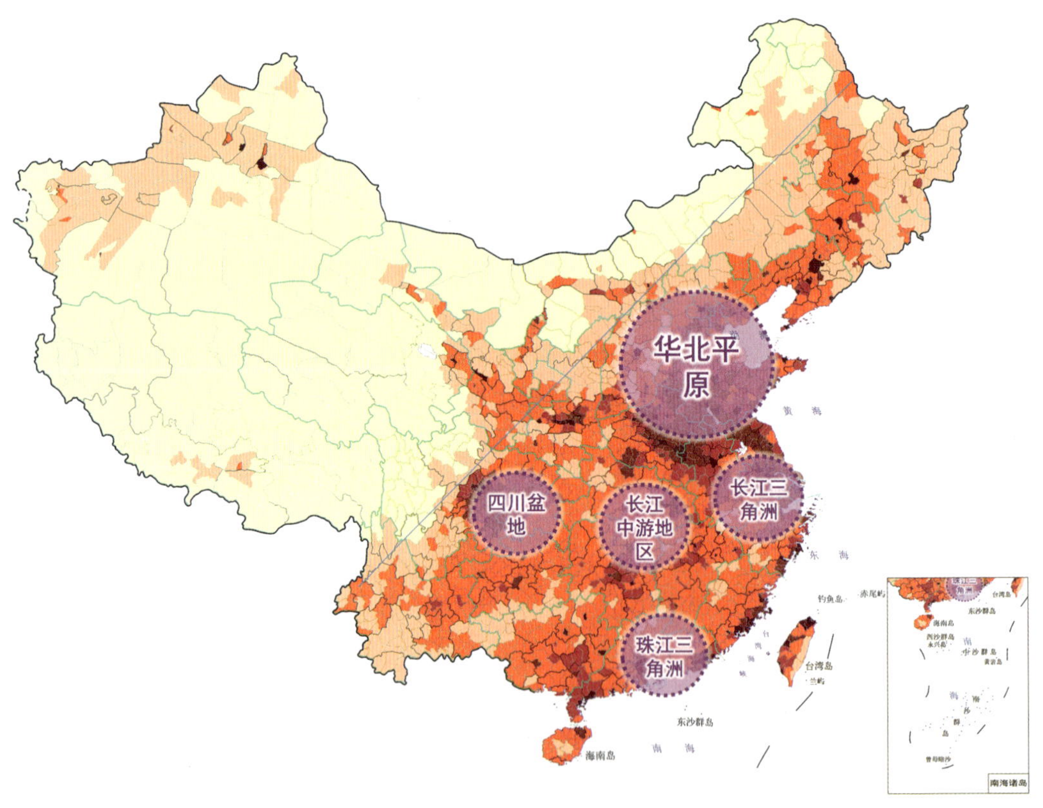

图 5.20 全国人口分布图

从中心城市分布上:《全国城镇体系规划纲要(2010—2020 年)》草案提出建设 5 个国家中心城市和 6 个区域中心城市,最新规划为 9 个国家中心城市,如图 5.21 所示。高铁网布局应连接全国中心城市,形成高铁主通道。

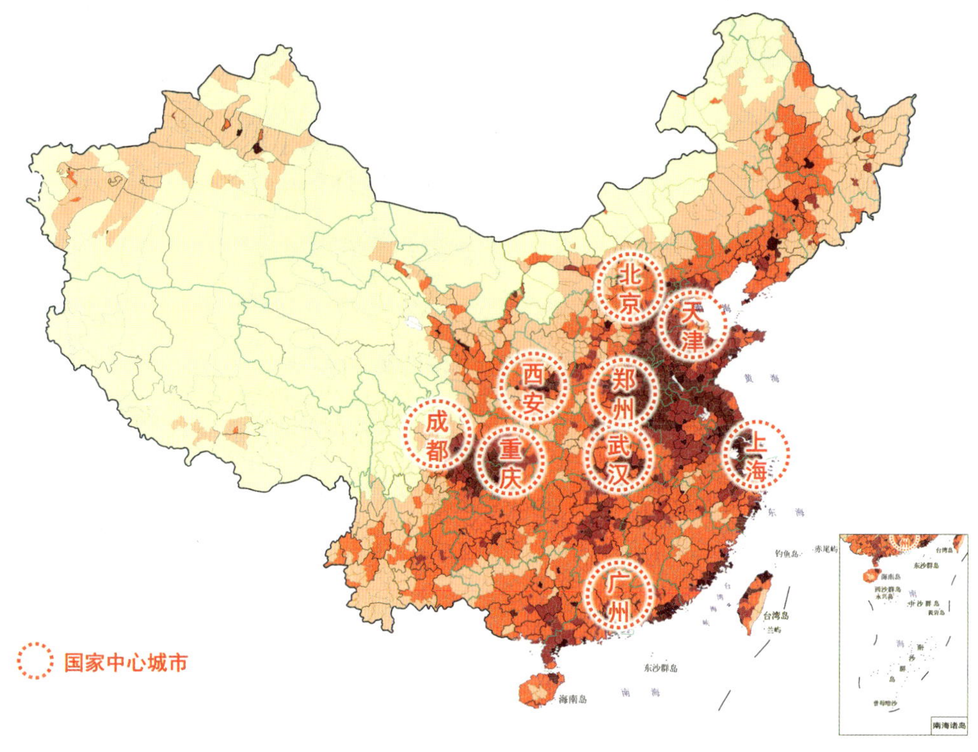

图 5.21 全国中心城市分布示意图

从城市群分布上:根据城市群的战略定位和发展规模,其可以分为不同层次,如国家级城市群、区域性城市群和地区性城市群。高铁网布局应首先连接国家级城市群,形成第一层次的主通道网络,并结合城市群之间的客运需求,逐步实现高铁双通道;第二层次网络应连接每个国家级城市群与周边的区域性城市群;第三个层次网络应连接区域性城市群与地区性城市群,并考虑与第一层次网络的协调与联系,最终形成高铁网络布局。

从城镇化布局上:根据《全国主体功能区规划》《国家新型城镇化规划(2014—2020 年)》,全国将形成"两横三纵"的城镇化战略格局,空间上呈现"菱形+放射"形态,如图 5.3 所示。

从客流需求上:铁路客流的 OD 分布呈现以京津冀、长三角、珠三角、长江中游、成渝 5 大城市群为核心,其他城市群为节点,"菱形+放射"状特征,如图 5.22 所示。

综合人口分布、中心城市、城市群、城镇化布局等几大要素,结合出行 OD 空间特征,提出高速铁路骨架网络布局方案,如图 5.23 所示。

基于上述分析,构建连接城市群、城市的高速铁路通道构成主通道,以满足国家主要经济区之间运输需求,支撑和引领国家新型城镇化发展。在高速铁路主通道的基础上,重点片区布局辅以高速铁路连接线和延伸线,完善高速铁路网络,扩大高速铁路覆盖面,增强路网辐射带动力。

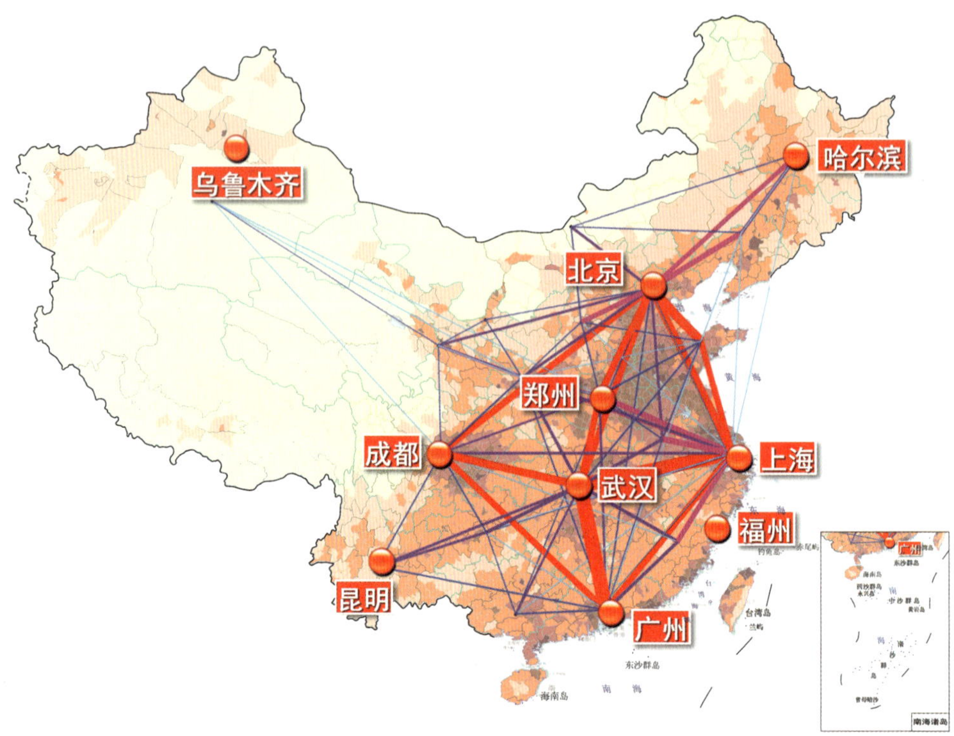

图 5.22 铁路客流 OD 分布示意图(2014 年)

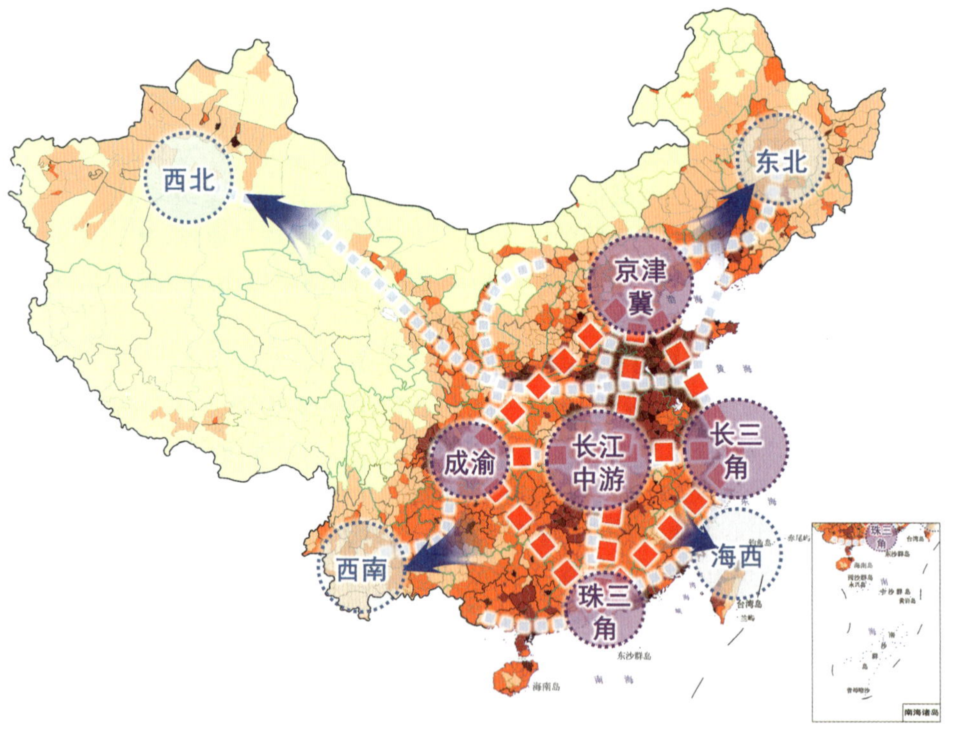

图 5.23 高速铁路骨架网概念图

6 高速铁路网实施规划

6.1 高速铁路网分步实施目的

高速铁路运输是我国综合运输体系中的重要组成部分。高速铁路建设是一项长期、庞大的系统性工程,需耗费大量人力、物力和财力,只有当各种条件满足一定要求时才能被批准建设。高速铁路投资回收周期长,在资源、经济能力有限的条件下,还不能满足所有高速铁路的建设,审批部门要从长远角度,严格控制铁路线路建设的时序及总量,确保铁路建设符合国家长远经济发展的需要。

6.2 分步实施原则

高速铁路分步实施主要通过对区域各地区经济发展水平、产业与城镇现状及规划布局、交通需求及能力等方面分析,确定高速铁路网络各条线路建设时序,为项目前期决策做准备,引导和疏导交通、引领产业布局、城镇空间结构布局和发展方向,带动区域经济又好又快发展。高速铁路分步实施主要遵循以下原则:

1. 符合总体规划原则

高速铁路网规划建设时序需与区域总体发展规划相吻合,做到能够配合并推动社会经济的发展。这其中需要考虑因素包括产业布局、区域空间规划、土地开发顺序、其他交通方式的发展情况等。

2. 重点优先原则

高速铁路具有不同的线路属性,即它们在路网中的功能及重要程度是不一样的,高速铁路网规划实施过程中一般是先建骨干线,其次是次干线,最后修建辅助线。

3. 供需匹配原则

高速铁路的修建主要是解决区域旅客的出行,客流量是影响高速铁路建设时序的主要因素,供需能力匹配是确定高速铁路建设时序的基础。

4. 注重效益原则

高速铁路建设需要考虑经济效益原则,结合各个地区经济发展水平确定合理的交通基础设施投资额,做到规模合适、效益最大。

5. 全面发展原则

高速铁路网的规划和建设是一个长期、复杂的工程。在编制建设时序时需要具有预见性,同时在实施过程中可以根据实际情况对原有方案进行调整,即满足提前规划、分步实施、灵活调整的原则。

6. 点线协调原则

高速铁路网建设时序要应考虑工程技术条件和运营的效益性、连续性。线路在分期建设过程中应与动车组运用检修设施布局、近期列车交路方案等相适应。

6.3 分步实施方法

高速铁路建设时序分析采用定性与定量相结合的方法进行研究。线网方案实施应满足研究区域社会经济发展规划、城镇体系规划的需要，符合产业发展、城市群空间结构和发展方向，要与区域可持续发展相协调，突出重点，分清层次，考虑线路先后次序，先主轴、再线网的建设步骤。

线网分期建设要以客运需求预测为依据，注意初近远期结合，既要考虑其合理性、可行性，又要考虑适当超前于经济发展的需要。

线网分期建设必须考虑与同通道内其他运输方式的协调，共同实现规模效益。

1. 分阶段建设线路的确定

通过客运需求预测，从需求角度对客运量大、能解决现状铁路交通急需解决的问题的线路在建设先后顺序中优先考虑；分析研究区域产业布局和城镇发展形态，对有利于从引导产业合理布局、城镇发展方向的线路在建设先后顺序中优先考虑。

2. 各阶段客运需求预测与评价

结合客运需求预测，分析各线运输能力利用率（负荷强度）等指标评价论证各阶段铁路线网利用状况是否合理，以及铁路交通建设后旅客和货主便利性提高程度、主要交通走廊交通拥挤减少程度等，最终确定各条线路建设时序是否合理。

6.4 分步实施的影响因素

1. 运输需求

区域内城市运输需求是居民对交通基础设施的需要程度。运输需求的大小，尤其是城市居民公共交通需求的大小，是决定城际铁路建设的决定条件。高速铁路建设需要巨大的投资，由于区域内城市的经济实力、城市性质、功能分区和城市的发展方向影响着铁路规划布局，并对路网产生重要影响。城市人口密度、房屋建筑密度、工作岗位密度及商业区的集中程度等人口及土地利用的规模与分布形态对客流的产生及其流向有重要影响。因此有必要仔细分析现状和规划的城市人口分布、土地利用布局及客流集散点分布的形态，以此确定高速铁路实施对运输需求产生的影响。

2. 运输供给

有无实现新的供给平台所需的先进技术（设备技术、材料性能），有无在所经地区的地理环境条件下建造高新技术的高速铁路系统的综合施工能力，有无现代化的运营管理能力。

3. 建设资金和融资政策与措施

建设资金和融资政策与措施包括融资政策的完备程度和融资措施的效用。

4. 建设的国家政策导向

建设的国家政策导向包括国家宏观政策，我国人多地少，能源短缺，大规模的基础设施建设项目都是由国家和当地政府共同出资兴建，因此国家的政策导向对可兴建高速铁路有直接影响。

5. 建设的可替代性

其他可替代高速铁路的运输方式的状况，高速铁路与民航、公路交通都是以中长途客流为主要服务对象，将和民航、公路运输共同发展，是一种既竞争、又协同的关系，共同完成区域旅客运输。

6. 建设的效益

社会基础设施建设的效益可从时间、空间、内容及功能等不同角度进行分类；这里主要着眼于效益的功能及受效益影响的不同主体，可分为公共投资项目本身所带来的项目效益和公共投资建成的设施的功能所带来的设施效益两类。项目效益是项目建设过程中产生的效益，它随着建设过程的开始而发生；设施效益是指已建成的社会基础设施给周围及所在地区带来的影响，包括各种企业生产的扩大、地区所得的增加、就业机会的增加，社区及沿线的人口变化，土地利用变化的影响及对土地所有者资产价值变化产生影响的土地利用效益等。

根据上面确立的高速铁路建设实施影响因素，利用 Delphi 法确定建设实施各影响因素门槛值。事先按需要回答的问题编写一个意见征询表，寄给专家们，要求他们书面回答并按规定时间寄回来，然后用统计方法来整理专家意见，必要时可以再反馈回去，这样的征询和回答进行几次后，最终确定高速铁路建设各因素实施门槛值，便于量化分析。

6.5 高速铁路建设条件分析

根据相关研究成果，选取了武广高速铁路、京沪高铁徐沪段、沪杭高速铁路、杭长高速铁路、沪宁城际、宁杭高速铁路、汉宜铁路、温福铁路等 8 个项目作为研究对象。其中武广高速铁路、京沪高铁徐沪段、沪杭高速铁路、杭长高速铁路设计时速 350 km，分别为我国“四纵四横”高速铁路骨架中的京广高速铁路、京沪高速铁路、沪昆高速铁路的重要组成部分。沪宁城际、宁杭高速铁路设计时速 300 km、350 km，为长三角城际轨道交通网主骨架的重要组成部分。汉宜铁路、温福铁路设计时速 200 km，分别为我国“四纵四横”骨架中的沪汉蓉通道、沿海通道的重要组成部分。其经济、技术、财务等主要指标汇总详见表 6.1。

表 6.1 主要建设项目经济、技术及财务指标汇总表

项目名称	里程/km	近期最大区段客流密度/万人	远期最大区段客流密度/万人	人口密度/(人·km^{-2})	人均GDP/元	城镇化水平/%	单位工程投资/(元·km^{-1})	票价率/(高铁/动车，元·人公里$^{-1}$)	税前/税后FIRR/%
武广高铁(乌花段)	872	4 595	5 995	463	80 355	66.4	1.19	0.52/0.29	10.6/9.01
京沪高铁(徐沪段)	1 318	5 200	5 940	1 057	95 796	72.7	1.64	0.52/—	9.25/—

续上表

项目名称	里程/km	近期最大区段客流密度/万人	远期最大区段客流密度/万人	人口密度/(人·km^{-2})	人均GDP/元	城镇化水平/%	单位工程投资/(元·km^{-1})	票价率/(高铁/动车，元·人公里$^{-1}$)	税前/税后FIRR/%
汉宜铁路	293.2	3 100	3 720	432	73 262	63.8	0.78	—/0.29	3.99/—
杭长高铁	933.1	3 963	5 377	413	71 630	59.4	1.32	0.52/—	10.54/—
沪杭高铁	169	3 690	4 350	1 405	98 590	82.7	1.76	0.52/—	7.44/—
宁杭高铁	249	2 573	3 714	822	100 486	71.8	1.37	0.52/—	6.78/—
温福铁路	298.4	1 590	2 560	520	60 171	65.8	0.82	—/0.32	3.05/—
沪宁城际	301	3 752	4 985	1 677	108 991	81.1	1.60	0.46/0.32	9.65/—

由表6.1可知，设计时速300 km及以上，构成我国“四纵四横”高速铁路骨架的武广高速铁路、京沪高速铁路、沪杭高速铁路、杭长高速铁路以及长三角城际轨道交通网主骨架的沪宁城际、宁杭高速铁路，其财务效益均较好；设计时速200 km，沪汉蓉通道中的汉宜铁路、沿海通道中的温福铁路财务效益可行。

相关研究成果拟从项目财务可持续角度探讨高速铁路建设条件，以对高速铁路建设所需的远近期客流密度、人口密度、人均GDP、城镇化水平、单位工程投资、土建工程长期贷款率、票价率等主要指标给出参考建议。

我国东部地区经济发达，无论是经济总量还是人口总量均遥遥领先中西部地区，特别是在人口密度和人均GDP，更是中西部地区不能企及的。东部地区人口规模、经济规模、运输规模均居全国之首，东部地区交通运输需求大，居民支付能力高。

我国中部地区具有承东启西、连南接北的区位和交通优势，又是我国重要农产品和能源、原材料生产基地。促进中部地区崛起，是继东部沿海开放、西部大开发、东北地区等老工业基地振兴战略后，党中央做出的一项重大战略决策。落实科学发展观，加快中部地区发展，对我国形成区域协调发展新格局，增强综合国力，实现全面建设小康社会目标，构建社会主义和谐社会具有重大现实意义和深远历史意义。

高速铁路对区域社会经济具有重大推动作用，大力发展交通运输设施设备是现阶段中部地区经济发展的头等大事。考虑到中部地区与东部地区经济实力存在一定差距，因此，在针对中部地区高速铁路建设条件进行研究时，应充分考虑国家支持中部崛起战略的政策性优惠。

通过选取的8个项目规划建设情况的分析，见表6.2，初步建议东部地区高速铁路建设条件为：现状人口密度≥400 人/km^2，现状人均GDP≥50 000 元/年，现状城镇化水平≥55%，近期客流密度≥1 500万人，远期客流密度≥2 000万人，土建工程长期贷款率≤50%，每公里工程造价≤2.0亿元，票价率0.3～0.5元/人公里。

中西部地区高速铁路建设条件为：现状人口密度≥350 人/km^2，现状人均GDP≥35 000元/年，现状城镇化水平≥45%，近期客流密度≥1 200万人，远期客流密度≥1 750万人，土建工程长期贷款率≤60%，每公里工程造价≤1.5亿元，票价率0.3～0.5元/人公里。

表 6.2 高铁规划建设条件主要指标建议

指标名称	单　位	东部地区	中西部地区
近期单向客流密度	万人	≥1 500	≥1 200
远期单向客流密度	万人	≥2 000	≥1 750
人口密度	人/km^2	≥400	≥350
人均 GDP	元	≥50 000	≥35 000
城镇化水平	%	55	45
单位工程投资	亿元/km	≤2.0	≤1.5
土建工程长期贷款率	%	≤50	≤60
票价率(动车/高铁)	元/人公里	0.3/0.5	0.3/0.5

7 高速铁路网外部环境规划

7.1 投资及资金筹措

7.1.1 投资估算

1. 编制范围及年度

通常情况下，投资估算编制范围是本次规划确定的高速铁路项目。首先确定研究空间范围内各线路的里程及投资，其次根据分期实施方案确定分期投资总额。

2. 编制依据

高速铁路投资估算编制依据如下：

(1)国铁科法〔2018〕93 号文件《铁路建设项目预可行性研究、可行性研究和设计文件编制办法》；

(2)国铁科法〔2017〕30 号文发布的《铁路基本建设工程设计概(预)算编制办法》(以下简称"30 号文")；

(3)国铁科法〔2017〕31 号文发布的《铁路基本建设工程设计概(预)算费用定额》(以下简称"31 号文")；

(4)估算工程数量；

(5)类似工程综合指标；

(6)其他有关文件、规定和定额；

(7)预估算指标使用情况：

站前、站后工程均采用铁道部铁建设〔1999〕100 号文发布的《铁路工程估算指标》进行单项指标分析，《铁路工程估算指标》缺项或不足部分采用部颁现行概预算定额补充分析。

结合类似线路设计概算指标和已完工程竣工指标，进行分析对比，确定近期工程指标。

此外，高速铁路投资估算与基期及编制期价格水平有关。在编制规划时需要考虑这一因素。

7.1.2 资金筹措

1. 资金筹措基本思路

在目前我国投融资体制和铁路体制改革的总体思路下，高速铁路建设主要采用"政府主导、多元化投资、市场化运作"的融资思路。

2. 资本金比例

《国务院关于调整和完善固定资产投资项目资本金制度的通知》(国发〔2015〕51 号)规

定:铁路、公路等项目,最低资本金比例为 20%。

为了提高铁路对多渠道融资的吸引力,应加大政府投资、补贴以及政策支持的力度,提高项目利润率,最大化地吸引投资多元化,因此资本金比例不宜过低。

3. 资金筹措基本原则

高速铁路网规划资金筹措的总体原则是政府主导、多元化投资、市场化运作。

政府主导:铁路为一种准公共产品,具有较强公益性,并且具有造价高、资金需求量大、建设周期长、投资资金回收慢等特点,其资金筹措应以政府为主导,由政府统一规划、统筹安排、全力推进。

多元化筹资:铁路项目建设资金及运营资金需求庞大,政府财力有限,需要引入市场机制,拓宽融资渠道,积极吸引社会资本,进行多元化筹资。

4. 资本金来源

通常情况下,高速铁路网规划资本金来源主要考虑以下四种:

(1)地方政府财政投资

铁路的建设和运营,可以解决当地交通问题、人员流动问题、地方企业原材料及产品运输问题、雇员问题,还能促进矿产、旅游资源开发,促进地方经济发展,因此地方政府财政应进行一定的资金投入,以发挥政府主导作用。

(2)沿线土地开发收益筹集资金

铁路项目有显著社会效应和外部效益,其建设与沿线土地开发是相辅相成的,铁路项目的建设促进沿线经济发展、实现土地增值,为物业开发提供经济效益保障,而物业开发又为铁路带来客流的增长。铁路建设与沿线物业综合开发相结合,正逐渐被理论和实践所证明,可成为铁路建设资金筹资的有效方式。

(3)中国国家铁路集团有限公司(以下简称国铁集团)出资

目前国内干线铁路建设项目中,特别是中西部地区的干线铁路,国铁集团是主要出资方,且积极性较高,国铁集团专设的铁路建设基金是铁路建设重要资金来源,其发行的“铁路建设债券”具有发行、使用成本均低的优点,并且在市场上呈供不应求局面,也是铁路建设可以倚重的资金来源。

(4)利用社会资金

国家发改委和国铁集团已出台相关政策鼓励社会资本参与铁路项目建设,随着各项政策措施的完善及落实,肇庆市将具备实现多元化投资、吸引社会资本的良好政策及内外部环境。其筹融资可从吸引金融市场、国外资本市场以及国内资本市场着手,多元化筹资,不仅能减轻建设期巨大的投资对政府财政的压力,引入竞争机制后,还可提高铁路项目建设、运营效率,减少政府补贴,进一步减轻政府负担,为铁路建设与发展创造一个宽松、有保障的环境。社会资本参与筹融资有“轨道+土地”综合开发模式、PPP 模式等,可根据实际情况选择合适的模式。

5. 债务资金来源

根据国内外融资环境分析,基础设施项目利用外资有一定条件限制,谈判周期较长,而在国内目前的资金供应环境下,获得国内贷款的可能性较大,因此债务资金主要考虑国内银行贷款。

(1)政策性银行贷款

我国政策性银行中与交通基础设施有关的主要是国家开发银行。国家开发银行的主要职能是支持国家批准的基础设施、基础产业、支柱产业项目以及重大技术改造项目和高新技术产业化项目建设。政策性银行贷款比商业银行贷款可能在还款期限和还款方式、还贷担保甚至利率等方面更优惠,因而项目融资成本更低。

(2)商业性银行贷款

国内商业银行主要是指四大国有银行及股份制银行,商业银行贷款是银行利用信贷资金发放的投资性贷款。商业银行贷款的优点是偿还期灵活,筹资数量大,简便、快捷。1998年以来,中央政府为实现扩大内需,调整结构,加强宏观调控,政府发行国债用于基础设施建设,为基础设施的建设提供了越来越宽松的资金供给环境,各大商业银行也根据国家政策,纷纷对收益稳定、受宏观经济形势影响相对较小的高速公路、铁路、轨道交通项目的建设贷款加大了投放力度,增加信贷规模。

(3)国外银行贷款

国外银行贷款主要是外国政府贷款与国际金融组织贷款,包括日、德、英、法等国政府贷款及世界银行、亚洲银行等国际金融组织贷款等。国外贷款较多投向于开发性的新建项目、电气化项目与技术改进项目。相对于国内贷款,国外贷款具有利率低、还款期限长的特点。

7.1.3 投资强度分析

由于高速铁路网规划涉及资金规模较大,通常情况下应当进行投资强度分析。具体过程如下。

1. 资本金比例确定

根据国办发〔2015〕51号文《关于调整和完善固定资产投资项目资本金制度的通知》中的规定,结合研究区域的财力情况,参考区域内相关项目融资方式,确定资本金比例。

2. 建设资金构成分析

在分期投资估算的基础上,结合资本金比例,确定分期资本金额度。

3. 研究区域财力分析

在分析研究区域历年国民经济数据的基础上,参考权威机构发布的研究成果,确定研究区域在规划年度的财力,具体指标包括GDP、财政收入、一般预算收入、基建资金支出。

4. 投资强度分析

投资强度分析以投资强度合理性与经济社会发展的协调性为根本评估依据,主要指标包括建设项目总投资与GDP的比例、建设项目资本金与一般财政预算收入的比例、建设项目资本金与可用基建资金的比例三个指标来分析。在三个指标分析的基础上,确定规划高速铁路网的投资强度是否可行。

7.2 环境影响研究

7.2.1 环境概况分析

环境概况分析是指对研究区域内环境现状进行研究,通常包括三个部分的内容:空气质量分析、水环境分析及声环境分析。

空气质量分析的主要指标包括城市环境空气质量优良天数比例、综合指数范围、二氧化硫（SO_2）年平均浓度、二氧化氮（NO_2）年平均浓度、空气可吸入颗粒物（PM10）年平均浓度、空气细颗粒物（PM2.5）年平均浓度、空气一氧化碳（CO）年平均浓度、空气抽样（O_3）年平均浓度、酸雨频率、降水酸度等。

水环境分析主要从研究区域内水系质量状况、水库质量状况、城市集中式饮用水源地等方面开展。对于沿海区域，要分析近岸海域水质状况。水环境分析的主要指标包括水质等级、水源达标率、水质达标率、水量达标率、优良点位比例等。

声环境分析主要从研究区域、城市功能区、城市道路交通三个层面展开，分别考虑昼间、夜间声环境质量级别。

7.2.2 高速铁路建设对环境的影响

通常情况下，高铁建设对环境的影响主要体现在生态环境、声环境、振动环境、水环境及电磁辐射环境五个方面。

1. 规划实施对生态环境的影响

（1）水土流失

铁路工程征用土地、路堤填筑、路堑开挖、站场修筑等工程活动，将致使地表植被破坏、土壤裸露、易诱发水土流失。规划区地貌有平原区和低山丘陵区，平原地区水土流失轻微，丘陵山区的陡坡路堤、滑坡、崩塌等不良地质路段时容易引起水土流失。

（2）引起局地生态功能改变

规划线路占用的土地以耕地为主，线路征地将改变土地原有的生态功能，使地表植被和沿线宝贵的耕地资源遭受损失，原有的自然生态环境或农业生态环境改变为以铁路线性廊道为主的人工生态环境。

（3）对环境敏感保护目标的影响

规划所经区域主要自然保护区、世界遗产地、风景名胜区、森林公园、地质公园、湿地公园、水利风景区、水产种质资源保护区等。

由于区域内各类生态保护区分布众多，线路在前期选线、选址中，尽量绕避各类法定的生态敏感区。当工程涉及各类生态敏感区时，工程建设可能对其范围内的野生动、植物产生影响，如工程占地可能破坏其栖息环境，影响生态系统稳定性和完整性；工程施工期间可能对野生动物造成意外伤害；路基工程将阻隔野生动物通行，对野生动物迁徙产生一定影响等。

铁路建设涉及范围广，项目规划阶段尚不能明确确定工程与各敏感区的具体位置关系，在详细规划或具体项目设计阶段应明确工程与各敏感区的相对位置关系和影响。

另外，铁路建设对土地资源的占用、对环境的切割，可能会对野生动物栖息地、迁徙通道等产生破坏和影响。

2. 规划实施对声环境的影响分析

工程实施后，列车运行产生的噪声将对沿线近距离的居民区、学校、医院等敏感点产生影响。经预测，列车以 160～200 km/h 速度运行时，距铁路中心线 25 m 处列车通过时噪声级可达 73.5～85.5 dB(A)，选线时应尽量绕避大的噪声敏感目标。

3. 规划实施对振动环境的影响

快速客运网络由于其线路设计标准、车辆及轨道维护要求高，列车轴重小，在相同速度下其振动源低于普通列车，并且由于通过时间短，使振动作用减弱。列车以 160～200 km/h 速度运行时，铁路边界(距外轨中心 30 m)处的振动预测值为 66～78 dB。

4. 规划实施对水环境的影响分析

规划项目建成后，运营期污水主要来自动车检修及整备产生的含油污水、洗车污水和沿线车站排放的生活污水。

5. 规划实施电磁辐射环境影响分析

大量测试研究表明，电气化铁路牵引变电所产生的工频电磁场不会对变电所围墙以外居民的身体健康产生有害影响。列车运行产生的电磁辐射对采用天线收看电视的居民点影响较大。此外，高架铁路桥和列车车体本身会对电视信号产生反射和遮挡影响，在一定程度上会降低铁路附近居民(采用天线接收方式)的电视收看质量。

7.2.3 环境保护与工程措施

1. 生态环境保护措施

(1)土地资源的保护

铁路在建设过程中可采取合理选线、优化线路纵断面设计，合理确定路桥分界高度，与既有铁路、高速公路共用交通廊道等措施节约土地。

(2)水土流失的防治

根据以往铁路建设项目水土保持工作经验，当路基、桥梁、隧道、取土场、弃土(渣)场采取必要的工程和植物防护措施后，项目建设对所经地区造成的水土流失可以得到有效控制。

(3)环境敏感区的保护

铁路经过区域文化发达，人文景观、自然景观丰富，项目方案规划阶段尚难以辨别对某一敏感区构成何种程度的不利影响，下阶段选线设计时，应尽量绕避自然保护区、饮用水源保护区、风景名胜区及文物保护区，如必须穿过时应依照《中华人民共和国自然保护区条例》《中华人民共和国文物保护法》《风景名胜区条例》等法律、法规、条例办理合法手续并采取完善的缓解措施，消除或减小不良影响。

工程建设前，应当在地方文物部门配合下进行调查和勘探，发现文物，应当保护现场，立即报告当地文物行政部门。

2. 噪声、振动治理措施

可通过选用低噪声车辆及轨道结构、铺设无缝长钢轨、进行轨道减振、降噪。对建成区设置声屏障、绿化林带、置换敏感点功能或建筑隔声防护等有效防治手段降低噪声污染。在城市规划区外，邻近线路的小规模住宅、学校等予以功能置换。对沿线开发区和旧城改造地段等规划未建成区应结合地方规划，严格控制线路两侧用地的使用功能，敏感设施应根据环境影响评价文件中提出的达标距离实施距离控制。

3. 废水治理措施

铁路规划建设项目产生的废水污染物主要为石油类、BOD5、氨氮等常规污染物，经常规污水处理工艺处理后，污水可达到各级排放标准的要求。另外，在设备选型时应选择节水型产品。车辆检修整备段所内的洗车污水应尽量处理达标后回用,节约水资源。

4. 电磁干扰防护

在铁路高速运行区段适当加大接触网的张力,可有效地减少电火花。对重要的无线电设施按照国家标准保持安全的电距离。

牵引网采用直供加回流线的供电方式,可降低电磁干扰;邻近金属线路可采用屏蔽护套和嵌制电位设备,以降低感应电压;邻近金属设施均做良好接地,以消除静电感应影响。

列车产生的电磁辐射对沿线居民收看电视的影响可通过接入有线电视网来消除,同时可完全消除车体的反射和遮挡影响。

牵引变电所、基站的选址应尽量远离居住区。

5. 节能降耗减排措施

铁路建设应贯彻国家清洁生产的原则,不断改进技术装备,应用低能耗、低物耗、污染物减排的设备和工艺,提倡资源的综合利用,按照循环经济理念组织运输和生产。

7.3 保障措施研究

通常情况下,保障措施围绕管理体制、组织实施、资金保障、环境保护、规划衔接、人才支撑等与高铁规划、建设紧密相关的要素展开分析。对于不同层级的高速铁路网规划,其保障措施不尽相同。本书系统总结我国多层次高速铁路网规划的相关成果,提出通用保障措施如下。

7.3.1 完善管理机制

推进行政管理体制、市场体系、土地管理制度等综合配套改革,大胆试验,开拓创新。根据铁路系统改革的新要求,加快研究制订和修改完善相关政策和法规,从制度化角度保障规划实施。

按照现代企业管理制度规范铁路生产组织和经营行为,保障各方投资主体的合理权益,以适应新时期铁路可持续发展的需要。

研究制定城际铁路规划及建设管理办法,进一步明确城际铁路规划编制、项目建设的责任主体,规范城际铁路规划建设各阶段管理程序,完善管理机制,切实做好城际铁路项目审查、协调推进、公众参与及安全保障等方面的工作,促进城际铁路科学发展。

7.3.2 做好组织实施

国家/省级/市级有关部门要加强对规划实施的指导,完善工作机制,落实工作责任。突出规划的约束性和对建设项目的指导性,根据本规划确定的分阶段发展目标和任务,编制重大项目年度实施计划,分步推进、滚动实施。各省市应在规划的指导下,组织编制各地市的铁路网发展规划,制定具体的行动方案,调整城市、用地、综合交通等相关规划,落实规划提出的各项任务和措施。

加强部门间和区域间的协商与沟通。健全部门间协调机制,建立常态化沟通渠道,加强与城镇、国土、环保、水利等方面的有序衔接,并做好与综合交通的统筹规划、建设和管理。

各地市要建立必要的协调机制,协商解决跨市域的重大问题,共同推进事关区域发展的重大项目,国家/省级相关部门要给予必要的指导和协调。

7.3.3 保障资金投入

高铁是国民经济的动脉,是公益性的基础设施。按照国务院《关于投资体制改革的决定》确定的“政府主导,市场化运作,多元化投资”的原则,加大各级政府财政投入力度,建立健全投融资管理平台,保障建设资金投入。

各级政府应当加大财政投入,尤其是重点建设项目。研究设立各级高铁发展基金,用于高铁建设资本金及政策性运营亏损补贴。

利用国家试行地方债的有利条件,积极申报发行铁路建设债券,优先保障重大铁路建设项目。

合理利用市场机制解决建设资金问题,鼓励有实力的企业投资铁路建设,吸引信贷资金、民间资本和外商投资,多渠道筹措建设和运营资金。研究制定相关政策,授予铁路沿线、特别是车站地区土地开发经营权,通过土地增值收益和物业开发收益,增强融资能力,拓宽铁路建设资金的来源,保障规划项目的实施。

7.3.4 落实环境保护

高铁建设必须坚持高标准的环保要求,加强对铁路用地的科学管理,按照节约用地、少占或不占耕地原则,最大限度地节约使用土地。坚持资源利用和节约并重,充分发挥铁路“低能耗、低排放、高运能、高效率”的优势,同时尽量避免对自然环境和生态平衡的破坏,尤其处理好铁路建设与各种环境保护目标的关系,保护沿线人文景观,使铁路建设与生态环境相协调,走资源节约型、环境友好型的可持续发展之路。

7.3.5 推进“多规合一”

在顺应以城市群为主体形态推进城市化的大趋势下,高铁建设与过去相比具有与城市结合更紧密、功能更综合多样的特点,对规划条件提出了更高的要求,涉及国土空间规划、综合交通规划等,需要铁路部门、地方政府、交通建设投资主体多方共同努力,发挥各方的积极性,建立顺畅的协商机制,促进多规合一,实现高铁规划与城市规划、高铁建设与城市建设、运输管理与城市管理全方位对接配套。同时,要统筹高铁建设和国土空间规划建设进程,合理谋划建设时序,兼顾高铁建设与城市扩张、商业开发的配套协调。

7.3.6 培育壮大高铁经济

以高速铁路通道为依托,引领支撑沿线城镇、产业、人口等合理布局,促进区域密切交流合作和资源优化配置,加速产业梯度转移和经济转型升级,培育壮大高铁与经济深度融合发展的高铁经济新业态。以高铁站区综合开发为载体,发展站区经济,引导和推动站区现代物流、商贸金融、电子商务、旅游餐饮等关联产业聚集和规模发展,努力形成品牌效应和规模效益。综合开发收益弥补铁路建设与运营。

8 高速铁路枢纽总图规划

8.1 高铁枢纽的主要功能、构成和分类

8.1.1 高铁枢纽基本概念

高速铁路枢纽一般位于路网的交汇点或端点，是由客运站、各种为旅客运输服务的设施以及连接线路所组成的整体，主要作用是汇集并交换各衔接线路、各种交通方式客流，进行客运组织和调节客车运行，并为城镇旅客运输服务。

8.1.2 高铁枢纽主要功能

铁路枢纽的主要功能是完成铁路路线之间、铁路与其他交通运输方式之间的有效衔接。高铁枢纽具有汇集、交换各衔接线路车流或客流的重要作用，是高铁路网为所在城镇提供客运服务及组织旅客乘降、集散、换乘的主要节点，也是高速铁路与城际铁路、普速铁路或航空港及城市综合交通运输体系快捷接驳的主要场所，承担着客运组织、客车到发、车流转换、综合维修及动车运用检修等重要功能，在高铁路网和城镇综合交通运输体系中具有十分重要的地位和作用。

8.1.3 高铁枢纽构成

高铁枢纽与所在地区的社会经济发展、城镇规划布局、综合交通建设关系十分密切，为实现其主要功能、完成繁重而复杂的任务，高铁枢纽内需要配备成套技术设备。

高铁枢纽一般由高铁线路、高铁车站和相关配套设施共同构成。高铁线路包括正线、联络线、疏解线、线路所、客车到发线、工区岔线、动车走行线等。高铁车站主要配备旅客站台、客运站房、客运生产服务设施等，办理始发、终到客车的客运站还设置供动车组检修、清洗、整备、存车等作业的动车段(所)或存车场，部分车站还设有综合维修工区(车间)或高铁物流基地。相关配套设施主要包括车站广场、商业服务及公共交通换乘系统等市政配套设施。

8.1.4 高铁枢纽分类

铁路枢纽由于引入线路的数量和衔接方向不同，担负的运输组织任务和具体条件也不相同，因而枢纽内主要车站和设备配置、各方向引线和联络线的设置都将随着影响总图布局各因素的差异而变化，国内外大部分铁路枢纽都是随着各种引入线路的增加、各种客货运设备的相应配套逐步发展形成的。高铁枢纽因其衔接线路、客运规模、地理位置、城市地位、地形地貌、结构形态、建设时序等方面的差异，使各种车站、线路、设备的配置也存在差异，因而形成不同的类型。

1. 按铁路枢纽在路网中的地位和作用分

按铁路枢纽在路网中的地位和作用可分为路网性枢纽、区域性枢纽、地方性枢纽。

路网性枢纽承担的旅客发送量和车流组织任务涉及整个路网，城市规模、衔接线路和设备规模较大，路网地位极其重要，主要为国家中心城市、铁路局或铁路监管局所在地，如北京、上海、广州、武汉、成都、西安、郑州、沈阳、天津、重庆、南京、杭州、合肥、深圳为 14 个路网性铁路枢纽，其中北京、上海、广州、武汉、成都、西安、郑州、沈阳为路网性客运中心。

区域性枢纽主要承担一定区域的旅客发送量和车流组织任务，城市规模、衔接线路和设备规模以大中型为主，路网地位重要，大多为省会城市、计划单列市或省域副中心城市，如哈尔滨、长春、大连、呼和浩特、济南、青岛、石家庄、太原、银川、兰州、西宁、乌鲁木齐、南昌、长沙、贵阳、昆明、宁波、福州、厦门、南宁、海口、徐州、阜阳、襄阳、九江、赣州等为 26 个区域性枢纽。

地区性枢纽承担一定地区的旅客发送量、车流组织任务较弱，城市规模、衔接线路和设备规模以中小型为主，全路其他 100 多个衔接 3 个及以上方向线路的路网节点均可定位为地区性铁路枢纽。

2. 按铁路枢纽布置图形式分

按铁路枢纽布置图形式可分为一站枢纽、三角形枢纽、十字形枢纽、顺列式(并列式)枢纽、环形枢纽、尽头式枢纽、组合式枢纽等 7 类。

(1)一站枢纽

一站枢纽如图 8.1 所示，是将各方向高铁线路引入同一客运站，是高铁枢纽最基本的、采用最多的图形，其特点是客运设备集中，运营管理方便，运输效率较高。根据引入线路的数量和跨线交流特点，车场布置可采用方向别、线路别布置等不同站型。但衔接多个方向的一站枢纽，难以满足各方向径路顺直要求，部分引入线存在绕行，客运作业互有干扰，疏解工程相对复杂。高铁、城际与普通铁路、枢纽机场等其他交通枢纽并站也可归属为一站枢纽。

(2)三角形枢纽

三角形枢纽如图 8.2 所示，有三个方向引入线路汇合，各衔接方向均有较大的跨线车交流，可在通过客车较多的主要线路上设主要客运站，承担枢纽内大部分始发、终到及列车通过作业；为避免次要方向通过客车在枢纽内折角走行及切割主要通道，可在次要方向线路上设中间站辅助办理通过车到发作业。

(3)十字形枢纽

十字形枢纽如图 8.3 所示，其主要特征是两条铁路线走行顺直、近似正交，在枢纽中心设有呈“十字形”的交叉疏解布置，在两条线路上分别设站或骑跨设站，根据车流状况和车站布置修建必要的联络线。适用于相互交叉的衔接线路之间交换车流量较少，而两直线方向均有大量直通客流的铁路枢纽，有时为减少另一条线路的绕行或受地形条件限制也可采用此类布置。十字形枢纽优点是能保证相互交叉的线路独立作业，互不干扰，直通客车通过顺畅，获得缩短运程、节省投资的经济效果。

(4)顺列式(并列式)枢纽

城市狭长、被江河分隔的城市或受其他条件限制不能集中设站时，可于车流汇集的同一条通道上或于城市范围的不同通道上设置两个客运站，形成顺列式(或并列式)枢纽，如图 8.4 所示。优点是客运站布置方便、灵活性大，缺点是客运作业相对分散、运营管理成本高。

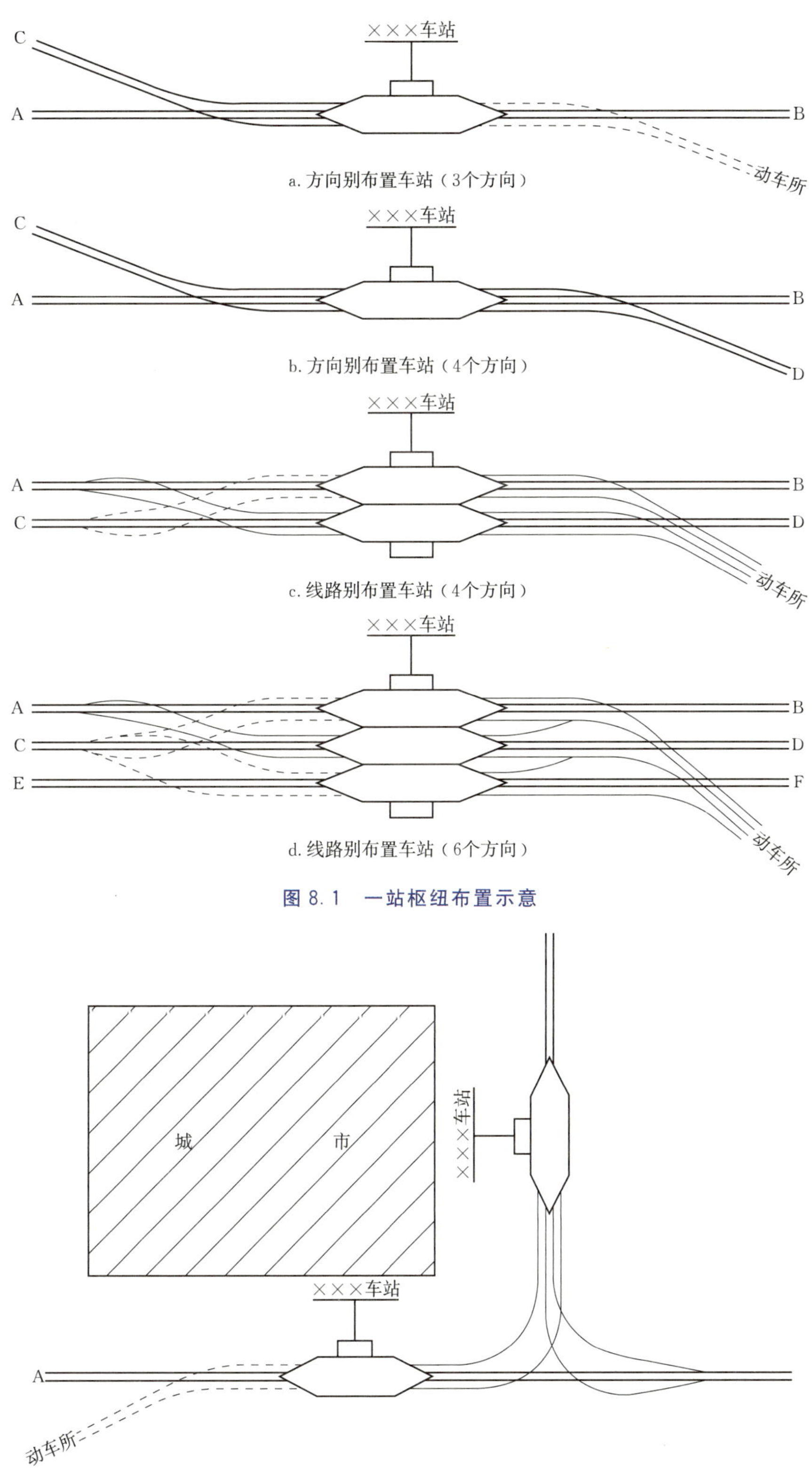

a. 方向别布置车站（3个方向）

b. 方向别布置车站（4个方向）

c. 线路别布置车站（4个方向）

d. 线路别布置车站（6个方向）

图 8.1　一站枢纽布置示意

图 8.2　三角形枢纽布置示意

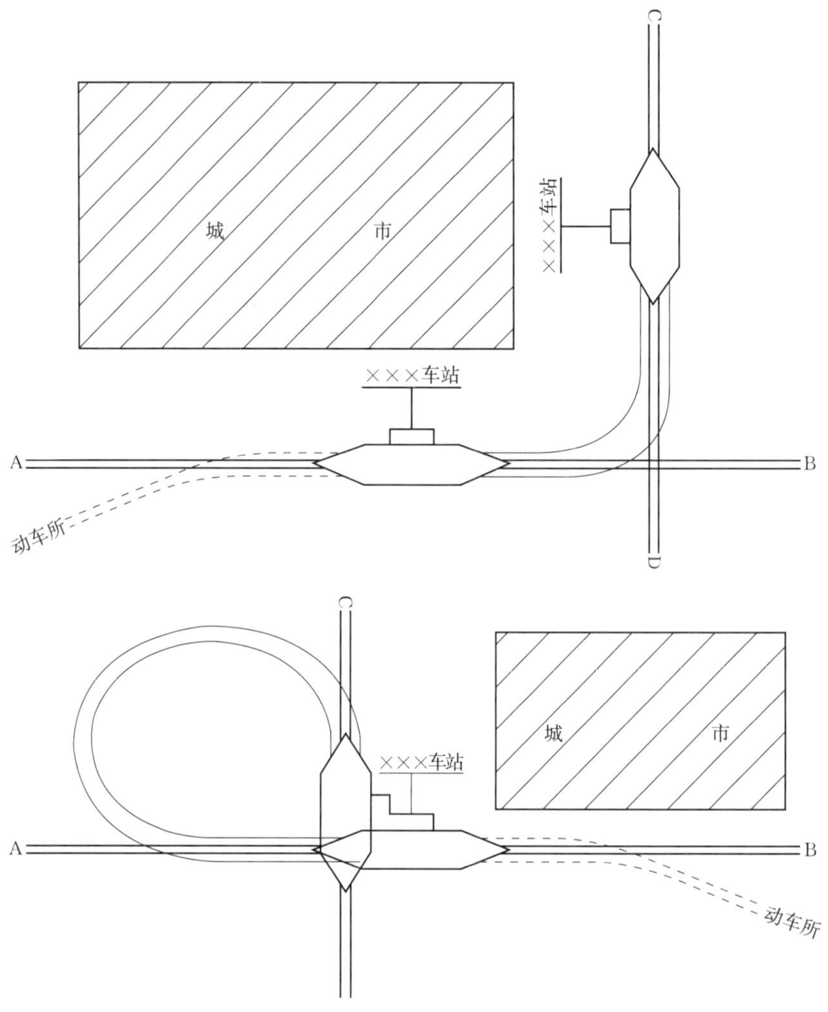

图 8.3　十字形枢纽布置示意

顺列式枢纽的特点是各铁路干线在枢纽两端衔接，枢纽内只有一条干线通道，主要客运站、辅助客运站或中间站及其他设施顺序排列在干线通道上，分别服务于城市的不同区域。

并列式枢纽的特点是各方向铁路的客车按不同的运行径路分别引入平行布置的客运站，由于在枢纽内减少了客车运行的交叉干扰，提高了通过能力，但进站线路结构比较复杂，需要修建较多的跨线疏解工程。

(5)环形枢纽

引入线路方向较多、客车开行量和城市规模较大时，为便于各方向客车跨线交流，避免各引入线路集中于少数汇合点，并为地区客运业务提供良好的服务条件，可采用环线和联络线连接各引入线形成环形枢纽，如图 8.5 所示。运营上环形枢纽通路灵活，环线对运行通路能起平衡和调节作用，缺点主要是部分运输径路迂回。环形枢纽的客运站可设在环线上，也可采用尽端式客运站或在直径线上设置客运站伸入市区。特大城市、大城市枢纽范围较大，服务于城市的铁路线、联络线较多，在改建既有枢纽时可结合线路分布和城市规划，一般预留发展为环形枢纽布局的可能性。

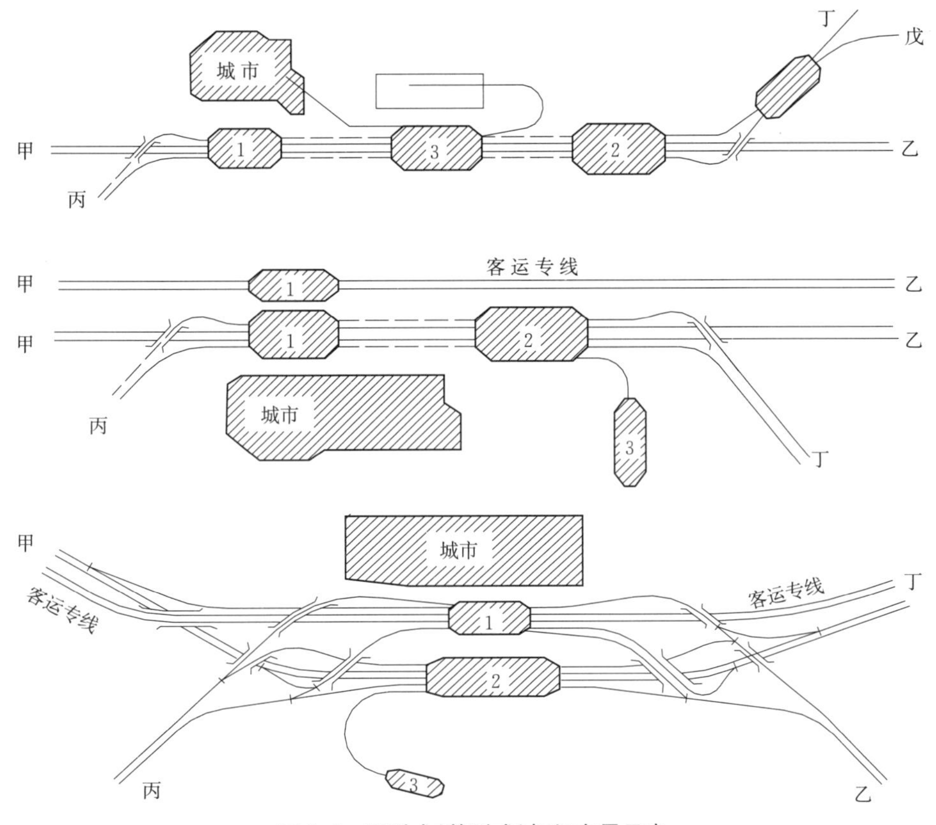

图 8.4 顺列式(并列式)枢纽布置示意

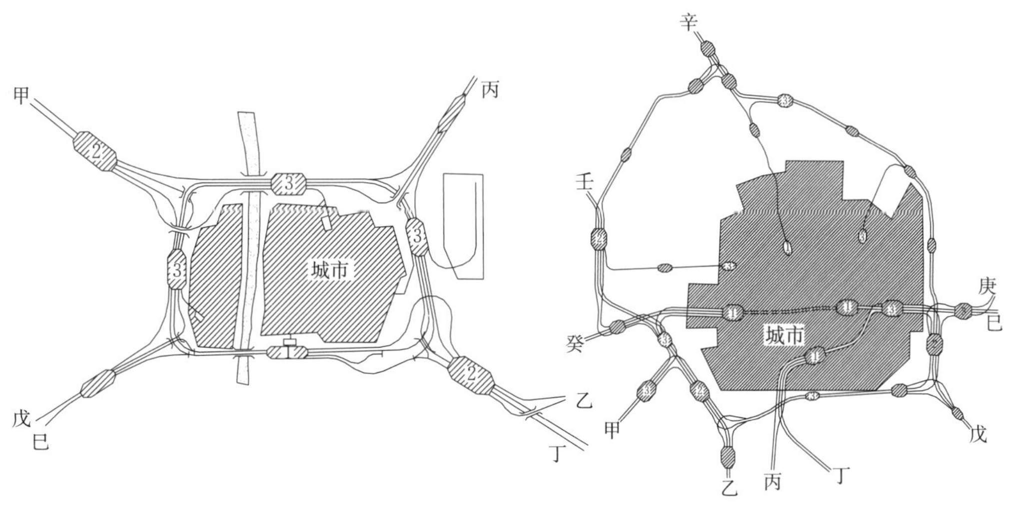

图 8.5 环形枢纽布置示意

(6)尽端式枢纽

位于港埠城市、路网末端的尽端式枢纽,如图 8.6 所示,是路网上线路的起讫点,衔接各方向线路集中于枢纽一端,客运专线或城际铁路一般沿既有干线引入位于城区的既有客运站。当引入客运线路数量较多时,可另行选址新建客运站。

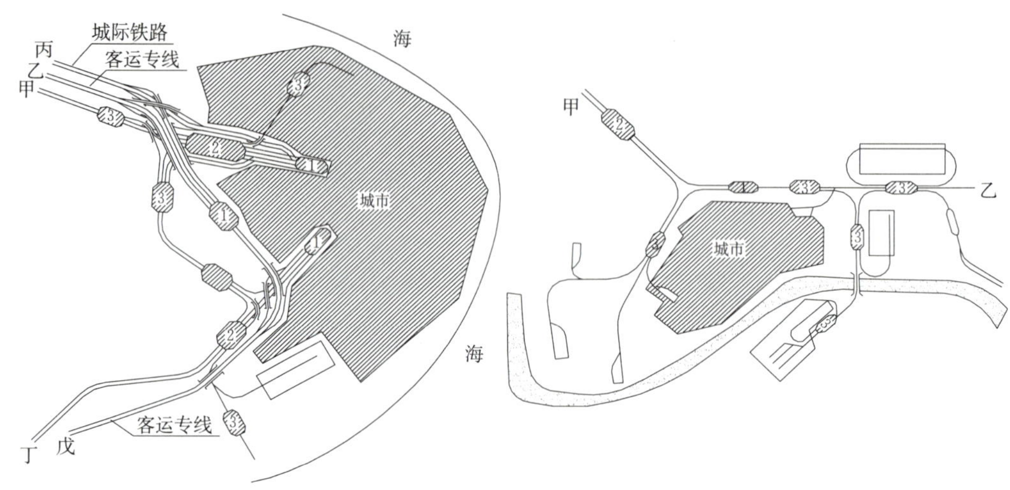

图 8.6 尽端式枢纽布置示意

(7)组合式枢纽

特大城市铁路枢纽城市规模庞大,人口众多,客运量大,引入线路多,影响枢纽布局的因素和条件多种多样,若按前述某一类型枢纽布置修建各项设备不能满足运营需要时,可规划成由以上几种枢纽图形组合而成的组合式枢纽。随着高速铁路、城际铁路等快速客运铁路规划建设,铁路枢纽总图也呈多元化发展趋势,即在现状客货共线的普速铁路总图基础上,另形成一张快速铁路总图,叠加形成组合式枢纽,以“三角形、十字形或顺(并)列式+环形”的组合式枢纽较为多见。

8.2 高铁枢纽总图规划和评价体系

8.2.1 规划目标和编制原则

1. 规划目标

从服务铁路运输经营、提升枢纽运输效能、促进城市建设发展的角度,统筹中长期铁路网规划、城市总体规划、人口产业布局规划以及所在地区的城际铁路、市域铁路、综合交通等规划,顺应“客内货外”“多网融合”的发展趋势,构建“路网结构合理、功能定位准确、点线能力协调、设施配套完备、运营服务高效、近远衔接有序”的高铁枢纽总图规划,着力打造与城市规划协调发展、与其他交通高效衔接的现代化综合交通枢纽。

2. 总体思路

按照国家中长期路网规划、区域性路网规划要求,聚焦“交通强国、铁路先行”,牢固树立新发展理念,以优化完善路网布局和综合交通枢纽建设为重点,充分发挥铁路的先行引领和综合交通骨干作用,着力提升铁路运输质量,科学有序推进铁路枢纽建设发展。

(1)对接和服务国家战略

进一步对接和服务“一带一路”、京津冀协同发展、长江经济带发展、粤港澳大湾区建设、中部崛起、成渝双城经济区等国家战略,站在国家战略高度,继续全面审视和完善相关铁路枢纽总图规划。

(2)适应“建设交通强国”发展需要

十九大提出了“建设交通强国”“加强铁路等基础设施网络建设”的决策部署，2019 年 9 月发布的《交通强国建设纲要》，对新时期的交通发展作出了重大战略决策，要求 2035 年基本建成交通强国、本世纪中叶全面建成交通强国。当前相关部门正在开展《新时代中长期铁路网规划》编制工作，随着建设交通强国战略的实施，国铁路网、城际铁路、市域铁路、综合交通等规划建设进一步完善，路网发展对铁路枢纽的运输需求提出了新的挑战。

(3)适应城市建设和发展需要

当前我国城市处于建设、发展的关键时期，全国重要经济区、城市群和大中城市均十分重视铁路建设和综合交通规划，陆续开展《经济区(城市群)综合交通规划》、《城市总体规划》等修编工作。铁路枢纽总图规划是区域、城市总体规划和综合交通体系的重要组成部分，开展高铁枢纽总图规划研究，对指导、协调和适应新时期的城市建设发展具有重要意义。

3. 编制原则

高铁枢纽总图规划的编制应立足长远、统筹协调、近远结合、分期实施，贯彻系统性、前瞻性、经济性的规划原则和点线协调、客货并重、客内货外、多网融合的规划理念，统筹新线引入和既有实施改造利用、场站布局与城市规划合理衔接、配套设施和综合开发同步考虑等，实现布局优化、功能完善。

8.2.2 总图规划编制的主要内容

1. 基础资料

(1)国家层面正式发布的《交通强国建设纲要》《国家综合立体交通网规划纲要》《中长期铁路网规划》《“××五”铁路建设规划》等。

(2)区域性(经济区、城市群)《城际铁路网规划》《综合交通运输体系规划》等。

(3)省、市、自治区层面的《国民经济和社会发展规划》《铁路网发展规划》《综合运输体系规划》《城镇体系规划》《重大建设项目规划》等。

(4)相关城市(城镇、新区)《城市总体规划》《城市轨道交通规划》《综合交通发展规划》《土地利用总体规划》等。

(5)研究地区铁路经济、运输、建设、规划相关资料，其他经济、人口、交通、城建、水文、地质、环保、文物等相关资料。

(6)研究区域 1∶20 万、1∶5 万、1∶1 万地形图或影像图，局部地区 1∶2 000 地形图。

2. 总图规划编制的主要内容

根据原中国铁路总公司《关于铁路枢纽总图规划编制的指导意见》(铁总计统〔2016〕9 号)，高铁枢纽总图规划包括以下主要内容：

(1)规划年度和路网构成

规划年度一般为规划完成后 10 年，远期再后推 20 年，根据需要可增加初期年度、远景展望年度。

路网构成以国家最新批复的《中长期铁路网规划》、《铁路建设规划》和重要经济区、城市群《城际铁路网规划》为主要依据。对由省、市、自治区等地方政府批准的其他铁路、城际铁路、市域铁路规划，可在分析论证规划必要性基础上，适当预留引入通道和相关车站接轨条件。

(2)经济运量及客车开行方案

根据国家战略政策、铁路建设运营情况、国民经济发展规划、综合交通规划和相关城市总体规划、经济人口、产业发展，结合相关高速铁路、城际铁路的功能定位和路网分工，通过多种方法进行枢纽运输需求趋势分析，科学预测各年度的旅客发送量、客车开行方案。

(3)主要技术标准和运输组织

衔接线路的主要技术标准应结合其功能定位和运输需求科学选择，包括铁路等级、正线数目、牵引种类、到发线有效长度、车站分布原则以及规划输送能力等。

铁路枢纽运输组织应根据客流特点和客车开行方案，制定运输分工方案，合理配置设备规模，绘制客货列流图，进行能力适应性分析，在对发展趋势研判的基础上提出应变对策。

(4)线路引入方案及疏解线、联络线设置

统筹考虑线路宏观走向、既有设施现状、城市建设规划、工程实施条件、环境保护要求等方面控制因素，遵照“主流顺畅、跨线便捷”、“能力协调、衔接有序”的原则，科学选择线路引入方案，根据运输组织需要修建必要的联络线或疏解线，实现“车流顺畅、运营高效”，本着“客内货外”的原则，尽可能将客运站伸入市区以方便旅客出行，将货运系统、解编系统逐步调整至工业区或城市外围以减轻对城市发展的不利影响。

(5)客运系统布局和相关配套设施

①客运站数量：为方便旅客换乘和运输组织、节省工程投资和运营管理成本，高铁枢纽一般应尽可能集中设站。一般枢纽(地区)可根据区域路网结构、城市空间布局和线路引入条件，设置 1～2 个客运站，最多不超过 3 个；中心城区 500 万以下人口城市一般设 1～2 个主要客运站，1～2 个辅助客运站；中心城区 500 万～1 000 万人口城市一般设 2～3 个主要客运站，2～3 个辅助客运站；中心城区 1 000 万及以上人口的城市一般设 3～5 个主要客运站，若干个辅助客运站。

②客运站选址：客运站尽量靠近客流中心，通道引入顺畅，与城市发展格局协调；设多个客运站的高铁枢纽应合理分工、方便跨线交流及运输组织灵活性要求；不同类型线路应尽量集中设站、分场分线运营。

③客运系统布局：应综合考虑线路总体走向、城市结构形态、水文地质条件及地形地貌、环境保护等因素的影响，以方便旅客为根本，以城市总体规划为基础，优化城市综合运输体系，兼顾客流特征和社会经济发展需要。

④动车组设施应根据全路和区域(路局)规划布局合理配置，按照检修集中、运用分散的总体要求，尽量靠近主要客运站布置，优化和调整动车组运用、检修布局，提高运用效率，并留有发展余地。

(6)综合交通规划及站区综合开发

高铁客运站建设应按照“零距离”、“短距离”换乘要求，统筹与航空枢纽、城市轨道交通、市域铁路、长途汽车、公共汽车、社会车辆、出租车等其他交通方式的紧密衔接，着力强化综合交通枢纽功能。

客站枢纽建设要注重发挥土地综合开发平台，促进与城市、产业、经济深度融合，培育发展邻站经济，提升铁路运营综合效益。

(7)近、远期工程和实施建议

高铁枢纽总图规划应在深入分析枢纽(地区)现状和存在问题的基础上,结合区域路网发展、客货运量增长、总图规划布局,着力解决当前铁路运输生产的薄弱环节,合理预判未来可能的发展前景和趋势,对影响长远发展的路网构成、总图结构、主要站段设备规模、疏解区功能布置等应近远结合、兼顾发展,合理制定分期建设发展计划。近期工程力求布局合理、规模适度、运营方便、工程节省、经济效益显著;近期工程应尽可能减少改扩建过程中的废弃工程和施工对运营的干扰,与前后期工程衔接有序;远景预留、展望工程应前瞻性合理统筹未来线网结构或客货车流的发展变化,具备进行必要修改与调整的条件,重点对结构布局、改扩建用地等进行控制预留。

8.2.3 总图规划客运系统评价体系

随着中长期铁路网规划的实施和城镇化进程加速推进,“八纵八横”高速铁路和主要城市群城际铁路迎来大建设、大发展的黄金期,对系统研究路网节点枢纽总图规划方案,对有序推进铁路项目建设运营、促进城市建设和社会发展都影响深远。铁路部门和各级政府对铁路枢纽客运系统布局高度关注,近年来铁路部门和地方政府相继开展了大部分铁路枢纽(地区)总图规划的编制工作,社会各界期望很高,但铁路客运系统布局涉及站位选择、车站数量、车站设计、设备配套、作业分工、综合交通、站城融合等方方面面,既需要因地制宜、有针对性,也要求创新思维、有前瞻性和系统考虑。长期以来,铁路客运站选址与城市布局的协调性多偏向于定性分析,对铁路自身的功能要求和系统要求相对重视,规划理念更多专注于铁路自身的生产运营,与城市规划、产业布局、综合交通等方面的结合程度还有待提高,铁路运输是否顺畅、换乘是否高效的评价多停留在定性分析,定量分析相对简单,缺乏完善的评价体系。因此,有必要探索建立铁路枢纽总图规划客运系统评价体系,以便将铁路工程建设、运营、综合交通、城市发展、生态环境等因素统筹考虑,指导铁路枢纽总图规划,使得规划更好地服务于城市建设和社会经济发展。

1. 高铁枢纽客运系统评价影响因素

(1)铁路枢纽客运系统评价的类型分析

中长期铁路网规划实施以来,我国高铁建设取得重大成就,“四纵四横”高铁通道基本形成,“八纵八横”高速铁路和主要城市群城际铁路、都市区市域铁路等迎来大建设、大发展的黄金期,多数的路网关键节点的大中型枢纽都已初具规模。枢纽的规划大概分为两种类型:一是枢纽由于路网结构变化和新线的引入,需要对枢纽进行改造;二是已经比较成熟的枢纽仍然希望通过科学的评价来了解自身存在的一些缺点和不足,进而指导规划建设以及运输组织。

(2)铁路枢纽客运系统的规模能力分析

铁路枢纽的规模和能力是枢纽定位的重要因素之一。规模性指标是从枢纽的硬件条件去衡量,衡量枢纽的设备设施配置条件,包括:枢纽衔接干线的数量、车站的等级和数量、复线率、电气化率等;车场数量和布置形式、客运站到发线数量和有效长、客运站台数和候车室面积等;动车段(所)的检修库、存车线规模等。

能力性指标是指在一定设备基础上和运输组织条件下的枢纽所提供服务能力,包括:枢纽的客车办理对数、旅客发送量、行包发送量、换乘等;动车组设备的检修整备能力等。

(3)铁路枢纽客运系统的协调性分析

铁路枢纽客运系统的协调性应该分8个层次：

①和全国中长期规划的协调。2016年7月国家铁路局发布了《中长期铁路网规划》，交通运输行业的规划应服务于我国的经济建设，铁路枢纽总体规划应在能够适应我国中长期规划基础上，合理的预留发展空间。

②和全路生产力布局的协调。我国生产力布局现状和规划、主要铁路枢纽的类型和定位都存在差异，高铁枢纽总图规划应符合自身定位，力求达到既满足运输需求、又不浪费资源。

③和地区经济社会文化水平的协调。高铁枢纽的建设对于枢纽地区的经济带动作用是肯定的，然而枢纽的工程投资往往又对规划方案实施起决定性作用，这就需要有科学的评价体系衡量规划方案的成本和效益。枢纽规划建设需要在对当地居民的干扰和创造价值、方便之间寻找平衡点，枢纽主要客运站的建筑风格也应尽量符合地区民俗，能够和周围的建筑做到协调统一。

④和地区城市规划的协调。铁路枢纽的规划要符合地区和城市的规划，交通的规划和城市的规划相辅相成，城市规划应能考虑枢纽的发展，预留规划用地，枢纽规划应配合城市发展。

⑤和地区交通运输的协调。铁路枢纽的规划还应考虑和该地区航空、公路、城市轨道、公交等方式的协调，加强综合交通功能。

⑥和地区自然环境的协调。铁路枢纽的规划建设要尽量减少资源的消耗，降低施工对居民生活的影响，减少对自然保护区、风景名胜区、农业区的破坏，以及日常运营的噪声污染等。

⑦枢纽内部设备之间的协调。枢纽内部站段的布局、线路的布置和疏解方式，对枢纽的能力和效益影响很大。主要客运站的布局用各车站负担率的均衡性、各站的吸引范围等衡量，线路的布置通过各主要区间负担率的均衡性、咽喉区冲突数等衡量。

⑧枢纽运输组织的协调。枢纽的运输组织主要考虑旅客和货主的方便性、运输组织安全性、旅客集散条件、货物集疏运条件等。

2. 评价指标构建的原则与方法

(1)评价指标构建原则

铁路枢纽客运系统评价指标的建立应遵循以下几个原则：

①科学性原则：建立的评价指标体系必须科学地、合理地、客观地反应铁路枢纽的能力、经济、社会和环境效益状况。

②综合性原则：评价指标体系应该力求全面地反映评价对象的特性，要能从规划布局、结构配置、功能及运营等各方面全面系统地反应该枢纽的综合水平。

③可比性原则：评价不是检测，检测只需对某一个体进行客观的描述，不涉及价值体系，而评价涉及不同个体、系统之间的价值比对，来确定它们的优劣。

④相容性原则：这种综合评价的指标较多，多指标之间应该相互协调，不得相互矛盾。

⑤层次性原则：建立指标时要注意各指标之间的层次性，要利用系统工程的方法，为衡量方案的效果和确定指标的权重提供方便。

(2)评价指标构建方法

评价指标体系的建立主要包括指标的选取及指标之间结构关系的确定。对于铁路枢纽，指标的选取和指标关系的确定既要求对铁路枢纽所涉及的专业领域的相关知识，系统评价理论有深邃把握，也要求必须具备丰富的研究与应用经验。因此，铁路枢纽规划方案综合评价指标体系的建立应该是定性分析和定量研究的结合。定性分析主要是从评价的目的和原则出发，考虑评价指标的完备性、针对性、稳定性、独立性及协调性等因素，主观确定指标和指标结构的过程。定量研究则是指通过一系列检验，使评价指标体系更加科学和合理的过程。因此，指标体系的构造过程可分为两个阶段，即指标的初选过程和指标的完善过程。

①指标体系的初选

目前国内外建立评价指标体系的方法有很多，其中应用比较广泛的主要有：范围法、目标法、部门法、问题法、因果法、复合法、分析法和专家咨询法等。铁路枢纽的评价指标范围广、内容多，评价指标的选取考虑因素也多，所以应从铁路枢纽的整体结构出发，通过收集资料，建立备选指标集；采用层次分析法建立树状关系结构，运用目标层次分类展开法，将目标按逻辑分类向下展开为若干目标，再把各目标分别向下展开成分目标，以此类推，直到可以定量或可定性分析为止。

②指标体系的完善

经过初选所得到的指标体系由于没有经过深入的研究分析难免会存在一定的问题，以至于影响整个评价体系的科学性。因此，需要邀请众多不同地域、不同研究领域的资深专家对各方面指标进行筛选，优化铁路枢纽规划方案综合评价指标体系，同时对初选的指标体系应当进行科学性检验。

3. 评价体系指标构建

根据评价指标构建的方法和原则，将铁路枢纽客运系统评价体系分为车站数量、站位选择、车站设计、枢纽运输能力、设施配置、站城融合、大运量集散系统、配套综合交通 8 个评价模块，每一个模块包含具体的评价指标，构建出铁路枢纽客运系统评价指标体系，见表 8.1。

表 8.1 高铁枢纽客运系统评价指标体系

评价模块	序号	评价指标	层次
1 车站数量	1	路网密度	宏观
	2	城市结构符合度	宏观
	3	与既有铁路形态匹配性	宏观
	4	枢纽到发能力适应性	宏/微观
	5	车站覆盖度	宏观
	6	旅客到达附近客运站的距离	宏观
2 站位选择	7	旅客平均出行距离	宏/微观
	8	旅客平均出行时间	宏/微观
	9	旅客平均出行费用	宏/微观
	10	平均换乘次数	宏/微观
	11	投资建设费用	宏/微观
	12	噪声及振动污染度	宏/微观
	13	对城市用地分割	宏/微观

续上表

评价模块	序号	评价指标	层次
3 车站设计	14	枢纽内客运站联通性	宏观
	15	折角车流大小	宏/微观
	16	到发线能力利用率	微观
	17	线路及配套设施改建长度	微观
	18	接驳设施水平	宏/微观
4 枢纽运输能力	19	线路通过能力利用率	宏/微观
	20	线路能力利用均衡性	宏/微观
	21	车站能力利用均衡性	宏/微观
	22	瓶颈区间系数	宏观
	23	枢纽内客运列车交叉率	宏观
	24	列车通过时间	宏观
5 设施配置	25	应急能力水平	宏/微观
	26	客运机务段检修能力匹配率	宏/微观
	27	机车车辆设备走行距离	宏/微观
	28	客车整备所整备能力匹配率	宏/微观
	29	动车检修能力匹配率	宏/微观
6 站城融合	30	城市产业及人口分布	宏观
	31	城市区域功能多样度	宏观
	32	城市发展适应性	宏/微观
	33	车站外部的交通适应性	宏/微观
	34	枢纽远期站场分期建设的能力	微观
7 大运量集散系统	35	集散时间	宏/微观
	36	城市轨道交通换乘平均步行距离	宏/微观
	37	城市轨道交通平均换乘时间	宏/微观
	38	枢纽内客运站到机场平均时间	宏/微观
8 配套综合交通	39	综合交通运能匹配度	宏/微观
	40	人均换乘设施面积	宏/微观
	41	换乘顺畅度	宏/微观
	42	单位面积交通流冲突点	宏/微观
	43	公共交通换乘平均步行距离	宏/微观
	44	公共交通平均换乘时间	宏/微观
	45	社会车辆平均步行距离	宏/微观
	46	社会车辆平均换乘时间	宏/微观

4. 评价指标体系标准设置

对于铁路枢纽客运系统评价，给出评价指标的参数标准。将评价指标划分为5个等级(得分)：优(90～100)、良(80～90)、中(70～80)、及格(60～70)、不及格(0～60)。量化指标的参数标准见表8.2。

表8.2　高铁枢纽客运系统评价指标参数打分表

序号	指　标	单位	优	良	中	及格	不及格
1	路网密度	定性	—	—	—	—	—
2	城市结构符合度	定性	—	—	—	—	—
3	与既有铁路形态匹配性	定性	—	—	—	—	—
4	枢纽到发能力适应性	—	1.7～2	1.5～1.7	1.2～1.5	1～1.2	＜1
5	车站覆盖度	%	80～100	70～80	60～70	50～60	≤50
6	旅客到达附近客运站的距离	km	3～5	5～8	8～10	10～15	＜3 或者＞15
7	旅客平均出行距离	km	5～8	8～10	10～12	12～15	＞15
8	旅客平均出行时间	h	0～0.5	0.5～1.0	1.0～1.5	1.5～2.0	＞2.0
9	旅客平均出行费用	元	0～10	10～30	30～50	50～70	＞70
10	平均换乘次数	次	0～1	1～1.5	1.5～2	2～2.5	＞2.5
11	投资建设费用	亿元	100～150	150～200	200～250	250～300	＞300
12	噪声及振动污染度	人·秒	0～1 000	1 000～1 500	1 500～2 000	2 000～3 000	＞3 000
13	对城市用地分割	定性	—	—	—	—	—
14	枢纽内客运站联通性	—	＞80%	60%～80%	40%～60%	20%～40%	20%
15	折角车流大小	定性	—	—	—	—	—
16	到发线能力利用率	—	0.7～0.8	0.8～0.9 或者0.6～0.7	0.5～0.6	＜0.5	＞0.9
17	线路及配套设施改建长度	定性	—	—	—	—	—
18	接驳设施水平	—	＞30	25～30	20～25	15～20	＜15
19	线路通过能力利用率	%	40～70	30～40	20～30 或者70～80	10～20 或者80～90	＜10 或者＞90
20	线路能力利用均衡性	—	0～0.3	0.3～0.6	0.6～1.0	1.0～2.0	＞2
21	车站能力利用均衡性	—	0～0.3	0.3～0.6	0.6～1.0	1.0～2.0	＞2
22	瓶颈区间系数	—	0～0.1	0.1～0.2	0.2～0.3	0.3～0.4	＞0.4
23	枢纽内客运列车交叉率	个	0～2	2～3	3～4	4～5	＞5
24	列车通过时间	h	0～0.7	0.7～1.0	1.0～1.5	1.5～2.0	＞2.0
25	应急能力水平	定性	—	—	—	—	—

续上表

序号	指　标	单位	优	良	中	及格	不及格
26	客运机务段检修能力匹配率	—	>1	0.9～1.0	0.8～0.9	0.7～0.8	<0.7
27	机车车辆设备走行距离	定性	—	—	—	—	—
28	客车整备所整备能力匹配率	—	>1	0.9～1.0	0.8～0.9	0.7～0.8	<0.7
29	动车段检修能力匹配率	—	>1	0.9～1.0	0.8～0.9	0.7～0.8	<0.7
30	城市产业及人口分布	定性	—	—	—	—	—
31	城市区域功能多样度	%	90～100	80～90	70～80	60～70	0～60
32	城市发展适应性	定性	—	—	—	—	—
33	车站外部的交通适应性	—	85～100	70～85	60～70	50～60	<50
34	枢纽远期站场分期建设的能力	定性	—	—	—	—	—
35	集散时间	min	0～15	15～25	25～40	40～50	>50
36	城市轨道交通换乘平均步行距离	m	50～100	100～150	150～200	200～300或者<50	300～500
37	城市轨道交通平均换乘时间	min	0～3	3～5	5～10	10～15	>20
38	枢纽内客运站到机场平均时间	h	0～0.75	0.75～1	1～1.5	1.5～2	>2
39	综合交通运能匹配度	—	1>0.9	0.8～0.9	0.7～0.8	<0.6	>1
40	人均换乘设施面积	m^2	>2	1.0～2	0.5～1.0	0.3～0.5	0～0.3
41	换乘顺畅度	—	>5.0	4.0～5.0	3.0～4.0	2.0～3.0	1.0～2.0
42	单位面积交通流冲突点	个/m^2	0～0.02	0.02～0.04	0.04～0.06	0.06～0.08	0.08～0.15
43	公共交通换乘平均步行距离	m	50～100	100～200	200～300	<50	>300
44	公共交通平均换乘时间	min	0～3	3～5	5～8	8～10	>10
45	社会车辆平均步行距离	m	50～100	100～200	200～300	<50	>300
46	社会车辆平均换乘时间	min	0～3	3～5	5～8	8～10	>10

8.3　典型高速铁路枢纽总图规划案例

根据铁路枢纽在路网中的地位和作用，本书主要对上海、广州、武汉 3 个路网性铁路枢纽的总图规划情况进行分析。

8.3.1 上海枢纽总图规划

1. 城市性质及路网定位

上海是我国的直辖市之一，长江三角洲世界级城市群的核心城市，国际经济、金融、贸易、航运、科技创新中心和文化大都市，国家历史文化名城，并将建设成为具有世界影响力的现代化国际大都市。上海枢纽是全国四大路网性客运中心和机辆中心之一（北京、上海、武汉、广州），是 18 个集装箱货运中心之一，是华东及长江三角洲地区铁路交通枢纽核心，是上海建设“四个中心”的基础支撑，及上海城市综合交通系统重要组成部分。

国家发改委最新发布的《长三角地区交通运输更高质量一体化发展规划》要求以轨道交通为骨干改建一体化设施网络，打造“多向立体、内联外通”的大能力快速运输通道，构架快捷高效的城际交通网，建设一体化衔接的都市圈通勤交通网。其中上海枢纽高铁对外通道在既有沪宁、沪杭两个方向基础上，规划沪苏湖铁路西向辐射苏浙环太湖流域及安徽方向、北沿江铁路联系苏北、沪舟甬通道联系宁波方向，形成“五个方向、十二条干线”的线网布局，如图 8.7 所示。

2. 衔接线路和基本框架

上海铁路枢纽在既有京沪通道（京沪铁路、京沪高速铁路、沪宁城际铁路）、沪杭通道（沪杭铁路、沪杭客运专线）基础上，规划引入沪通（南通）铁路、苏南沿江城际、沪苏湖铁路、沪乍(浦)杭铁路、沪杭城际铁路、北沿江铁路等干线，逐步形成以京沪、沪杭方向为主轴，沿江（长江、钱塘江口）为辅轴向外扇形辐射的特大型环形铁路枢纽格局。

3. 客运系统布局及作业分工

上海枢纽客运系统按四主（上海站、上海虹桥站、上海南站、上海东站）多辅（上海北站、松江南站、上海西站、安亭站、金山站）规划布局，如图 8.8 所示。枢纽内普速旅客列车（机车牵引）主要集中在上海站、松江南站，上海站主要办理北到方向始发终到普速列车，松江南主要办理南到方向始发终到和枢纽通过普速列车。除此外，上海站还办理南京方向城际列车，上海南站主要办理湖州、杭州方向的城际列车；上海虹桥站主要办理京沪高铁、沪昆客专、以及部分城际的旅客列车；上海东站主要办理沪通、沪乍杭的旅客列车；上海北站主要办理北沿江城际的旅客列车。

8.3.2 广州枢纽总图规划

1. 城市性质及路网定位

广州是广东省省会，我国南部地区国家中心城市，全国重要的国际商贸中心、对外交往中心和综合交通枢纽，南方国际航运中心。广州枢纽是全国三大国际型综合交通枢纽之一，广东省内及珠三角地区综合运输网络主中心。广州铁路枢纽是我国华南地区货物集散和人员往来的重要枢纽，全国最大的铁路枢纽之一，国家路网的核心节点。

《粤港澳大湾区发展规划纲要》要求加强基础设施建设，畅通对外联系通道，提升内部联通水平，推动形成布局合理、功能完善、衔接顺畅、运作高效的基础设施网络，为大湾区

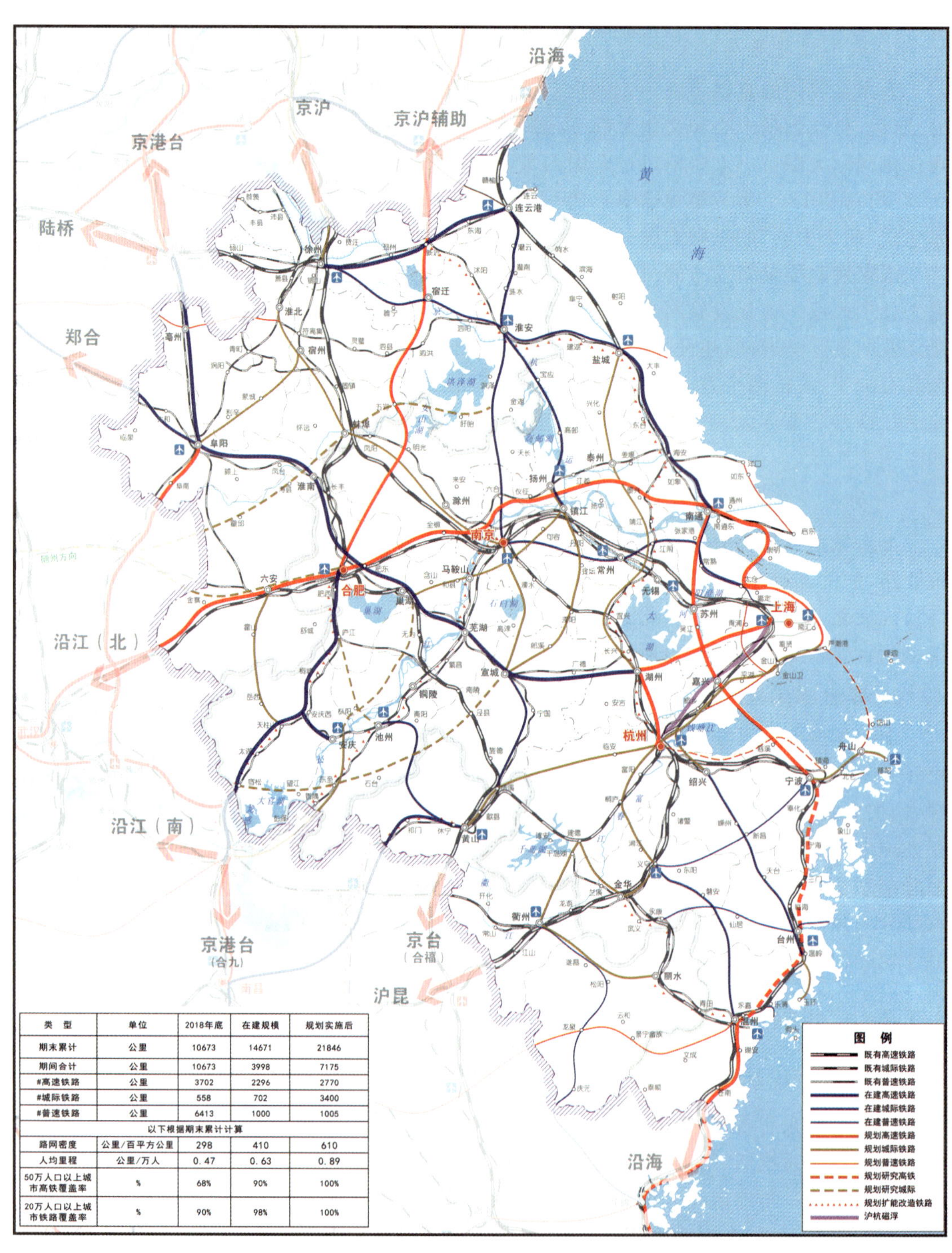

类　型	单位	2018年底	在建规模	规划实施后
期末累计	公里	10673	14671	21846
期间合计	公里	10673	3998	7175
#高速铁路	公里	3702	2296	2770
#城际铁路	公里	558	702	3400
#普速铁路	公里	6413	1000	1005
以下根据期末累计计算				
路网密度	公里/百平方公里	298	410	610
人均里程	公里/万人	0. 47	0. 63	0. 89
50万人口以上城市高铁覆盖率	%	68%	90%	100%
20万人口以上城市铁路覆盖率	%	90%	98%	100%

图 8.7　长三角地区铁路网规划(2018－2035 年)

图 8.8 上海铁路枢纽总图规划

经济社会发展提供有力支撑。大湾区铁路(城际)线网规划呈“四向拓展、三极三轴放射”的总体格局，如图 8.9 所示，其中广州枢纽将构建京广、广深港、广珠、贵广、南广、深茂、广湛、京九、广汕九个方向对外高铁通道，形成连接泛珠三角区域和东盟国家的陆路国际大通道。

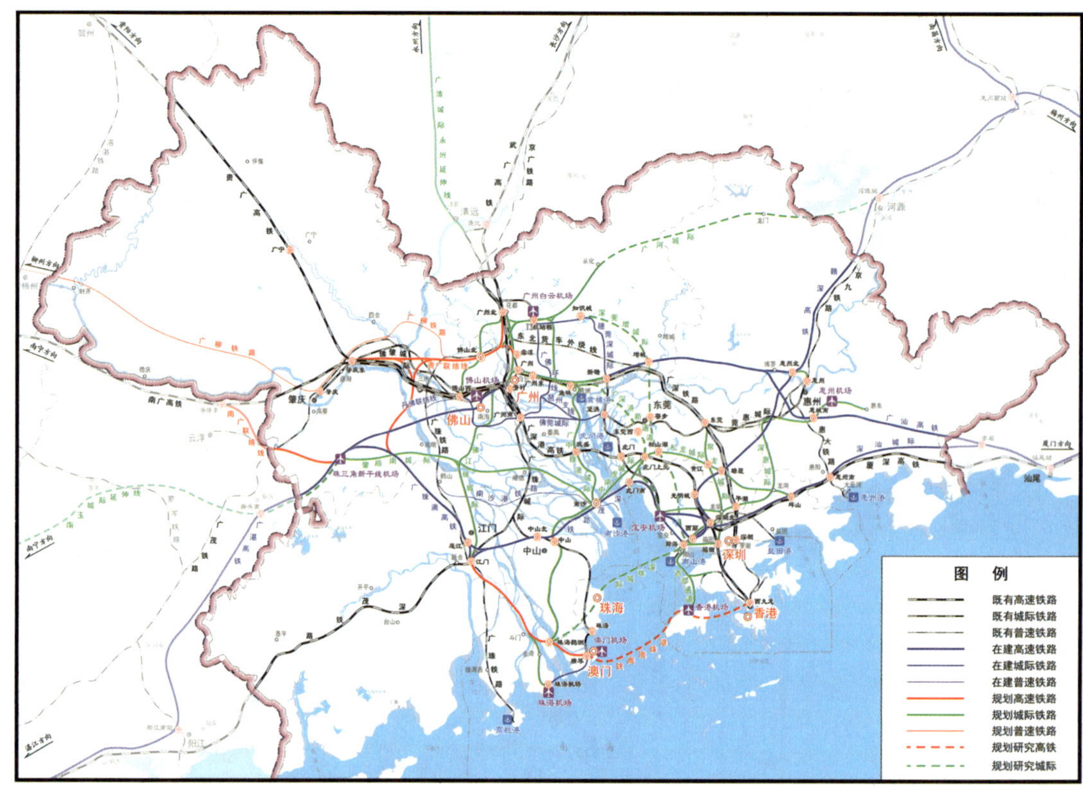

图 8.9 粤港澳大湾区铁路网规划方案

2. 衔接线路和基本框架

广州枢纽如图 8.10 所示，衔接京广、广深港、广珠城际、贵广、南广、深茂、广湛、京九、广汕 9 条客运铁路，京广、广深、广茂、柳广、广珠 5 条普速铁路，枢纽内规划东北货车外绕线、南沙港铁路 2 条货运铁路，对外沟通武汉(北京)、南昌(北京)、上海(杭州)、深圳(香港)、珠海(澳门)、湛江(海口)、昆明(南宁)、重庆(贵阳)、兰州(西安)9 个方向，形成由“人+C”形普速网与“多中心放射”状客专网组成的叠加型铁路枢纽，实现客内货外、高普分设、多站布局、多点到发，高效换乘、互联互通，成为四通八达、功能完善、层次分明、技术先进的现代化特大型铁路枢纽。

3. 客运系统布局及作业分工

规划形成以广州、广州东、广州南、佛山西、棠溪站为主客站，以广州北、南沙、新塘站为辅助站的“五主三辅”客站布局。预留增城站、机场站发展为枢纽重要客运节点的条件。

广州站以承担北向动车始发终到作业为主，兼顾办理部分广清、广佛肇城际动车作业，远期增加办理广湛高铁动车始发终到作业。广州南站以承担南、西向动车始发终到作业为主，兼办部分北向动车始发终到作业。广州东站以承担东向动车始发终到作业为主，兼顾办理部分穗莞深城际动车作业。佛山西站承担部分西向动车作业，兼顾办理部分广佛环、广佛肇城际动车作业。棠溪站主要办理枢纽各方向普客始发终到及通过作业，兼顾办理广清城际动车通过作业。广州北站、新塘站分别为城市东部地区、城市北部地区的辅助客站，南沙站为南沙新区客运站。

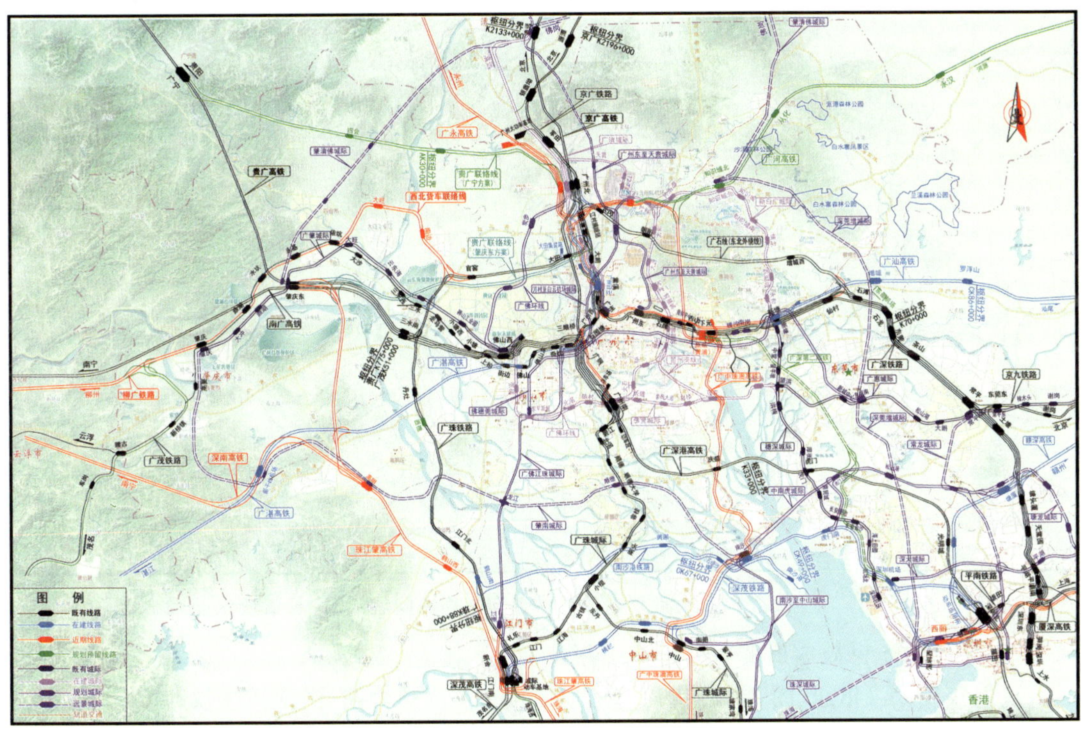

图 8.10　广州铁路枢纽规划总布置示意(2020 年 11 月，基于粤港澳大湾区规划背景下路网)

8.3.3　武汉枢纽总图规划

1. 城市性质及路网定位

武汉是湖北省省会，我国中部地区国家中心城市，全国重要的工业基地、科教基地和综合交通枢纽。武汉位居国家综合实力最强的京津冀、长三角、珠三角、成渝四大城市群“四极”构架的核心位置，京广发展轴与长江经济带“十”字交汇，在 1 200 km 半径、高铁 3～5 h 的最佳运营时段可高效覆盖全国主要经济区和重要中心城市，是国家经济地理心脏，国家级、路网性综合交通枢纽。

武汉枢纽(图 8.11)规划衔接两纵(京广高速铁路、京九高速铁路西通道)两横(沿江高速铁路、沪汉蓉铁路)两斜(福银高速铁路、胶桂高速铁路)12 方向“超米字形”高速铁路，“8 方向放射线＋环线”普通铁路，与武汉城市圈(都市区)城际铁路、市域郊铁路共同形成“多环多射、多网融合”的混合型综合交通枢纽，可实现武汉城市圈 1 h 通达、湖北省内和周边省会城市 2 h 通达，并在 3～5 h 的高铁最佳服务时段高效覆盖全国主要经济区和中心城市。

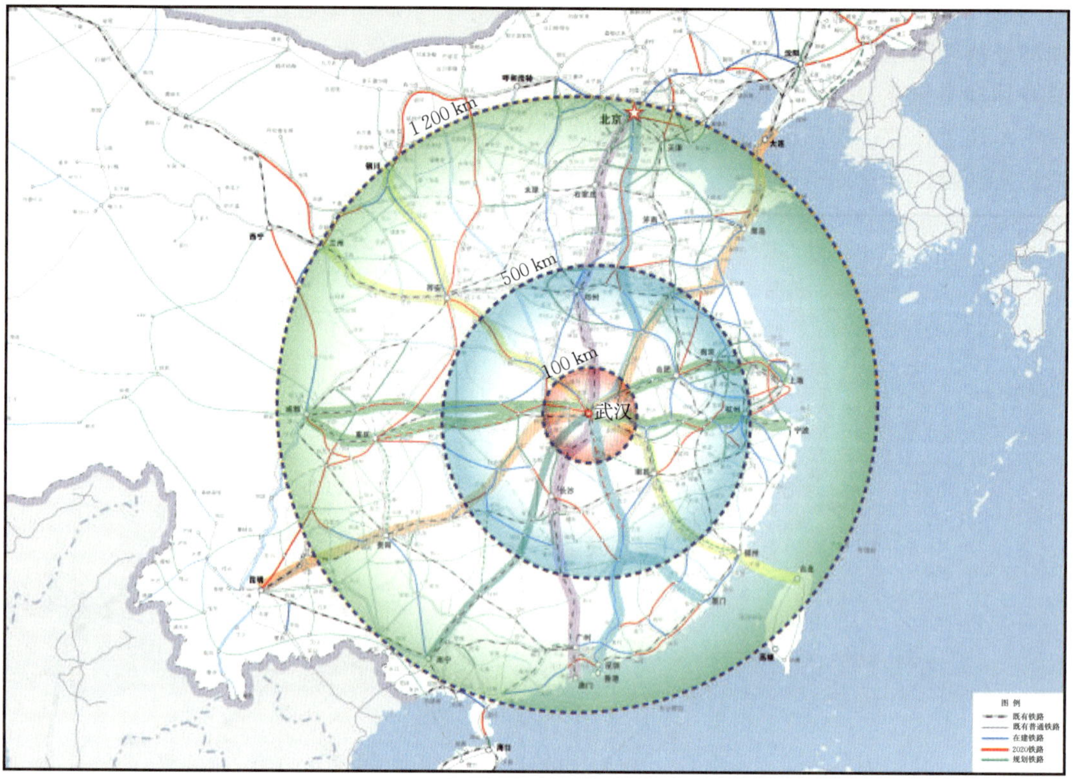

图 8.11 武汉对外高铁通道规划路网结构图

2. 衔接线路和基本框架

规划年度武汉枢纽(图 8.12)将逐步形成衔接京广高速铁路、沿江高速铁路、武九高速铁路、武西高速铁路、阜九高速铁路、武贵高速铁路、武深高速铁路(武咸城际铁路延伸)及武汉城市圈城际铁路,京广、武九、武康、合武、汉宜、长荆铁路及汉麻铁路联络线、江北铁路,快捷联通郑州(北京)、阜阳(北京、天津、青岛)、合肥(上海)、安庆(杭州)、九江(福州)、吉安(深圳)、长沙(广州)、张家界(贵阳)、仙桃(南宁)、宜昌(重庆、成都)、襄阳(西安、银川)等方向客货运干线,经武汉长江大桥双线铁路、天兴洲长江大桥四线铁路、白沙洲长江大桥四线铁路、葛店长江大桥双线铁路畅通全国路网的多环多射、多网融合型综合交通枢纽。规划预留军山长江大桥及货运外环铁路建设条件。

3. 客运系统布局和作业分工

武汉枢纽客运系统按"五主(武汉站、汉口站、武昌站、新汉阳站、武汉天河站)两辅(武汉东站、汉阳站)"规划布局。武汉站主要承担南北向动车组始发终到和通过作业,兼顾部分东西向动车组始发终到作业及黄冈、黄石方向城际客车到发作业。汉口站主要承担东西向动车组始发终到作业,部分南北向动车组始发终到作业,兼顾城际客车到发作业、少量普速客车通过作业。新汉阳站主要承担西(北)至东南、西(北)至南向动车组通过作业,部分西向、西北向、南北向动车组始发终到作业,兼顾部分城际客车到发作业。武昌站主要承担各方向普速客车始发终到和通过作业,兼顾部分城际客车到发作业。武汉天河站办理东西向、北西向动车组通过作业,汉孝城际客车到发作业,部分东西向动车组始发终到作业，兼顾空铁联运功能。武汉东站辅助办理江南地区部分城际客车到发作业，兼顾少量普速客车到发作业。汉阳站主要武汉都市区市域郊列车到发作业，辅助办理部分江北地区城际客车到发作业。

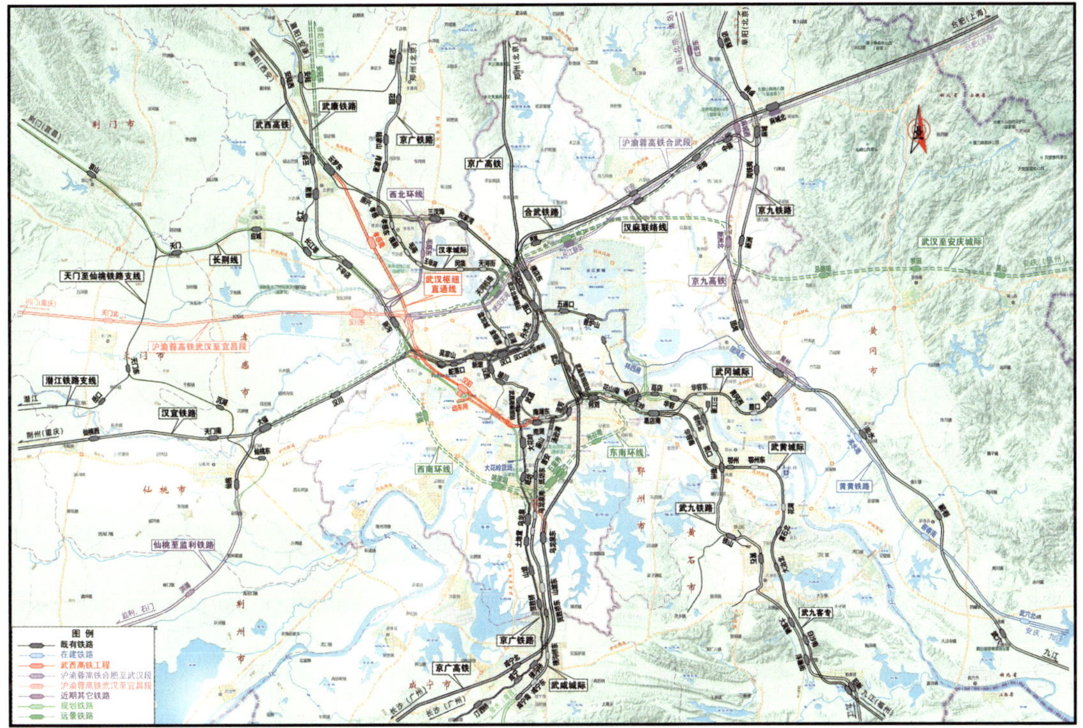

图 8.12 武汉铁路枢纽总布置示意

9 高速铁路综合客运枢纽规划

随着我国高速铁路快速发展，铁路客运站的建设突破以往单一功能交通建筑建设理念，铁路客运站由传统模式向适应新时期要求的现代化综合交通枢纽转变。城市公共交通是铁路客站旅客集散的主要交通工具，高铁车站成为以高速铁路为主导，连接城市多种交通的一个整体场所，以实现旅客集散和中转换乘的系统功能，高铁车站自然而然成为了高速铁路综合客运枢纽。

9.1 高速铁路综合客运枢纽定义

9.1.1 行业规范、标准对综合客运枢纽的定义

(1)根据《综合客运枢纽术语》(JT/T 1065—2016)的表述，综合客运枢纽是指“将两种及以上对外运输方式与城市交通的客流转换场所在同一空间(或区域)内集中布设，实现设施设备、运输组织、公共信息等有效衔接的客运基础设施”。

(2)根据现行的行业标准《综合客运枢纽分类分级》(JT/T 1112—2017)的表述，综合客运枢纽是指“将两种及以上对外运输方式与城市交通的客流转换场所在同一空间(或区域)内集中布设，实现设施设备、运输组织、公共信息等有效衔接的客运基础设施”。其中，对外交通方式是指铁路、公路、水运和航空等运输方式。根据综合客运枢纽主导方，综合客运枢纽划分为：铁路主导型综合客运枢纽、公路主导型综合客运枢纽、水运主导型综合客运枢纽、航空主导型综合客运枢纽四种类型。

9.1.2 国务院相关部委对综合客运枢纽的定义

国家发改委《关于打造现代综合客运枢纽提高旅客出行质量效率的实施意见》对“综合交通枢纽”“客运枢纽”“综合客运枢纽”定义如下：

(1)综合交通枢纽，主要指枢纽城市，是综合交通网络节点上形成的客货流转换中心，位于综合运输通道的重要交汇点，依托区域或地区中心城市、口岸城市等，在人员、物资运输中具有突出的集散中转功能，吸引和辐射作用显著。按照其所处的区位、功能和作用，衔接的交通运输线路的数量，吸引和辐射的服务范围大小，以及承担的客货运量和增长潜力，可分为国际性综合交通枢纽、全国性综合交通枢纽、区域性综合交通枢纽和地区性综合交通枢纽四个层次。

(2)客运枢纽，主要指旅客始发终到、中转换乘等具体场所，是铁路、公路、水运、民航等运输方式中旅客运输地位较为突出、组织功能较强、作业规模较大、衔接线路数量和方向较多、辐射范围较广的大中型客运站，既包括单一运输方式的客运站，也包括衔接多种运输方

式的综合性客运站。

(3)综合客运枢纽,主要指客运枢纽中包括两种及以上交通方式(含城市轨道交通)的综合性客运站。特别是针对两种及以上对外交通方式与城市交通的衔接,将客流换乘组织作业场所、设施、设备等,在同一立体空间或平面集中布设,实现各种交通方式基础设施、技术装备、运输组织、公共信息等之间的一体融合和高效衔接,便于旅客始发终到和中转换乘。

9.2 高铁客运枢纽的站城融合发展趋势

高速铁路出行方式与传统出行方式相比,在区域性交通、城际交通效率方面具有明显优势。高铁车站利用交通枢纽的聚集效应,响应城市中心区的发展规划,铁路与城市在车站区域及毗邻地块进行地上、地下空间联合开发,车站由原来单一的交通功能向高密度开发多种功能转变,融入了更多种城市功能。

作为城市交通的重要节点,高铁车站成为城市交通、商务、金融、办公、居住、产业等各项功能的集聚场所。

高速铁路综合客运枢纽以高铁车站为核心,人流、车流、信息汇集,受集聚效应影响,高速铁路综合客运枢纽地区成为城市功能集聚、活力汇聚的中心区域。在"多式衔接,立体开发,功能融合,节约集约"的建设原则支持下,铁路站场毗邻地区的特定范围土地实施综合开发利用,铁路站场及相关设施用地布局协调,交通设施无缝衔接,地上、地下空间综合利用,大幅度提高高铁运输功能和城市综合服务功能。高铁车站通过整合轨道交通、交通广场、长途客运站、交通设施、地下空间开发、周边贴邻地块等各项资源,高铁车站向综合交通客运枢纽发展外,将向着站城融合一体化开发建设模式发展,内部空间布局模式趋向立体化、功能复合化。以建成的佛山西站、沙坪坝站,待实施的广州棠溪站改、广州新塘站为例,高速铁路综合客运枢纽将构建更加便捷、安全、高效的综合交通运输体系及城市功能空间,推动城市发展,服务旅客出行。

9.3 综合客运枢纽规划要求及基本形式

高速铁路综合客运枢纽是以高铁主导、整合多种交通要素组成具有运输组织、中转换乘、多方式联运换乘服务的基本功能的场所。高速铁路综合客运枢纽的规划要求,除满足客流集散基本需求外,应满足城市规划需要,具备可持续发展条件。

9.3.1 规划设计要求

综合客运枢纽的规划设计,需要利用好有限的城市空间资源,合理设置各类交通设施并预留发展空间余量,实现因地制宜地布局各种功能分区,组织内部便捷的交通换乘流线,对人流、车流进行组织引导,提高枢纽内交通设施通行效率,满足客流集散中转需求。同时综合客运枢纽的规划设计应充分结合城市总体布局和规划要求,衔接周边交通网络,保证运输的连续性,并依托人流集聚效应带动和促进周边区域发展,满足城市发展需要。综合客运枢纽的规划设计实现目标有如下几点。

1. 规划协调

明确高铁综合客运枢纽所在城市片区总体发展定位及城市片区控制性详细规划，明确高铁综合客运枢纽核心区的用地范围。根据主要交通线网及站场布局规划，初步确定枢纽地块的总体用地范围、结构，明确具体用地类型、开发强度等，以实现符合城市规划的要求。

2. 规模匹配

为了方便旅客出行和换乘城市轨道交通、出租车、公交车，高铁车站逐渐发展成与城市配套交通设施一体化的综合客运枢纽，与城市发展战略相契合，规模与体量匹配。作为交通枢纽，因车流量大和人群密集度高的特点，要保证其交通组织的快速性，交通运行的安全性，时效性，实现人与车的快速集散的目标。

3. 资源集约

为了实现各种交通方式的一体化衔接，换乘过程的安全、高效、便捷、舒适、环保和节能，应在高铁客运综合枢纽的规划建设和运营管理过程中集约使用土地，降低能源消耗，减少环境污染，节省建设维护费用。

4. 环境友好

提高环境友好型的绿色交通工具在接驳体系中的比重，体现“公交优先”的原则，构建以公共交通和慢行交通为主导的综合交通接驳换乘体系，提高交通可达性，在满足人们日益增长的出行需求的同时实现资源的节约、环境的保护和社会公平，进而实现城市的可持续发展。

9.3.2 综合客运枢纽基本形式

梳理高速铁路综合客运枢纽的建设历程及发展方向，从场站关系、交通组织特征、功能空间布局等角度分析，高速铁路综合客运枢纽有如下基本形式。

1. 综合客运枢纽形式的划分

(1)根据综合客运枢纽功能进行划分，可分为交通主导型和功能复合型。

(2)根据综合客运枢纽空间形态进行划分，可分为平面布局型和立体布局型。

(3)根据综合客运枢纽的区位进行划分，可分为城市中心型和城市边缘型。

(4)根据综合客运枢纽的规模进行划分，可分为特大型、大型和中小型。

(5)根据综合客运枢纽的级别进行划分，可分为国家级、区域级和城区级。

(6)根据综合客运枢纽在线网中的地位进行划分，可分为区域节点型和中间通过型。

2. 交通组织典型特征划分

(1)与城市内部交通结合形式

这一类型的铁路客运枢纽的特点为站房与城市内部公共交通结合在一起，城市内部公共交通方式主要指以轨道交通和公交为主，以服务于城市内部的交通换乘方式为主，从而方便到站旅客能获得最快速度的站内换乘。该类型铁路客运枢纽站房以立体分层的方式将站厅、站场内外空间与城市整体空间形成有机的整体。

以深圳北站为例，如图 9.1 所示。深圳北站在规划设计时与深圳城市轨道交通相结合,将轨道交通5号线和平南铁路在站房下东西方向穿越。轨道交通4、6号线包裹在站房屋盖中,平行于股道南北方向高架穿越,新区大道下沉南北方向穿越车站。与城市内部交通相结合的铁路客运枢纽多为与公交、地铁等交通方式相结合,类似深圳北站直接将高架轨道交通线路引入枢纽站房内部实现一体化换乘的实例并不多见。枢纽站房须考虑与铁路站场的空间关系,同时要考虑对城市空间的影响,利于城市发展,减少城市拆迁量。在种种因素的制约之下,造成高架引入铁路客运枢纽站房难度较大。因此该类型铁路客运枢纽的建设须在城市交通规划初期就进行全盘考虑,预留建设可能,才能实现该类型车站的建设。

图9.1 深圳北站鸟瞰图

(2)与城市外部交通结合形式

这一类型的铁路客运枢纽特点为铁路客站与其他多种对外交通方式结合在一起建设。由于高铁车站建设形成一个可达性的区域,在这个区域里,交通的可选择性极大,随着交通方式发展的多样化,人们会搭乘各种各样的交通工具进入或离开铁路客运枢纽,由于交通流量巨大,并且可以有多种交通方式选择方便地到达城市内及周边城市内的任何角落,铁路客运枢纽自然的会成为城市交通的核心。

这一类型的铁路客站交通枢纽建筑主要侧重于方便对外交通之间的快速换乘以及对外交通与城市内部交通的衔接,以上海虹桥铁路客运枢纽最具有代表性,如图9.2和图9.3所示。

虹桥综合交通枢纽建成集航空港、高速铁路、城际和城市轨道交通、长途客运、公共汽车、出租车等多种交通设施紧密衔接的现代化大型综合交通枢纽,包括内外交通衔接功能及不同交通方式的集中换乘功能。

虹桥综合交通枢纽,成为上海市城市内外交通的第一枢纽,合理组织了高铁、城际线和民用航空、市域轨道交通、高速公路客运、市内轨道交通、市内公共巴士等各种运输方式,其集合多种对外交通方式的功能进一步增强了城市机场的辐射能力，加快实现城市“以区域交通一体化．促进区域经济一体化”的目标。

图 9.2 虹桥客运枢纽鸟瞰

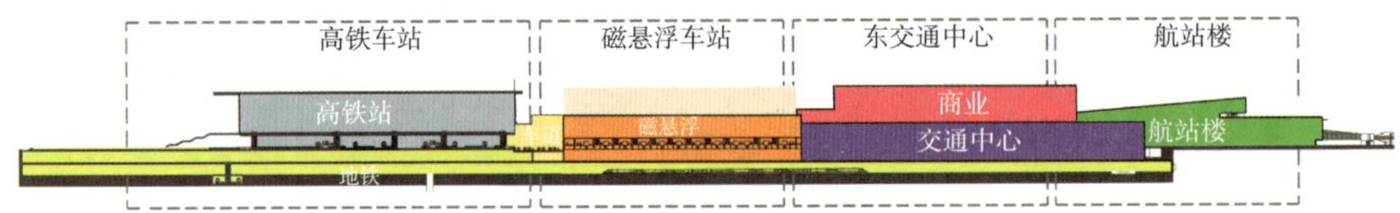

图 9.3 虹桥客运枢纽竖向布置

因机场离城市距离一般较远，乘坐航空运输的人群一般会选择直接到达目的地，较少采用多次换乘的方式到达第三地，而市内旅客若采用铁路交通方式通常会直接选用离市区较近的铁路客运枢纽作为出发地，不会采用该类型离城区较远的铁路客运枢纽作为首选，因此这一类型铁路客运枢纽多用于需使用航空港乘客进行城市内部与机场间的换乘渠道，推广建设需要特定条件。

3. 空间布局典型特征划分

高速铁路客运枢纽往往集中了高速铁路、城际铁路、长途汽车、城市地铁、公交、出租车、小汽车等众多交通设施，铁路客运枢纽形式根据不同的交通方式枢纽的布局形式从总体发展来说，由平面式的布局站前广场换乘，向立体式的客运枢纽布局形式方向发展。根据枢纽结合城市交通设施布局形式，高速铁路综合客运枢纽可分为三种类型：平面式、立体式和混合式。

(1)平面式

高速铁路客运枢纽的站前广场交通设施的总体布置可分为两种，如图 9.4 所示，第一种是完全将站前广场提供给旅客,各种交通方式都布置在站前广场外;第二种是保证聚集高峰旅客所需要的最大暂留面积之后,将站前广场上的空间提供给其他交通方式,通过紧凑式的布局模式来实现交通换乘、商业休闲等服务功能。对比前面两种布置模式,第一种布局模式较为封闭传统,各种交通方式之间的关联性不强,换乘距离稍长;而第二种布局模式灵活性较强,在节约用地的同时方便了旅客的换乘,必要时可利用站前广场的地下空间,但需保证各交通方式的集散能力与效率能够满足铁路客流的需求,避免站前广场过于拥挤。

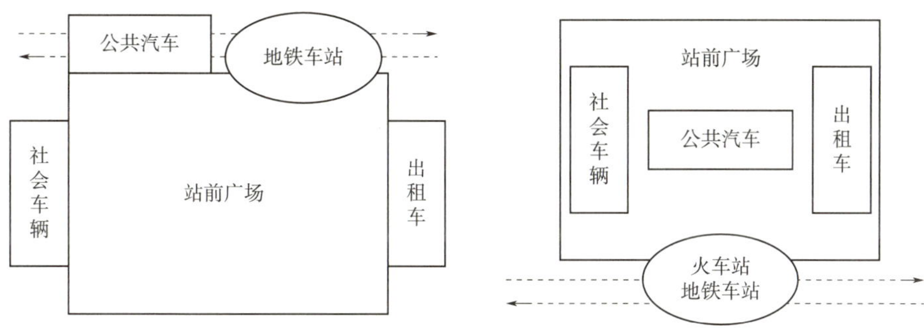

图 9.4　铁路站前广场总体布置

(2)立体式

立体式是通过空间的利用布置多个不同的交通功能层,实现垂直换乘的目标,换乘时间和换乘距离短,土地利用率高,往往结合商业和居住但工程难度较大,一次性造价高,交通压力大,同时需要配套建设多条高架匝道和地下隧道。

从铁路客运枢纽换乘立体平面布置图 9.5 中所示的人行流线可见,枢纽的布置建立了高效率的综合空间换乘体系,多元换乘方式合理组织,形成了便捷、安全、通畅的立体化交通枢纽各种换乘交通方式紧密衔接,换乘距离短,并优先提供地铁为主的室内公共交通,利用空间上下不同层次面和平面分区的原理,实现人车分离及人流的合理导向。

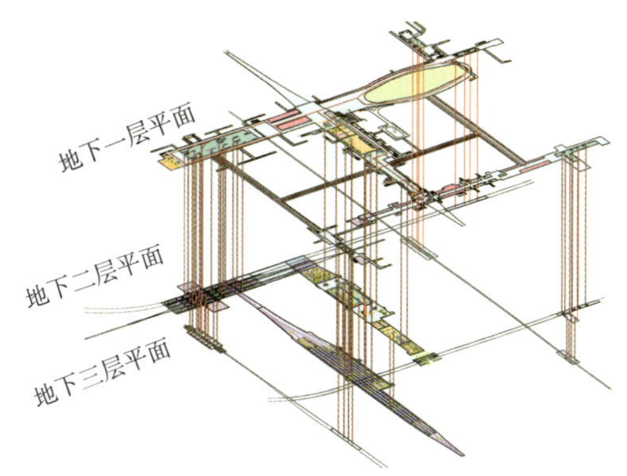

图 9.5　深圳福田枢纽换乘立体平面布置

(3)混合式

混合式是枢纽内平面式与立体式相结合的布局模式。该模式是建立在联系化、集约化的基础上,根据城市各功能空间的特性和要求,结合具体环境条件进行设计开发的形式。

近几年建设规划的铁路客运枢纽多采用立体布局、混合式布局,既可以提高枢纽内的换乘效率,减少换乘时间和换乘距离,又很好地遵循土地利用集约化原则,同时有利于引导城市经济发展的新增长。

4. 功能组合典型特征划分

(1)站场主导型

“站场主导型”高速铁路综合客运枢纽是我国当前铁路站房规划大、面广的设计模式,其主要强调站场的功能主导，通过站房和站场内的其他设施，在满足铁路和城市交通功能的需求的基础之上，设置其他附加的一些功能，例如商业功能、办公功能、酒店功能、娱乐功能等。该类综合体重视地域文化性的表达，一般按作为当地标志性建筑进行设计。目前新建常规型铁路客运枢纽选址根据城市发展状况及用地限制，车站选址多为城市中心边缘区域，减少对城市建成区的破坏及对城市内部空间的影响，同时期望通过客运枢纽的新建引导带动周边片区发展。

站场主导型这一类型的铁路客运交通枢纽采用线上式或桥建合一的站房布局方式居多，交通组织中采用平面结合立体化的换乘设计，即车站及广场不同高度层面与不同交通方式相衔接，通过引导旅客利用换乘大厅或者不同的换乘通道进入其不同功能层面。

客运枢纽站内立体化换乘提高了旅客进出站效率，减少了旅客换乘的流线距离，充分体现了“以人为本，以流为主”的设计原则，如图 9.6 所示的南京南站设计模式是站场主导型客运交通枢纽的典型代表。

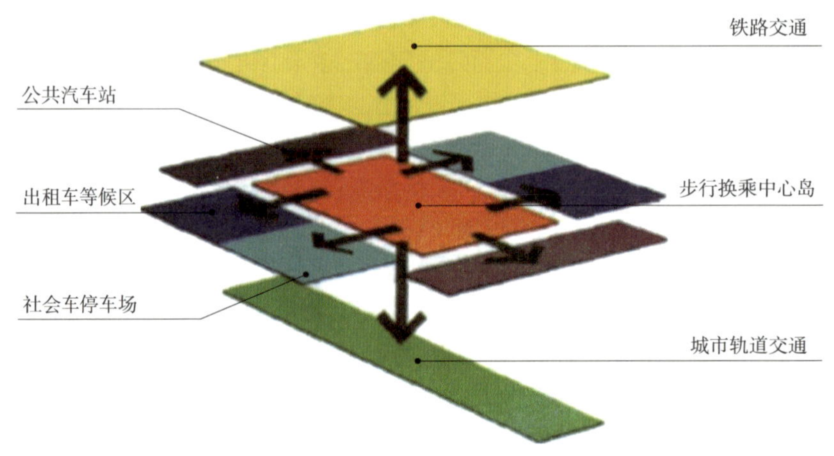

图 9.6　南京南站功能平面立体示意

如图 9.7 所示的武汉站也是较为典型的“站场主导型”铁路客运枢纽，由于站场架空、候车室高架的立体布局，土地利用率成倍提高。桥下架空空间设置有铁路售票、进出站广场和地铁出入口，以及各种其他交通、服务设施，同时架空空间起到连接城市东西广场、与地铁等城市交通紧密结合的换乘节点的作用。武汉站实现了铁路与地铁、长途车、公交车、普速列车、客运专线及其他交通方式站内立体化换乘的客运枢纽功能。

常规站场主导型铁路客运枢纽站房通常采用站棚一体化设计手法，屋盖采用大跨度空间结构与大空间车站站房的候车空间相结合，已建北京南站、上海南站、武汉站均采用这一设计形式。该种类型可增加站房内部空间的通透性与开敞性，对于改善旅客在车站的心理感受、加强车站内部空间的引导性都起到了极大的作用。该类型客运枢纽强调站内一体化换乘，车站广场的功能逐步弱化，只作为公交站场或停车场使用，私家车辆可通过高架桥直接开至车站出入口附近进行上下客活动，部分旅客可在站房内通过换乘大厅直接使用地铁进入或离开车站。

站房大空间的设计使候车大厅多与售票厅合并，形成综合性、通过式大厅，传统集中式售票厅改为分散式售票点，交通流线组织以疏导为主，便捷高效。公共空间中候车、商

图 9.7 武汉火车站

业服务、进出站等各种活动结合得更为简便自如，为枢纽站的基本空间与商业及其他服务设施的紧密结合提供基础条件。常规型铁路客运枢纽大规模商业开发较少，仅在候车大空间内设置少量商业服务以满足旅客基本需要，功能定位更加注重铁路客运枢纽的交通功能。

(2)城站结合型

“城站结合型”高速铁路综合客运枢纽主要强调城市功能与站房功能的相互结合，该种类型的高铁车站一般选址距离城市重要功能区较近，既要满足交通功能的需求，同时也受到城市功能的辐射影响，具有一定程度的城市功能的要求。如图 9.8 至图 9.10 所示的深圳福田站，车站完全建于城市中央的地下空间，与轨道交通相结合，地面上部与商业和办公建筑相结合，很大程度上做到了城市功能和站房功能的结合。在众多城市功能中，商业开发功能也是站房功能与城市相结合的主要功能，例如佛山西站。

图 9.8 深圳福田站总平面

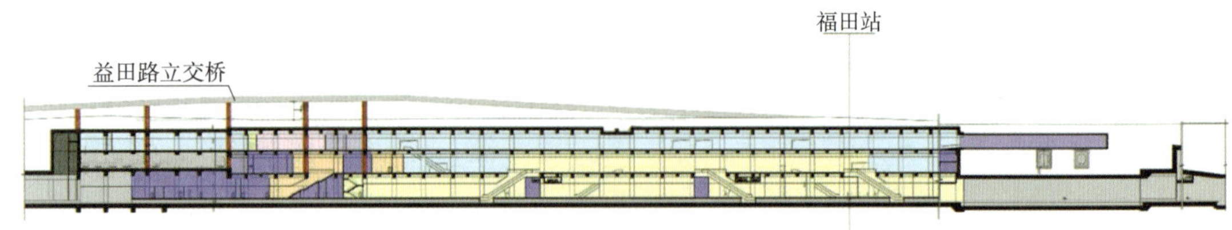

图 9.9 深圳福田站剖面 1

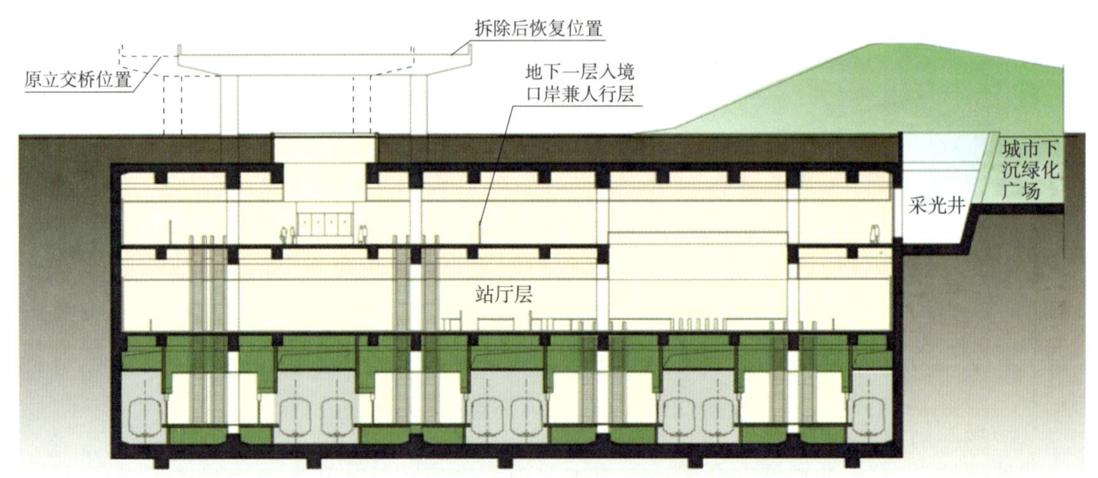

图 9.10 深圳福田站剖面 2

与城市空间相结合的铁路客运枢纽在遵循了保证客站换乘的便捷的一般选址原则的同时，满足建筑空间开敞，视线通透，环境舒适的条件，这一类型车站在建设的时候更加注重与城市空间的协调，减少车站对城市空间的直接割裂，减少铁路客运枢纽出现两侧城市发展不均，避免对城市空间及发展形成的隔断。该类型铁路客运枢纽采用地下直接实现各种交通方式的竖向一体化分层换乘，满足节地性的要求是一种实用的规划设计模式。

深圳的福田站，是我国已建成典型的全地下铁路客运枢纽站房，其受线路敷设方式及周边城市道路、轨道交通、建筑物等的共同制约，车站全部位于地下，减少了对城市地上空间的影响，将车站建设对已有建筑物的破坏降至最低。

地上铁路客运枢纽往往会造成站区两侧发展不均，枢纽主要人流方向发展优势于另一侧。地下客运枢纽可减少车站对城市空间的割裂，同时可使车站设置尽量靠近城市中心区，方便使用，实现以人为本。因此，地下铁路客运枢纽是发展的趋势，也是城市发展的一种必然选择。

另一方面，与大规模商业开发相结合的铁路客运枢纽站房与商业空间结合的方式在现今的许多城市中已经得到了实现。由于交通枢纽附近人流密集，人员集中，交通便利，促使商业，尤其是零售业和娱乐业的开发量增大。交通客运枢纽与商业空间的结合，便利了铁路旅客和普通顾客的交通需求，同时也满足了购物需求，使商家的利益得到最大化，是一种合理的双赢结果。

9.4 交通需求预测与各类设施规模测算

高速铁路综合客运枢纽的规划与设计需要准确的对建设规模进行科学合理的论证和计算,规模的量化是以客流预测为基础。

9.4.1 交通需求预测

高速铁路综合客运枢纽中城市配套设施的交通量与配套种类,各类交通承担的客流比例、各类交通的运载能力和运营方式有关,需要预测交通量确定相关设施规模。城市配套设施规模的确定方法有经验类比法、调查计算法、网络通行能力法和均衡交通分配法等。

1. 经验类比法

影响客运交通枢纽吸引客流量的因素很多,既包括枢纽周边土地使用状况、人口构成状况,也包括枢纽可达性、所在区域公交水平、交通管理政策及相关枢纽的建设状况。经验类比法实际上就是找一个上述影响因素与规划客运交通枢纽基本相同或相似的枢纽,在规划枢纽规模确定中加以参考。当然,现实情况中与上述影响因素完全相同的枢纽是不可能存在的,通常的做法是找多个与规划客运交通枢纽等级差不多且类似的枢纽,经分析比较,选择一个中间值作为规划枢纽的设计规模。

2. 调查计算法

调查计算法就是首先对规划客运交通枢纽所在地区的出行产生量与出行吸引量进行调查、预测,然后将这些出行量中公交所占出行比例分配给规划枢纽,或者直接预测公共交通出行客流量,按照比例推算客运交通枢纽规模。

近年来的研究实践中发现,在交通需求预测之后通过参考各种规划标准,直接确定客运交通枢纽的规模,并没有考虑枢纽的规划对城市路网的影响问题,没有将交通一体化的概念使用到城市枢纽规划中去,由于枢纽两者之间相互影响、密不可分的关系,在客运交通枢纽规划和设计过程中,必须将周边交通网络考虑进去。提出了基于综合交通网络的通行能力法和均衡交通分配法。

3. 网络通行能力法

将综合交通网络通行能力作为设施规模确定的约束条件,确定综合交通客运枢纽的产生规模指标,进而量化各类设施规模:①根据交通调查确定枢纽主要影响路段交通流量现状;②将枢纽产生的新的交通量根据客流方向分析及车流预测,分别加到各路段原有交通流量上去;③分析高峰小时段路段交通流量计车流量,对道路通行能力进行评价,分析车辆行驶速度、拥挤程度,确定路段可承受交通流量,从而推出在约束条件下的年日均乘客发送量。

4. 均衡交通分配法

使用均衡交通分配法确定客运交通枢纽规模的具体思路是:①将规划的交通网络作为枢纽规模的初始路网,将枢纽布置在路网上作为节点;②将枢纽产生的新的交通量加到原来的客运矩阵中去;同时,对交通网络进行调整,形成包含新建枢纽的新的交通网络;③以在交通网络上的运输中转费用和路段扩建费用的总成本最小为原则,应用均衡交通分配法将上述新的客运矩阵在新的交通网络上进行交通分配,由经过客运交通枢纽节点的交通流量确定枢纽的规模;④对客运交通枢纽规模适应性和路网技术性能进行评价,根据评价结果考虑方案接受与否,进行循环调整,直到枢纽与交通网络同时满足要求。

9.4.2 综合客运枢纽规模量化指标

规模指标包括高峰小时发送量、平均日客流量、最高聚集人数、各类交通工具平均服务客流量。

客运交通枢纽规模量化主要以与枢纽生产能力相关的生产规模指标为基础和依据,量化各类设施规模及枢纽整体规模。主要生产规模指标包括高峰小时发送量、年平均日客流量、最高聚集人数、各类交通工具平均服务客流量等。

1.《铁路旅客车站建筑设计规范》中关于高峰小时旅客发送量的定义为:车站全年上车旅客最多月份中,日均高峰小时旅客发送量。高峰小时发送量是铁路车站设计中的关键参数之一,其数值大小取决于枢纽列车发车频率,反映车站单位小时最高的单向旅客发送能力,也反映高峰时期集散客流的规模需求。

2. 年平均日客流量是指客运交通枢纽统计年度平均每天的乘客数量。该指标是反映枢纽建设规模和生产能力的指标,对于待建枢纽,主要依据设计年度年客流量进行量化。

3. 最高聚集人数是指换乘高峰期间,瞬时出现的最大在站人数的平均值。最高聚集人数可按照设计年度的平均日客流量乘以相应的百分比计算,或根据同期客运交通枢纽一次最大发车数量乘以车辆平均定员人数计算。

4. 各类交通工具平均服务客流量通常通过相关调研确定实载率,用实载率与额定载客数的乘积便可求得。该指标是确定各类交通方式日均发车班次和发车位数量的依据。

9.4.3 各类设施规模分析

在客运交通枢纽的等级结构及枢纽交通需求预测等基础上研究设施规模,可为枢纽规划选址提供科学依据,且为城市规划预留用地提供依据。一般而言,客运交通枢纽内主要的交通设施可分为交通场站设施、集散类设施以及旅客服务设施。

交通场站设施:包含长途客运站、公交站、出租车停车场,大巴、小汽车停车场及轨道交通车站等。

集散类设施:集散客流枢纽内步行通道设施,换乘客流的换乘通道。

旅客服务设施:包含公共卫生间,餐饮购物等。

1. 交通场站设施规模

交通场站设施主要包括站务用房、办公用房、生活辅助用房、停车场、发车位及其他,这类设施规模的计算主要参考各类国家级行业规范、标准及建设要求,并结合实际,如社会经济发展状况及城市发展规划,做相应的调整。

(1)长途客运类枢纽的规模

长途客运类枢纽设施有生产设施、生产辅助设施和生活服务设施三部分组成。生产设施是场站类设施的主要构成部分,包括站前广场、站房、发车位和停车场等。生产辅助设施包括维修车间、洗车台、配电室、锅炉房等。生活服务设施包括司乘公寓、单身宿舍、职工食堂等。

长途客运类枢纽各类设施规模的确定目前主要依据《汽车客运站级别划分和建设要求》(JT/T 200—2004)中规定的设施规模量化方法。

(2)常规公交枢纽的规模

常规公交客运交通枢纽由首末站和中间站两部分构成,其主要设施为停车场。所以,常规公交枢纽的规模主要计算常规公交停车场的占地面积。

在大型客运交通枢纽内,由于客流量较大,公交具有较强的集散能力,其运量大,所以枢纽内一般都设置公交首末站。一般客运交通枢纽内公交首末站比较简易,只需要设置停车场,公交首末站的停车场要求保证在其内部所设置的每条公交线路正常输送乘客所需要的停车面积。

(3)出租车停车场的规模

出租车停车场主要供出租车集散乘客短暂停留所用,其周转率一般较高,且进入停车场的出租车数量与进入停车场的候车乘客有关。

(4)社会停车场的规模

社会小型车规模与高峰小时小型车的平均载客数、每辆车停靠所需的面积、社会小型车停车换乘的客流量及停车场的周转率等相关。

(5)自行车停车场规模

自行车停车场规模的计算方法与机动车停车场规模的计算方法类似,主要考虑的因素为到达客运交通枢纽的自行车车辆数、每辆自行车停车占地面积以及自行车的周转率。

2. 集散类设施规模分析

集散类设施主要是指为需在客运交通枢纽内步行的乘客而设置的服务设施。包括集散客流在客运交通枢纽内步行所需的规模和换乘客流在客运交通枢纽内步行所需的规模。

(1)集散客流在客运交通枢纽内步行所需的规模

集散客流是指通过步行方式到达客运交通枢纽或者是通过步行方式离开枢纽的客流。集散客流从进入枢纽是通过步行到达枢纽内的换乘点,所以在规划和设计过程中,需要提供为集散客流在枢纽内步行所需的设施,对于该部分规模,采用行人时空消耗理论以及设施的广义容量来确定。

(2)换乘客流在客运交通枢纽内步行所需的规模

换乘客流指那些由于需在客运交通枢纽内实现除步行以外不同交通方式之间的换乘到达或离开枢纽而产生的客流量。换乘客流在枢纽内需要通过步行从一种交通方式的站台到达另一种交通方式的站台,或者是同一种交通方式的不同线路间的转换,这就需要客运交通枢纽为乘客流提供步行所需的设施,其所需规模计算方法同集散客流在枢纽内步行所需规模的计算方法相同,也是运用行人时空消耗理论以及设施的广义容量来确定。

3. 各类辅助服务设施的规模

各种辅助服务设施主要指餐饮购物、休闲娱乐、文化设施等。该类设施规模没有具体的量化方法,可结合当地经济发展状况、城市规划及客运交通枢纽布局等进行规划设计,确定相应规模。

9.5 高速铁路综合客运枢纽其他城市功能

9.5.1 高速铁路综合客运枢纽城市功能类型

高铁车站按照现代综合交通枢纽建设及实现综合换乘的要求，与城市轨道交通、公交汽(电)车、出租车等城市公共交通衔接，与航空港、长途汽车站、客运港口等城市对外交通合理布局，立体化的空间布局满足旅客以最短时间和路线完成不同交通方式的转换。高速铁路综合客运枢纽便捷对内对外的交通，汇集了各类形形色色的乘客，成为市区内、市区外人流经常性要经过的地方。当客运枢纽适应功能空间转化，成为能够满足人们城市生活且具有较高舒适度的场所，其转变为聚会、消遣、商谈的选择地就成为可能，将引发除交通外的其他城市功能自发进入枢纽与之结合，酒店、商场、办公通过整合空间与客运枢纽有机联系，车站的交通集聚转变为经济凝聚，从而成为更加具有城市特性的场所。

9.5.2 高速铁路综合客运枢纽城市功能空间组合模式

高速铁路综合客运枢纽城市功能空间组合模式从车站与城市多种功能的相互关系归纳分为站城结合分散式、站城结合集中式、站城结合串联式及站城结合混合式，从车站交通功能铁路交通与城市交通的关系分为站场主导分散式、站场主导集中式及站场主导混合式。

1. 站城结合式的类型划分

(1)城站结合分散式

该模式的空间功能建构强调城市功能与站房功能的结合，且各类城市功能呈分散式分布在站房或站场的周围，如图 9.11、图 9.12 所示。

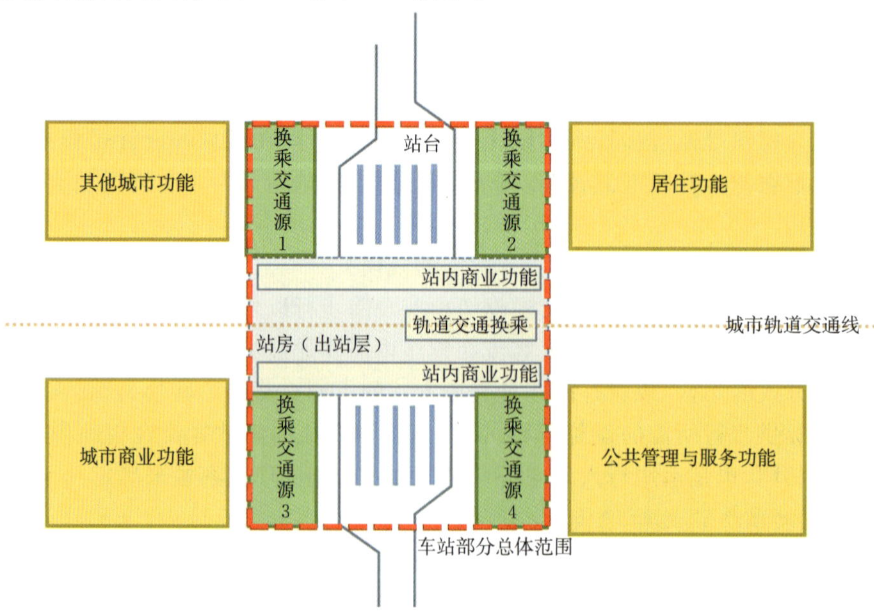

图 9.11 “城站结合分散式”功能组成平面示意

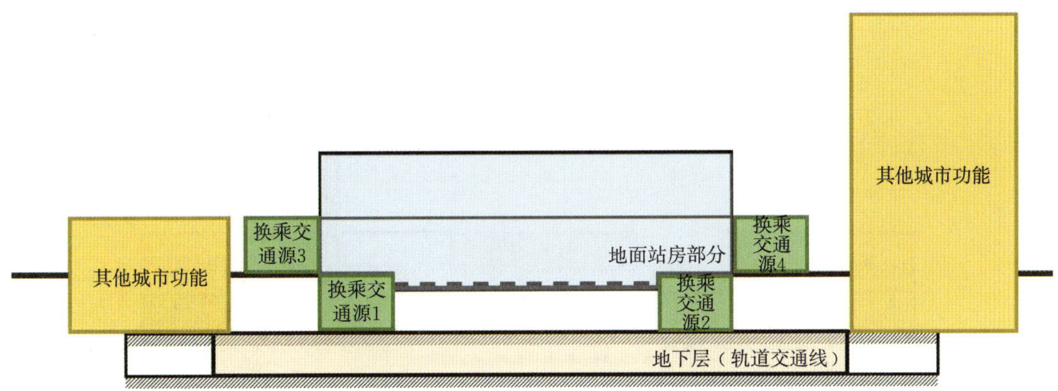

图 9.12 “城站结合分散式”功能组成剖面示意

该种模式便于城市功能的布置与展开，适合距离城市功能区较远且用地面积较大的场地进行布置。但是由于铁路客站交通枢纽综合体体量往往很大的缘故，会导致不同的城市功能相距较远，使用率会在一些情况下偏低。

(2)站城结合集中式

该模式的空间功能建构强调城市功能与站房功能的结合，且各类城市功能呈集中式分布在站房或站场内，或落在站房或站场区域内的面积很大，如图 9.13、图 9.14 所示。

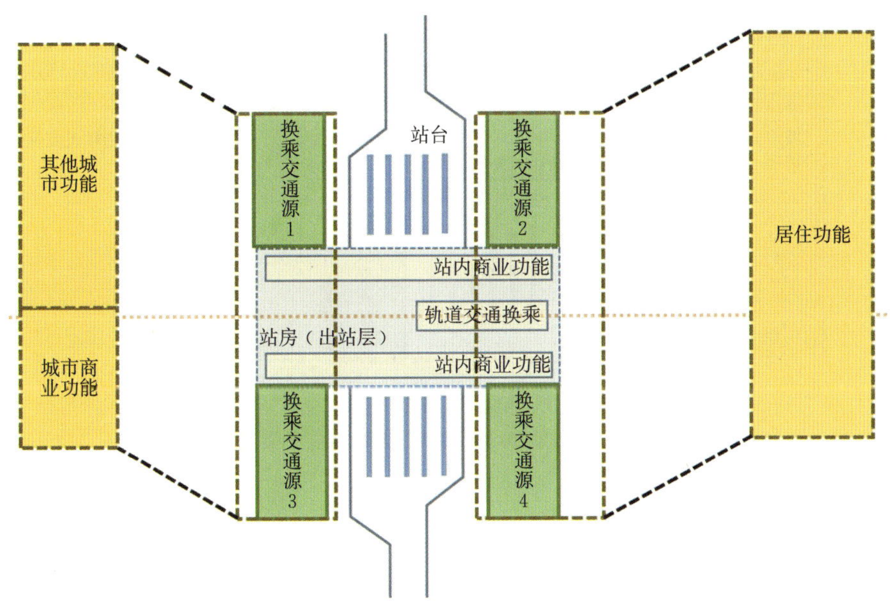

图 9.13 “城站结合集中式”功能组成平面示意

该种模式便于城市功能的布置与展开，适合用地面积较小或受限的情况下进行城市功能的布置。通常来说，有效利用不同的垂直空间，以及地下空间的开发使用，是集中式综合体的典型特征。该类交通综合体的城市功能面积不是很大，但是使用效率会很高。

(3)站城结合串联式

该模式的空间功能建构强调城市功能与站房功能的结合，且各类城市功能呈一个方向一次排开的分布在站房或站场的周围，如图 9.15、图 9.16 所示。

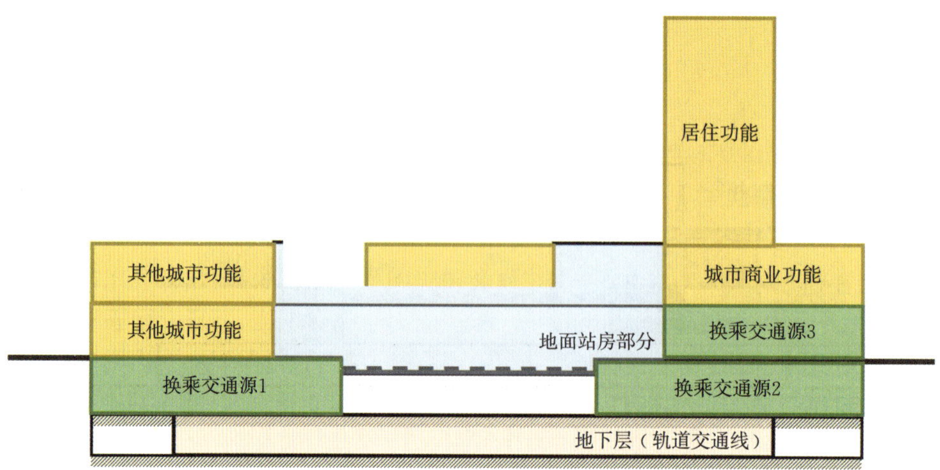

图 9.14 “城站结合集中式”功能组成剖面示意

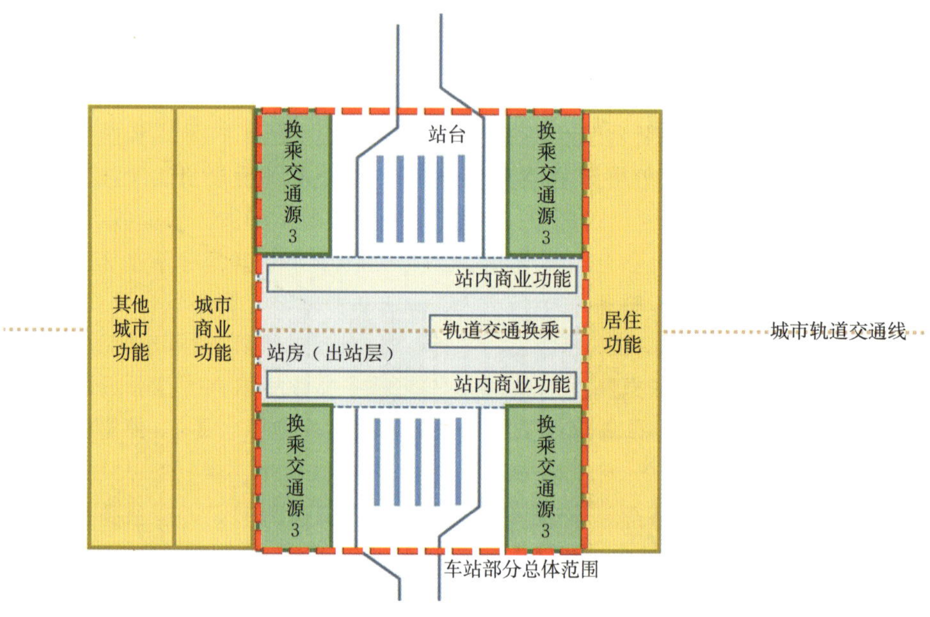

图 9.15 “城站结合串联式”功能组成平面示意

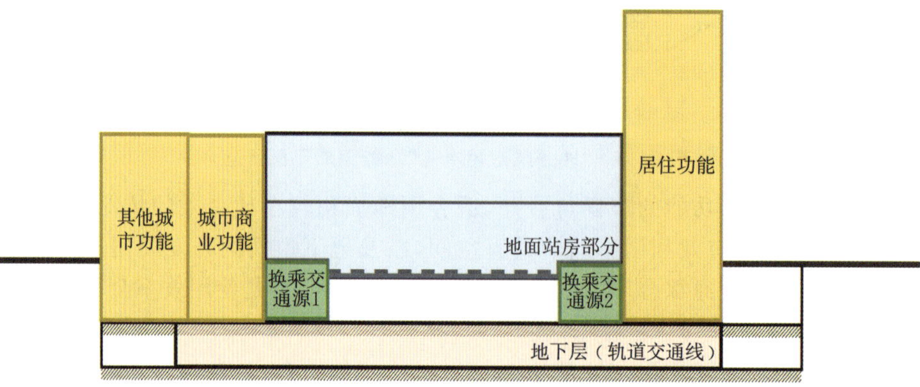

图 9.16 “城站结合串联式”功能组成剖面示意

该种模式便于城市功能的布置与展开，适合距离城市功能区较远且用地面积较大的场地进行布置。但是由于铁路客站交通枢纽综合体体量往往很大的缘故，各种功能通过流线组织有序逐一布置，空间序列长，会导致不同的城市功能相距较远，使用率会在一些情况下偏低。

(4)站城结合混合式

该模式的空间功能建构，强调城市功能与站房功能的结合，且各类城市功能呈分散、集中、串联式混合分布在站房或站场的周围，如图 9.17、图 9.18 所示。

该种模式便于城市功能的布置与展开，一般情况下，混合使用一种或几种不同的空间建构模式，既可以有效利用资源，又能使得城市各类功能可以和交通功能得到紧密结合，值得提倡。

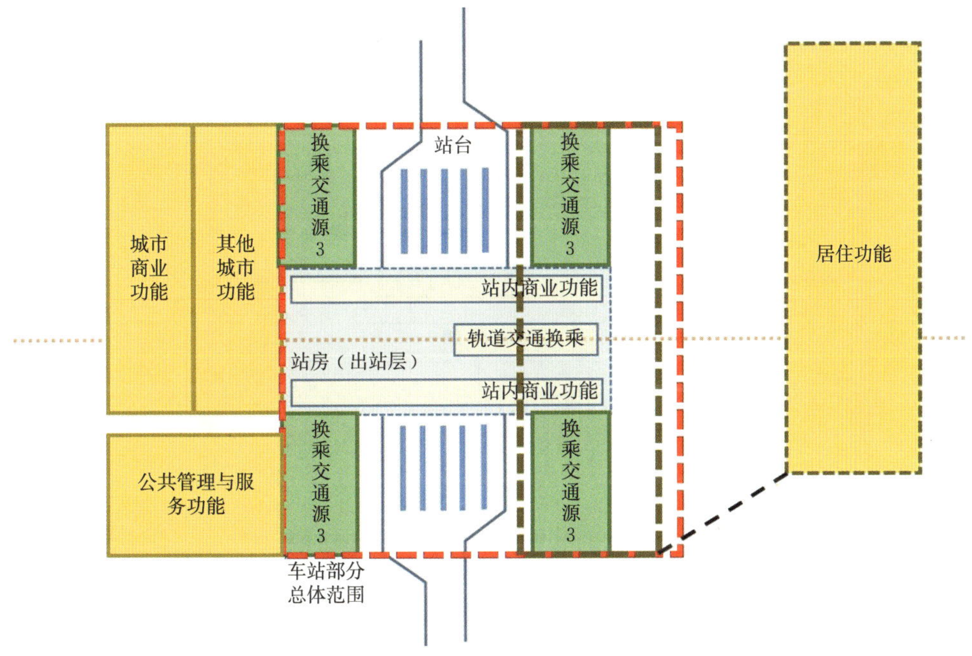

图 9.17 “城站结合混合式”功能组成平面示意

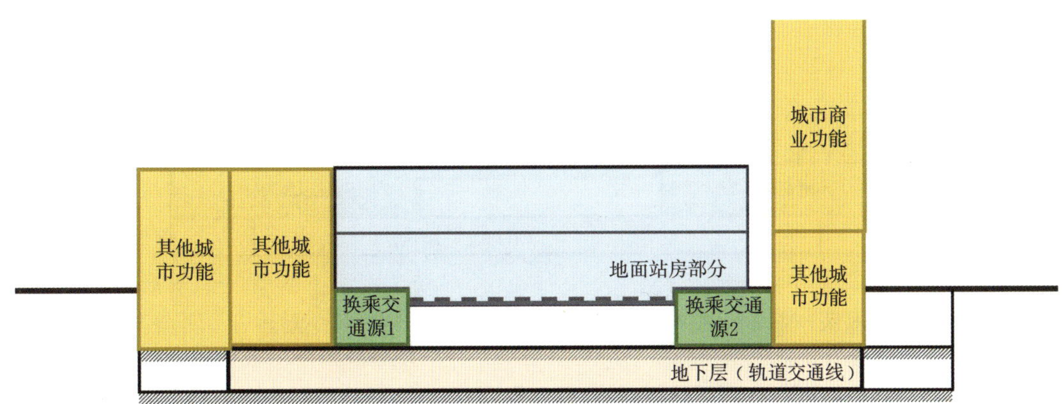

图 9.18 “城站结合混合式”功能组成剖面示意

2. 站场主导式的类型划分

(1)站场主导分散式

该模式的空间功能建构强调站场功能为主导,且以站场的交通功能为核心,各类交通功能呈分散式混合分布在站房或站场的周围,如图 9.19、图 9.20 所示。

该种模式便于站房交通功能的布置与展开,一般情况下,都是通过一个或多个不同站场交通功能的引导通道,将有站场功能使用需求的人流引导至不同的功能区域。该种模式的使用效率有一定限制,但是较为方便去组织站场的各类功能区域。

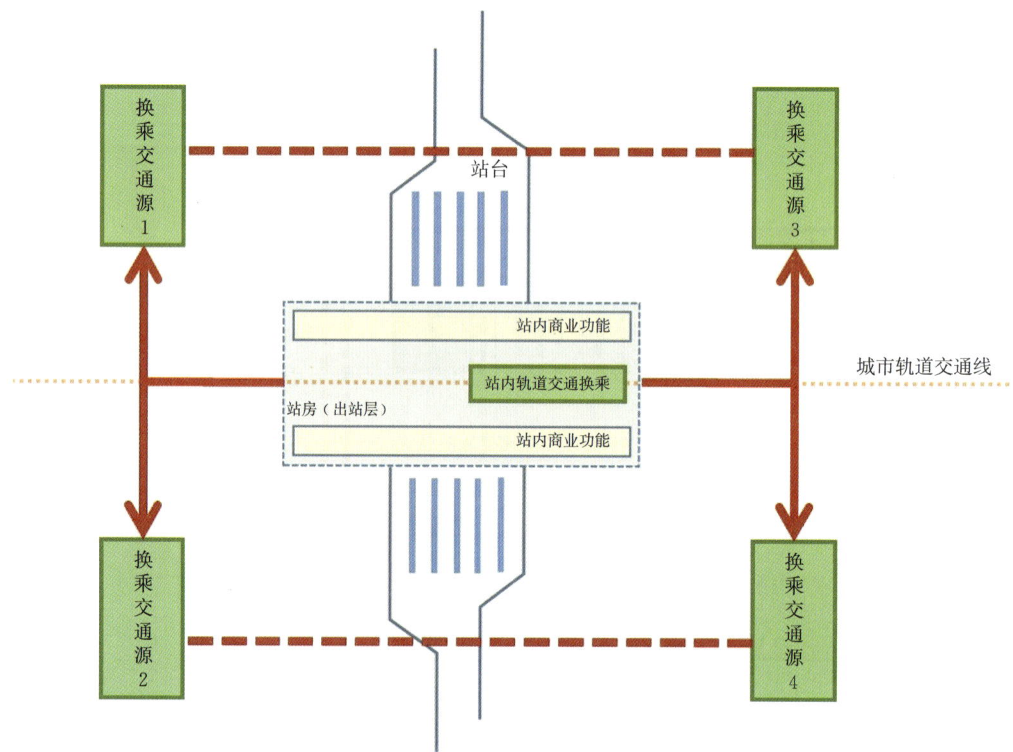

图 9.19 "站场主导分散式"功能组成平面示意

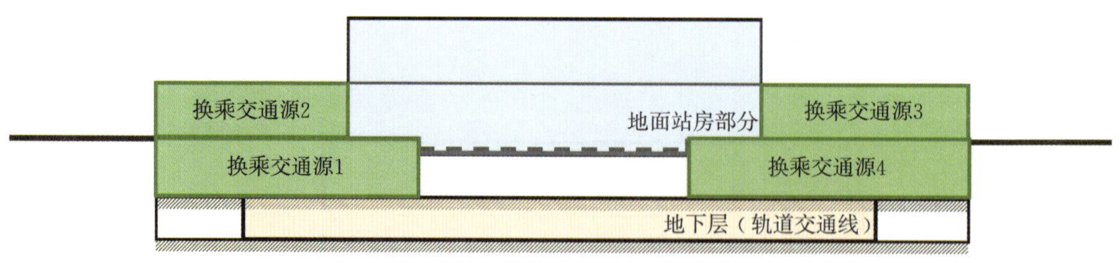

图 9.20 "站场主导分散式"功能组成剖面示意

(2)站场主导集中式

该模式的空间功能建构强调站场功能为主导,且以站场的交通功能为核心,各类交通功能呈集中式混合分布在站房或站场的周围,如图 9.21、图 9.22 所示。

该种模式便于站房交通功能的布置与展开，一般情况下，都是通过同一通道将有交通功能使用需求的人流集中引导至一综合交通枢纽空间，由该交通枢纽空间进行集中式引导。该种模式的交通功能使用效率较高，同时也可以带动站场主导的其他功能模式的组织。

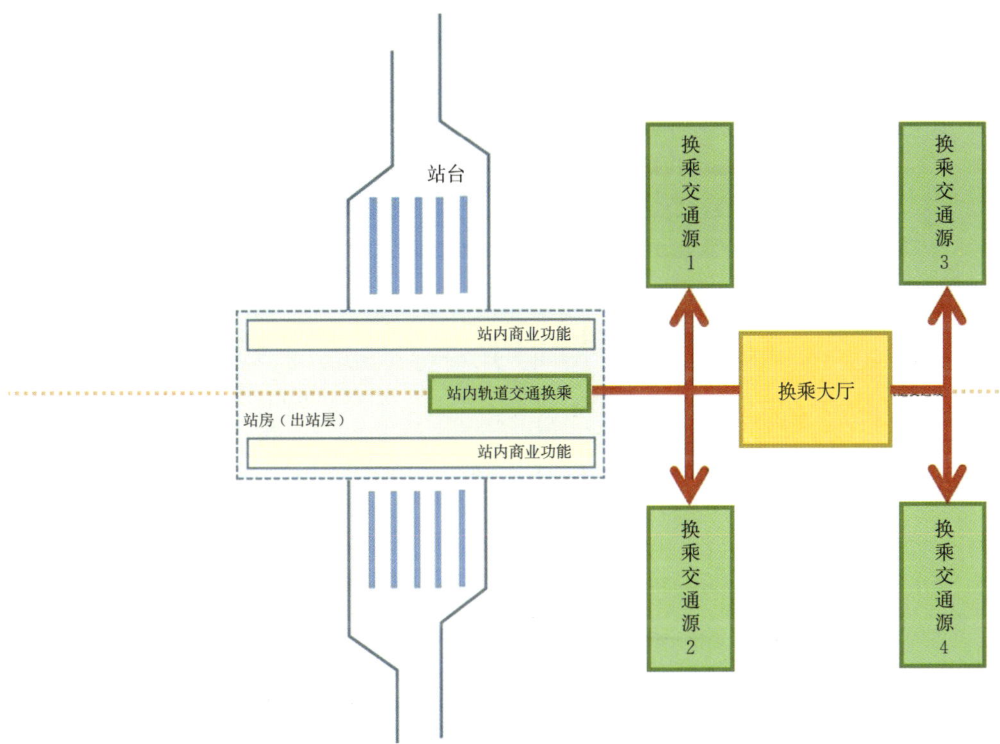

图 9.21 “站场主导集中式”功能组成平面示意

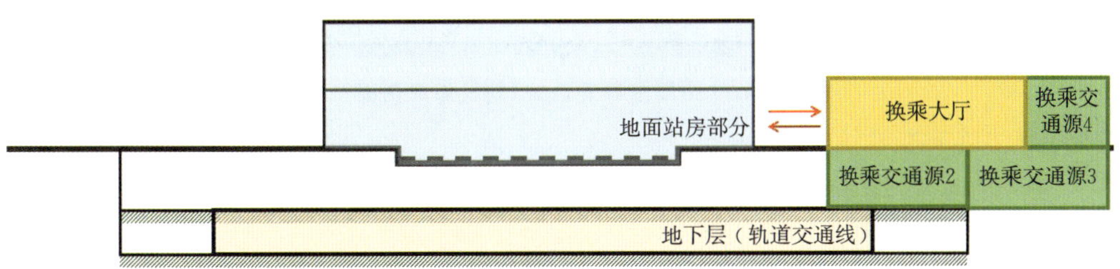

图 9.22 “站场主导集中式”功能组成剖面示意

(3)站场主导混合式

该模式的空间功能建构强调站场功能为主导，且以站场的交通功能为核心，各类交通功能呈分散、集中式混合分布在站房或站场的周围，如图 9.23、图 9.24 所示。

该种模式便于站房交通功能的布置与展开，一般情况下，混合使用一种或几种不同的空间建构模式，既可以有效利用资源，又能使得各类交通功能可以和其他附属功能得到紧密结合，值得提倡。

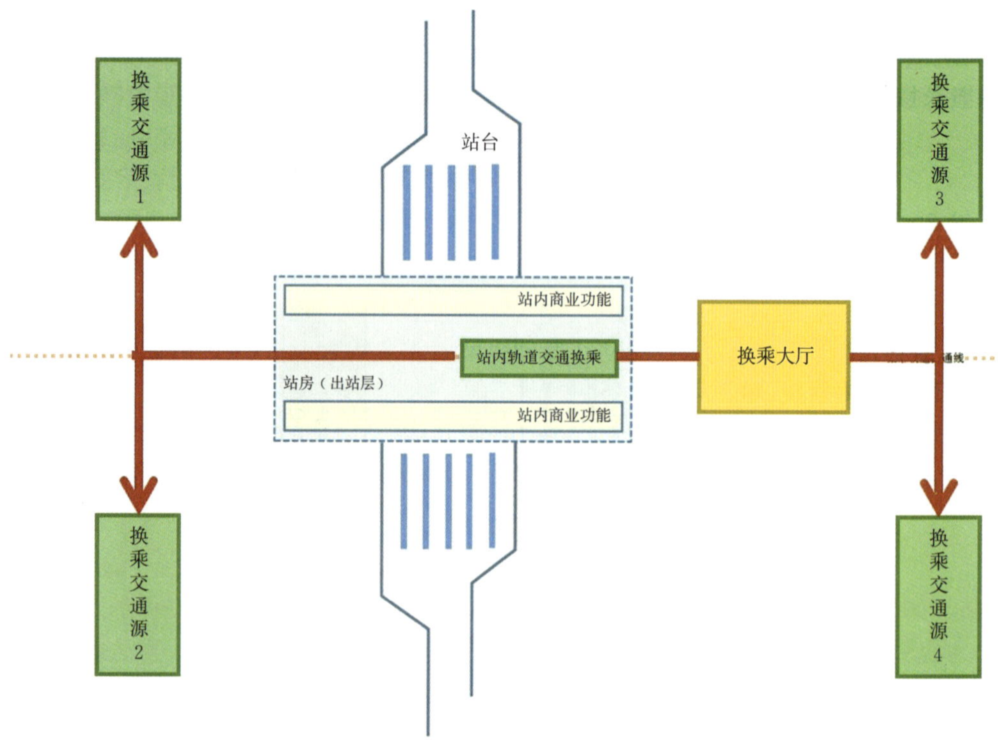

图 9.23　“站场主导混合式”功能组成平面示意

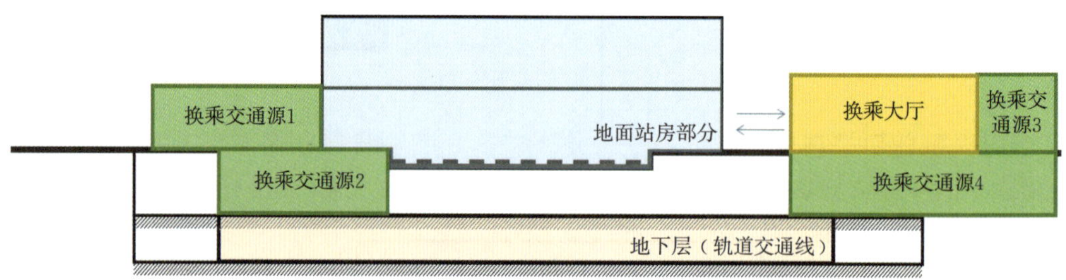

图 9.24　“站场主导混合式”功能组成剖面示意

9.6　高速铁路综合客运枢纽规划建设展望

9.6.1　站城融合

高速铁路综合客运枢纽对城市的规划发展具有重大而深远的影响，如何发挥好交通功能对城市发展的引导作用、如何利用好交通带来的便利并融入城市其他功能，是应不断深入研究的课题。

不少国家非常重视交通的先导性，包括日本、新加坡、巴西、瑞典、丹麦等国家都有很好的交通带动区域发展的经验。

日本东京都市圈是建立在轨道交通网络之上的都市，轨道交通网络犹如城市动脉支撑着城市生活。高密度商业区和成熟住宅区与轨道交通站点一体化开发，末端交通主要依靠环境良好的步行系统，实现了80%～90%的绿色交通分担率。

新加坡采用高密度的支线轨道交通系统把大型住宅区的出行人群快速集散到轨道交通的干线，将住宅、商业、工业设施与轨道交通系统融为一体，建设紧凑型城市，强调职住均衡，就近上班上学，缩短居民的出行距离。

丹麦哥本哈根的城市规划以5条从市中心向外延伸的轨道交通走廊为骨架，在走廊沿线建设居住用地，住宅、道路等基础设施大部分集中在轨道沿线车站附近，从而形成了“指形”的城市结构。

瑞典斯德哥尔摩在第二次世界大战后的城市规划中就明确了以公共交通为导向的土地利用模式和“大分散、小集中”的郊区发展战略，围绕中心城区先后建成了多座由开放式生态廊道相分隔、具有独立城市功能的新城，形成了“中心城＋新城”的发展模式。

巴西库里蒂巴公交专用道的布局与这个发展中城市的总体规划结合得非常紧密，快速公共汽车交通系统的5条放射线构成了城市主要的发展轴，密集的居住区与商业区集中在公交车站附近，而且沿着公交线路沿线开发。

9.6.2 综合开发

要做到高速铁路综合客运枢纽的可持续性发展，坚持绿色节能环保理念进行车站建设之外，还必须在保证服务质量的前提下提高铁路客站的经济收益，即客站应“具有自身的造血功能”。

在交通站点及其周边一体化开发中，日本东京、新加坡市、中国香港地区的经验值得广泛借鉴。

东京新宿的交通枢纽日客流量高达360万人之多，在大约2 km的交通枢纽范围内设置了100多个轨道交通出入口，直接与大型客流集散点无缝衔接，形成了轨道交通加地下步道的立体交通系统，直接服务于周边的土地利用。

新加坡市政厅站位于滨海湾北岸，周围汇集了政府、金融、酒店、购物中心、会展中心，城市广场等多种公共设施，是综合性的城市中心地区。新加坡以建设“步行友好型城市”为目标，将市政厅站与周边重要设施的地下室空间及邻近的另一个地铁车站（会议中心站）相互连通，形成环状结构的地下步行系统。在市政厅站和会议中心站两个地铁车站之间、战争纪念碑公园地下，结合商业开发形成了商业街模式的City Link购物中心，不仅发挥了地铁客流带来的经济效应，而且使地下步行空间更加丰富、便利和充满活力。

香港中环站是香港的政治及商业中心和主要交通枢纽，土地开发强度高，公共建筑密度大，人流和车流集中，城市空间呈现高度聚集状态。地铁与周边城市空间和公共设施的交通联系主要依靠已形成规模和特色的空中步道系统。这些空中步道连接了近30座高层建筑和公共交通枢纽，全长超过3 km。建筑综合体与城市公共空间的有效整合，弱化了公共领域与私人领地之间的界限，建筑和城市融为一体，丰富了城市的空间层次，也解决了人车分流问题。

9.6.3 智慧枢纽

随着新一代信息技术的发展和创新应用，以物联网、云计算、移动互联和大数据等新兴热点技术为核心的,可以让旅客享受更加轻松和智慧化出行体验的"智慧高速铁路综合客运枢纽"必将到来。

欧盟、美国、日本等国家和地区注重智能化信息化技术在交通装备和运输服务领域的应用,以提高其交通运输服务质量和决策水平,如美国提出发展交通运输大数据分析决策支持系统、车联网系统,日本提出发展交通信息通信系统,欧盟提出建立高品质、高容量的网络和相应的信息服务系统等,都是通过信息化,智能化手段提高交通运输服务质量水平。我国应顺应形势,结合互联网+战略、通信和北斗卫星导航系统等先进信息技术在交通运输领域的应用,研发智慧型交通运输工具,制定明确的相关技术发展路线图。

(1)规划建设综合交通枢纽

统筹规划建设以高铁车站为主体,与城市轨道交通、长途汽车、城市公共交通等紧密衔接的综合交通枢纽体系。

(2)推进综合交通枢纽规划设计一体化

实现高铁车站与城市公共交通集疏运系统的同步规划,推动枢纽内多种运输方式一体化规划设计、同步建设、协调管理,强化枢纽场站之间联通,实现枢纽衔接一体、运转高效,客运零距离换乘、无缝对接。

9.6.4　安全运营

高速铁路综合客运枢纽,尤其是大型高速铁路综合客运枢纽,人流密集、空间跨度大、结构体系复杂、公众关注度高。保证其安全运营是不可忽视的重要问题。包括日常使用维护的安全,突发应急疏散的安全,影响行车的安全,以及结构构件耐久和抵抗自然灾害的安全问题。

9.6.5　完善各种交通衔接配套设施

在《关于推进高铁站周边区域合理开发建设的指导意见》中,要求高铁车站选址要符合土地利用总体规划和城市总体规划,切实处理好高铁通达性和高铁车站周边开发建设之间的关系,既要满足技术标准条件,又要服务地方发展。铁路和地方政府要依据相关规范要求,在城市枢纽总图规划编制及项目实施阶段,深入研究论证高铁车站与城市发展衔接问题,合理确定建设标准、线路走向、车站分布和建设规模。新建铁路选线应尽量减少对城市的分割,新建车站选址尽可能在中心城区或靠近城市建成区,确保人民群众乘坐高铁出行便利。高铁车站建设要规模适当、经济适用,切忌贪大求洋、追求奢华。

10 高速铁路网动车运用检修系统规划布局

10.1 国外动车组运用检修设施分布

从世界高速铁路的发展来看，最具代表性的动车组有德国、法国、日本三种模式，其中德国是从动力集中发展到动力分散、目前两种车型并存；法国采用动力集中型动车组为主，自2010年以来也逐步向动力分散型动车组（AGV）发展；日本采用动力分散型动车组。动车组运用检修设施以这三个国家为例说明比较具代表意义。

10.1.1 日本动车组运用检修设施

日本高速铁路主要由东海道（东京至新大阪全长545.4 km）、山阳（新大阪至博多全长553.7 km）、东北（东京至盛冈全长535.3 km）、九州新干线（北博多至鹿儿岛全长约256.8 km）组成，共设有4处动车段和12处动车运用维修所（不含山形运用维修所）。日本新干线的车辆检修基地根据工作内容的不同可以分成如下三类：

（1）负责车辆日常检查和周期检修等小范围检修的场所，有的也负责车辆运用，如JR东海铁路公司的东京第一车辆所、东京第二车辆所。

（2）负责车辆大修的车辆工厂，如JR东海铁路公司的滨松工厂。

（3）负责车辆全部修程的综合车辆基地，如JR东日本铁路公司的仙台综合车辆所、JR西日本铁路公司的博多综合车辆所。

日本动车段（所）分布如图10.1所示。

10.1.2 法国动车组运用检修设施

法国铁路高速网主要由TGV东南线、TGV大西洋线、TGV北方线、TGV地中海线和巴黎、里昂联络线组成。其特点是以巴黎为中心，向外呈辐射状分布。因此，养护维修机构的布局原则是每条线设立一个动车段，共三处，均设在巴黎地区，负责各类TGV高速列车的各级段修，大修回送到大修厂进行。巴黎圣乔治新城动车段负责TGV东南线、TGV地中海线高速列车的维修，沙地翁动车段负责TGV大西洋线高速列车的维修，兰地动车段负责TGV北方线高速列车的维修。TGV地中海线实际是东南线的延伸线，动车组段修由东南线动车段负责，作为补充另在巴黎和马赛各设一处动车运用检查所。另外，里尔和斯特拉斯堡设立了两处大修厂，具体如图10.2所示。

法国TGV维修等级分为5级：

1级，司机、车长发现问题后马上通知维修部门。

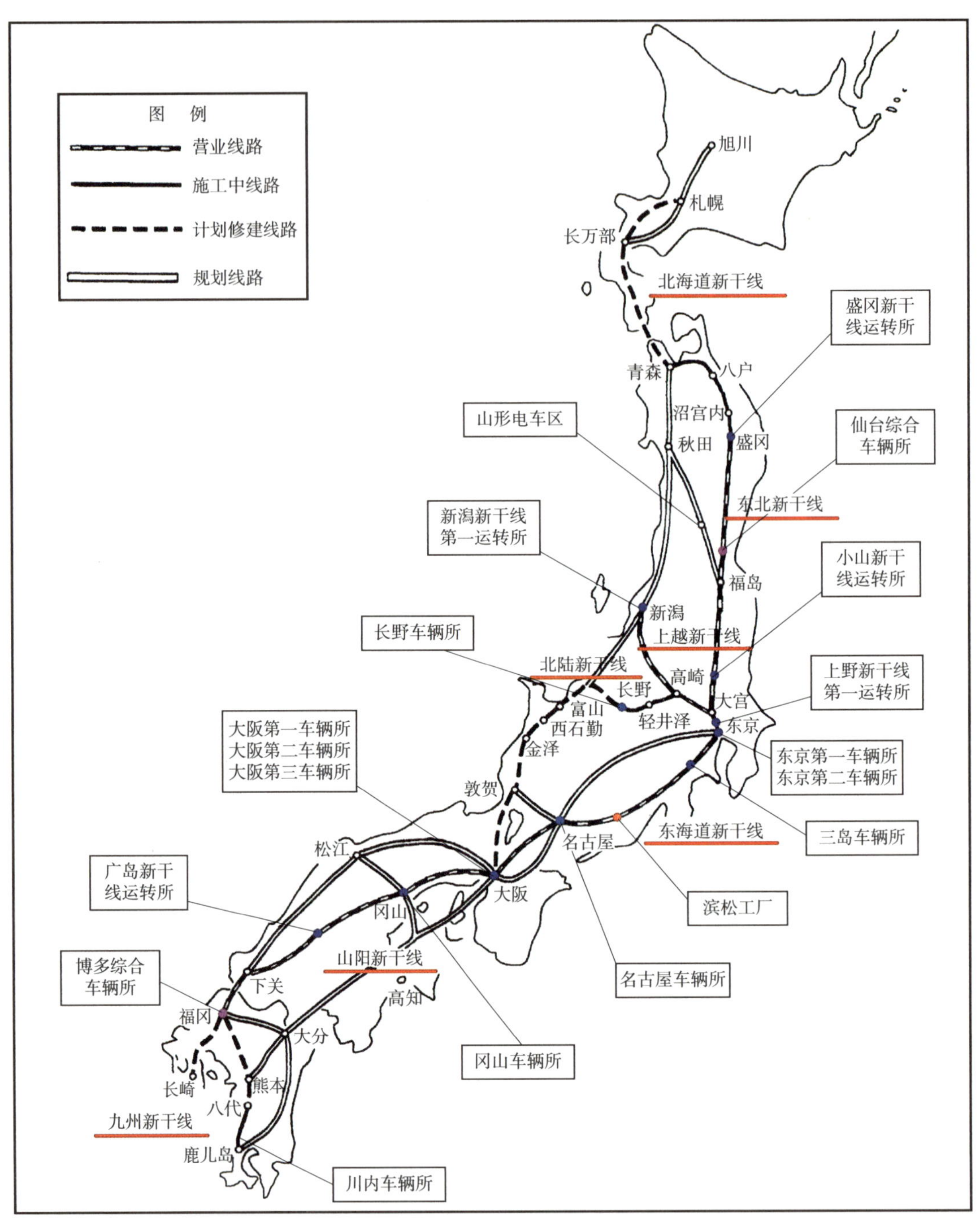

图 10.1 日本高速铁路网及动车段(所)分布示意图

2 级,列车停止运行,停车检查,利用晚上停运时间维修。

3 级,细致检查。彻底检查工作,在制定交路图时进行考虑。

4 级(寿命中期的大修)在大修厂进行,计划中停运 1～2 个月,平均 10 年一次。

5 级,大规模更新,事故后修正性维修(时间不限)。

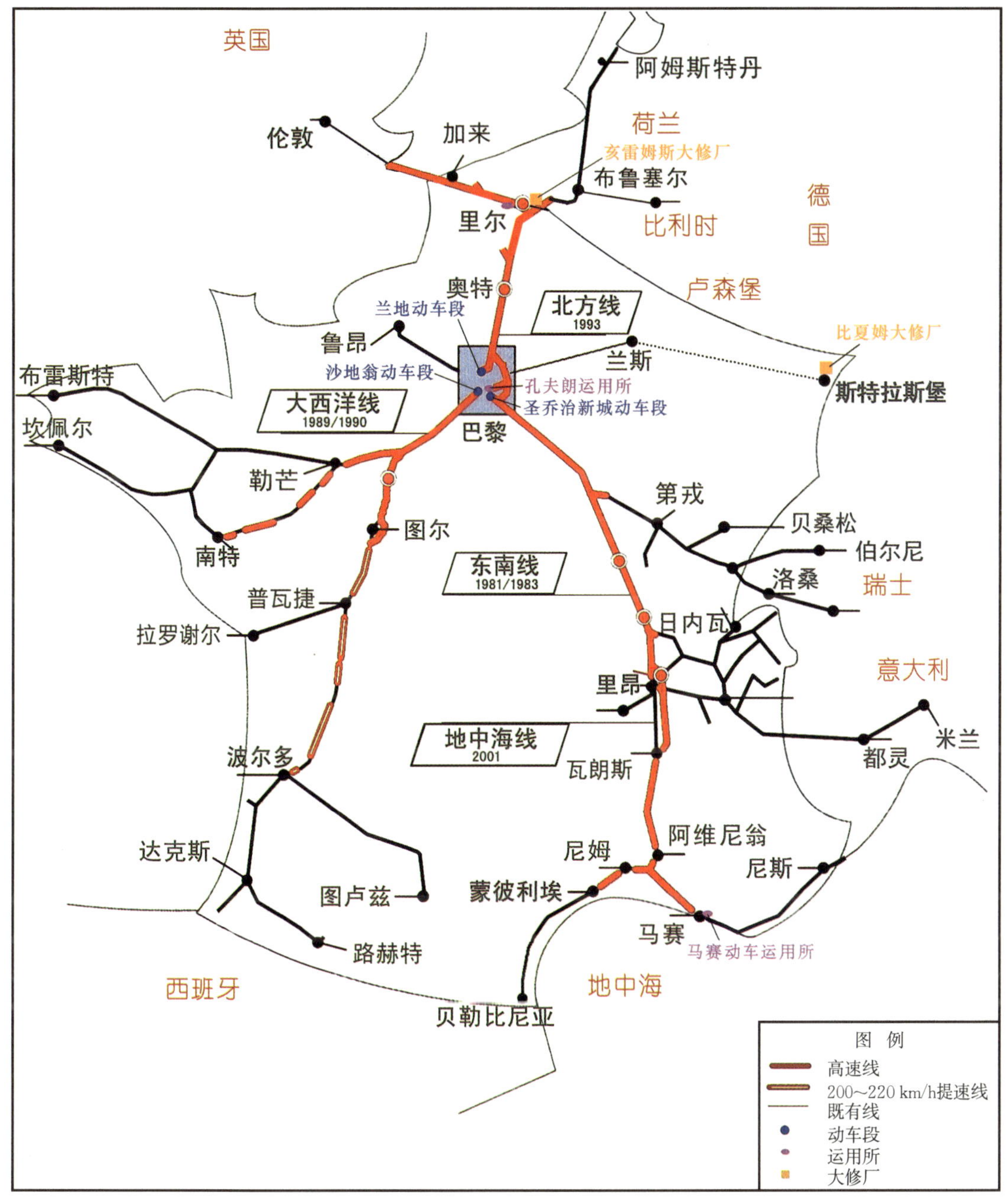

图 10.2 法国动车组运用检修设施分布

10.1.3 德国动车组运用检修设施

德国高速客运网由四条新线:汉诺威—维尔茨堡(327 km)、曼海姆—斯图加特(107 km);汉诺威—柏林(264 km);科隆—法兰克福(219 km);纽伦堡—慕尼黑(171 km)及既有提速200 km/h 线路组成,总长度 4 800 km,呈网状分布。

高速客运网上运行的高速列车包括 ICE1(60 列)和 ICE2(44 列),ICE3-300(67 列),在既有线上还开行了摆式列车 ICT,大多数动车组可在高速客运网上混跑。按车型设段,全国共 4 个动车段,3 个运用所,2 个大修厂。平均每个动车段辐射 1 200 km,配属车 52 列。

一般一种车型建一个动车段,设置在客运枢纽所在地,完成该车型各级段修,大修由大修工厂负责。另外根据运输需要,在客车始发终到数量较大,且无检修基地的车站附近设置动车运用检查所,负责动车组的运用和检查工作,具体如图 10.3 所示。

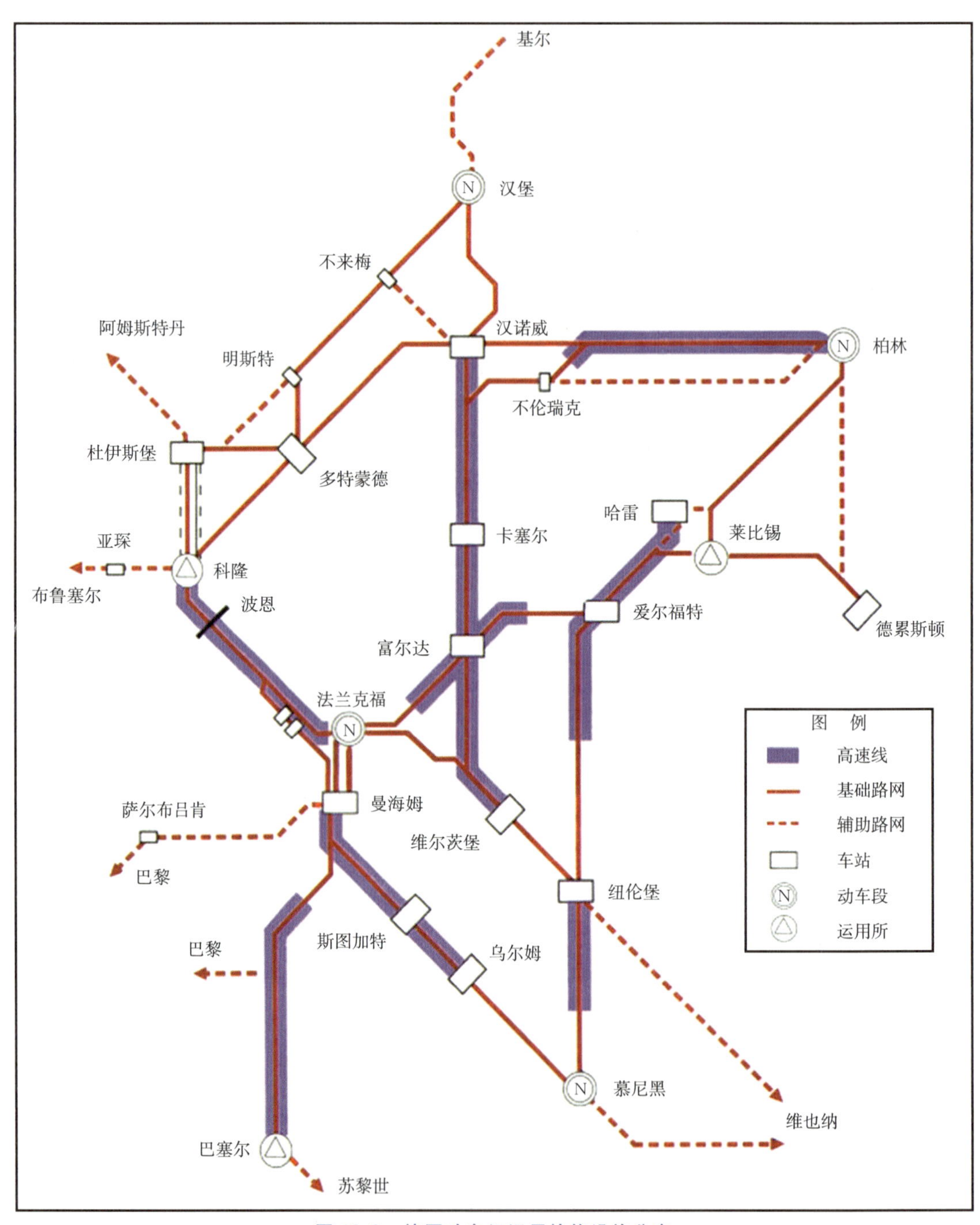

图 10.3 德国动车组运用检修设施分布

A 类(动车运用检查所)——负责动车组日常运行检查和主要部件补充检查。如科隆、巴塞尔、莱比锡各设有一个动车运用检查所。

B 类(动车段)——负责动车组各级段修。如汉堡、柏林、慕尼黑、法兰克福各设一个动车段。

汉堡动车段:负责 60 列 ICE1 型动力集中动车组的各级段修。

柏林动车段:承担 44 列 ICE2 动车组的各级段修。

慕尼黑动车段:承担 67 列投入科隆—法兰克福以及巴黎—法兰克福间运行的 ICE3 及 37 列 ICT 动力分散型动车组大部分段修工作。

法兰克福动车段:作为慕尼黑动车段的补充,承担 ICE3 及 ICT 动车组的日常检查、整备以及各级段修。

C 类(大修工厂)——负责所有高速动车组大修。如:纽伦堡大修工厂、科隆(Keldford)大修段。

10.2 我国动车组运用检修设施发展现状

10.2.1 我国铁路第六次大提速的动车所布局

2007 年 4 月 18 日,中国铁路第六次大面积提速,共开行 257 对速度 200 km/h 以上的动车组("D"字头列车)车次,共涉及京哈、京沪、京广等 18 条线路。第六次大面积提速调图,无论是广泛性还是先进性,都是以往历次提速调图所不可比拟的。在前 5 次提速调图铁路运输能力逐步提升的基础上,这次提速调图客货运输能力将分别再增加 18%和 12%以上,特别是在主要干线开行时速 200 km 及以上动车组。

作为铁路第六次大提速的配套工程,为满足时速 200 km 动车组的检修需求,2006 至 2007 年间,全路建设了首批动车运用所,包括北京西、上海南、汉口、杭州艮山门、长沙、郑州五里堡、西安、南昌、沈阳、青岛等动车运用所,为既有干线上运行的动车组提供了存放、整备、检查、临修等作业的条件,确保了第六次大提速上线运行动车组的运营安全,同时也为后续动车段所的建设和运营提供了宝贵经验。

10.2.2 动车段布局

我国按 2004 年度《中长期铁路网规划》规划 2 万 km 高速铁路网,共设北京、上海、武汉、广州 4 处动车段,如图 10.4 所示,平均每个动车段管辖 4 000~5 000 km,配属动车组 250~400 列,武汉动车段配属 400 列,如图 10.5 所示,为世界上最大规模的动车段,相比日本每个运营公司(约 600 km)设一处动车段,法国每条线(约 300~860 km)设一处动车段,德国按不同车型分别设段,平均约 1 200 km 设一处动车段,我国动车段设置更加合理、高效。

按照《中长期铁路网规划(2008 年调整)》,我国规划高速铁路网进一步提升,在原规划的 4 处动车段的基础上,增加成都、西安、沈阳 3 个动车段,形成 7 大动车段格局。

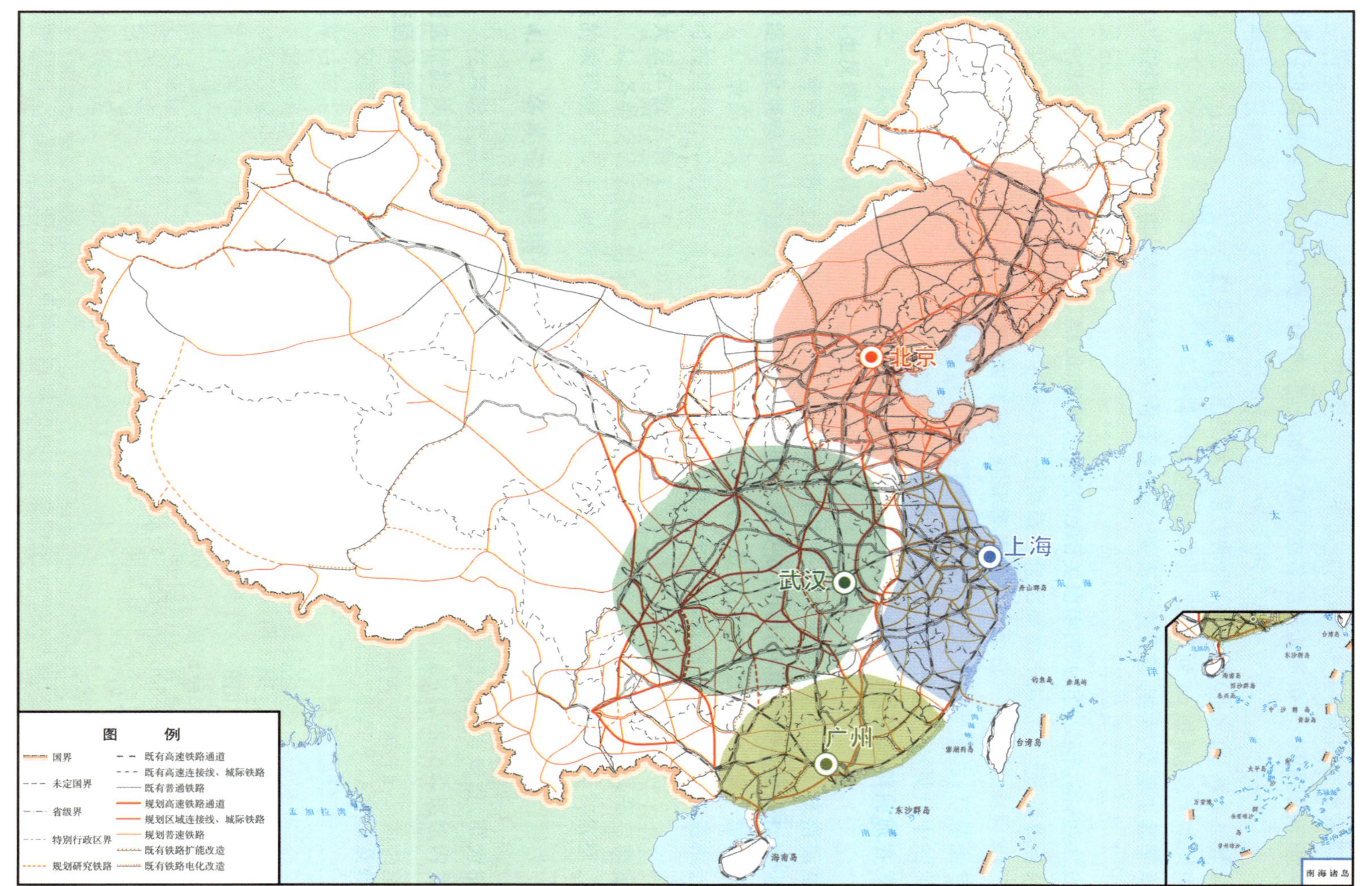

图 10.4　四大基地辐射范围示意

图 10.5 武汉动车段实景

10.2.3 动车段所布局现状

动车段所是高速铁路的配套工程，承担高铁动车组的运用检修、整备任务，动车运用检修设施及设备是动车组检修质量的根本保证。动车段规划布局主要考虑动车组配属、区域快速路网规模、动车组开行方案、动车组检修水平等因素，全路维持既有 7 个动车段布局。结合路网规划、动车组开行方案和日常运用整备需求，在有高速及快速铁路的省会城市及 300 万人口以上的大城市均考虑规划建设动车所，以适应开行始发终到动车组的需求。

10.3 动车组运用检修设施规划布局的原则和方法

10.3.1 动车组运用检修的规划理念

目前，我国“四纵四横”高速铁路网提前建成，“八纵八横”高速铁路网加密成型。每一条高速铁路新线的引入，都将改变路网拓扑结构，增开大量的跨线列车，对原路网中动车运用所的检修能力和布局提出新的要求。

1. 适应运输

动车组运用检修设施规划必须以路网发展、客运需求、动车组开行方案及动车组运行效率为前提，动车组运用检修设施要结合运输实际需求进行设置。

2. 适度超前

随着动车组在我国运用维修经验的积累、检修水平的不断提升，远期规划动车段所能力具备一定的提升空间。

3. 综合提效

除加强自身挖潜提效，综合提高动车检修能力外，还需要合理确定动车段服务区域，统筹考虑动车所、存车场布局，合理利用土地，降低建设成本和运营成本。

10.3.2 动车组运用检修设施规划布局的原则和方法

1. 检修集中、运用分散

根据动车组检修及运用的特点，动车段作为动车组高级修的场所，应本着“检修集中、运用分散”的思路进行布局，充分利用动车段检修能力辐射周边，以点带面，解决全路配属动车组的检修任务。

与动车段相配套，主要客运站（区域性客运中心、大型客运站）还需设置若干动车运用所和存车场，减少动车组因日常检修回送空走距离，提高车站到发能力及动车组使用效率。

2. 一次规划，近远结合，分步实施

我国目前高速铁路建设是分批建设逐渐形成网络，动车段应根据路网的发展建设，规划时考虑近期和远期的发展，建设时以近期为主，留有余地并考虑远期施工过渡，避免影响其正常运营以及重复建设和出现废弃工程。

3. 与高速铁路线网规划协调一致

随着我国经济的高速发展，人民购买力随之增强，对运输质量的需求也提高，选择高速铁路的旅客比重将加大。高速铁路建设主要集中在东部以及沿海地区，而中西部的高速铁路密度比较低，随着国家西部大开发建设的进行，该地区有越来越多的群众有出行需要，因此，未来高速铁路路网还将扩大，动车运用所的布局要与之相适应。

10.3.3 动车组运用检修设施规模能力的科学性、适应性与匹配性

1. 运用检修设施规模的仿真计算方法

动车组运用检修设施规模计算的核心在于铁路枢纽站点动车组配属数量的计算，而动车组配属数量的计算根据动车组周转来确定。

（1）动车组周转的构成因素

动车组是列车的物理载体，当动车组载客在高速铁路上运行时，它通常与一个固定的车次号相对应，成为旅客所能识别的列车。当动车组完成一次列车的运行任务后，铁路管理人员会根据该动车组当前的状态，按照事先编制好的计划来决定其下一步的运营状态。通常，一列动车组的工作状态有三种：运用、检修、备用。日常检查和整备作业是动车组运用管理的重要内容之一，也是影响动车组运用的一个重要因素。根据铁路技术规定，动车组在连续运行里程达到 4 000 km 左右时，应进入相关动车段（所）进行一次日常检查作业和整备作业。动车组的各级检修修程也与动车组累计走行里程密切相关。因此，动车组编号、动车组目的站、动车组到达目的站的时间、动车组日检作业里程标准、动车组当日走行公里、动车组累计走行公里、距下次日检作业剩余里程是动车组周转的构成元素。

（2）运行图

简单来讲，列车运行图以时间为横轴，以车站为纵轴，在横轴和纵轴组成的平面上按照

一定的规律铺划出列车运行线即组成了列车运行图。一条列车运行线包含信息内容有：车次、始发车站、始发时间、中间停站、中间停站到达时间、中间停站发车时间、终到站、终到时间。其中中间停站的数量不一，当中间停站数量为零时，即是通常所说的直达列车。一条铁路线上总会开行多趟列车，每趟列车对应一条运行线，所有的这些运行线就组成了该条铁路线的列车运行图，如图 10.6 至图 10.8 所示。

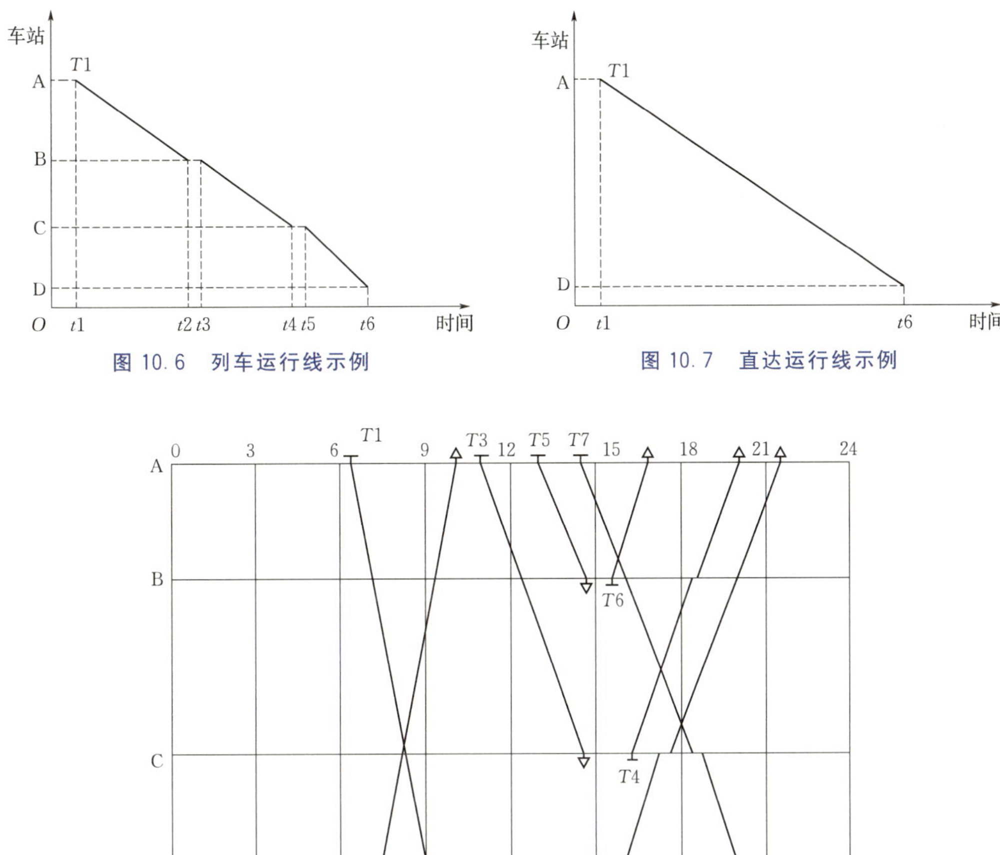

图 10.6　列车运行线示例

图 10.7　直达运行线示例

图 10.8　列车运行图示例

(3)接续

接续就是当一列动车组完成一趟列车的运行任务后，在满足一定条件的情况下，继续担当下一趟列车的运行任务。接续所要求满足的条件如下所述：

第一，时间条件。

立即折返接续：当动车组完成上一车次的运行任务在 $DT1$ 时刻到达终点站后，利用车站站线在规定的时间内完成上一车次和下一车次的全部旅客乘降作业后，于 $DT2$ 时刻发车继续担当下一车次的运行任务。假设规定列车下客的时间为 $dt1$，列车上客的时间为 $dt2$，则一次旅客乘降作业时间 $t1$ 为

$$t1 = dt1 + dt2 \tag{10.1}$$

根据车站的设计能力，假设该车站的站线股道能被占用的时间为 $t2$，用 DT 来表示 $DT1$ 与 $DT2$ 之间的时间差，则立即折返接续的时间条件可以用下述表达式来描述：

$$t1 \leqslant DT \leqslant t2 \tag{10.2}$$

回段折返接续：当动车组完成上一车次的运行任务在 $DT1$ 时刻到达终点站后，受车站设计能力的限制或者动车组自身能力的限制，需回动车段(包括动车所、存车场、存车线等动车设施)临时存放或者进行一定的日检作业，再从动车段出发，于 $DT2$ 时刻发车担当下一车次的运行任务。假设车站至动车段的走行时间为 $dt3$，日检作业的时间为 $dt4$，并记 $t3$ 为

$$t3 = t1 + 2 \times dt3 \tag{10.3}$$

记 $t4$ 为

$$t4 = t3 + dt4 \tag{10.4}$$

则无需日检作业的回段折返接续的时间条件可以用下述表达式来描述：

$$DT \geqslant t3 \tag{10.5}$$

需日检作业的回段折返接续的时间条件可以用下述表达式来描述：

$$DT \geqslant t4 \tag{10.6}$$

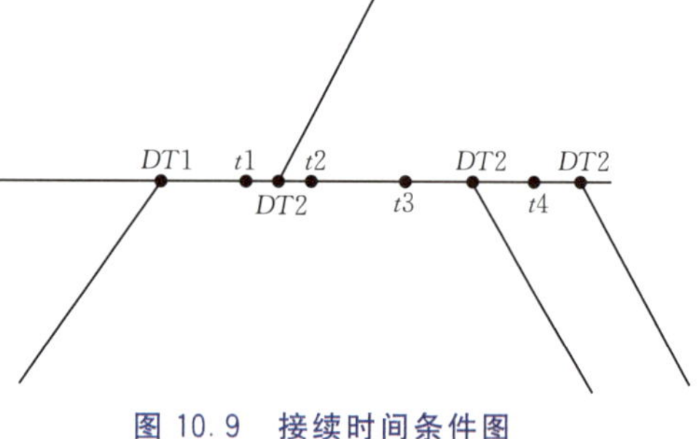

图 10.9　接续时间条件图

上述时间条件可用图 10.9、图 10.10 表示。

以图 10.9 的运行图示例为例，可在图 10.10 中分别划出上述三种接续关系的示例：动车组担当 $T1$ 车次的运行任务，于 6:15 在 A 站始发，10:05 终到 E 站，列车下客后回段，于 14:02 再次担当 $T8$ 车次的运行任务，回段时间约 4 h(含站段走行时分)，在具备日检条件的前提下可完成一次日检作业，这种接续关系称之为回段作业折返接续。动车组担当 $T3$ 车次的运行任务，于 10:35 在 A 站始发，14:20 终到 C 站，列车下客后回段，于 15:25 再次担当 $T4$ 车次的运行任务，回段时间约 1 h(含站段走行时分)，此时，动车组回段虽然有浪费走行之嫌，但腾空站线，提高车站发送旅客能力，还是十分必要的。这种接续关系称之为回段折返接续。动车组担当 $T5$ 车次的运行任务，于 12:50 在 A 站始发，14:55 终到 B 站，列车下客后于站线等待 $T6$ 车次的列车上客，于 15:15 变更车次号为 $T8$ 继续运行，这种接续关系称之为立即折返接续，如图 10.10 所示。

第二，日检里程条件。

按照《高速铁路设计规范》，动车组在一个日检周期内累计走行了一定的公里数后，就必须进行日检作业。因此，当动车组担当某次列车运行任务时，其累计走行公里数不得超过日

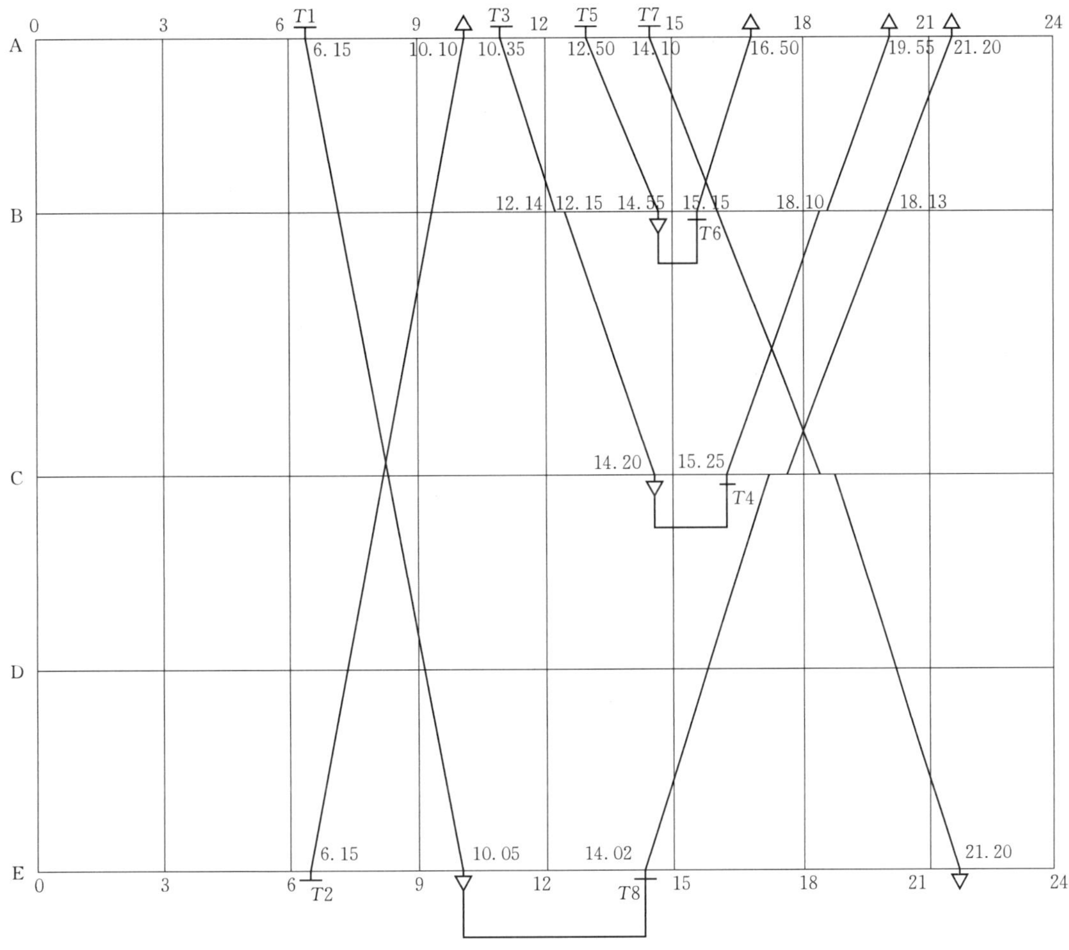

图 10.10 接续图示例

检作业公里指标，特别地，当该次列车的终点站不具备动车组日检作业条件时，还应预留动车组担当再下一车次的运行里程。记日检作业公里指标为 dl，本次列车运行里程为 l，动车组在本次列车之前上次日检作业之后累计走行公里数为 $suml$，预计预留运行里程为 $prel$，则日检里程条件可以描述为

$$dl \geqslant l + suml + prel \tag{10.7}$$

显然，当本次列车的终点站具备动车组日检作业条件时，式中的 $prel=0$。

任何一个接续必须同时满足时间条件和日检里程条件。

(4)周转图

遍历运行图的全部数据，找出其中满足条件的全部接续关系，进行分析优化后把满足接续关系并且合理的运行线连起来，即构成了动车组周转图。在周转图中，列车中间停站并不影响接续关系的成立，因此，可以将有中间停站的运行线进行简化，忽略其中间停站的信息，而只反映其始发终到信息。

仍以图 10.9 为例，假设任两车次运行里程之和均不超过日检作业公里指标，而 $T2$、$T3$、$T4$ 的运行里程之和不超过日检作业公里指标时，可得到其周转图如图 10.11 所示。

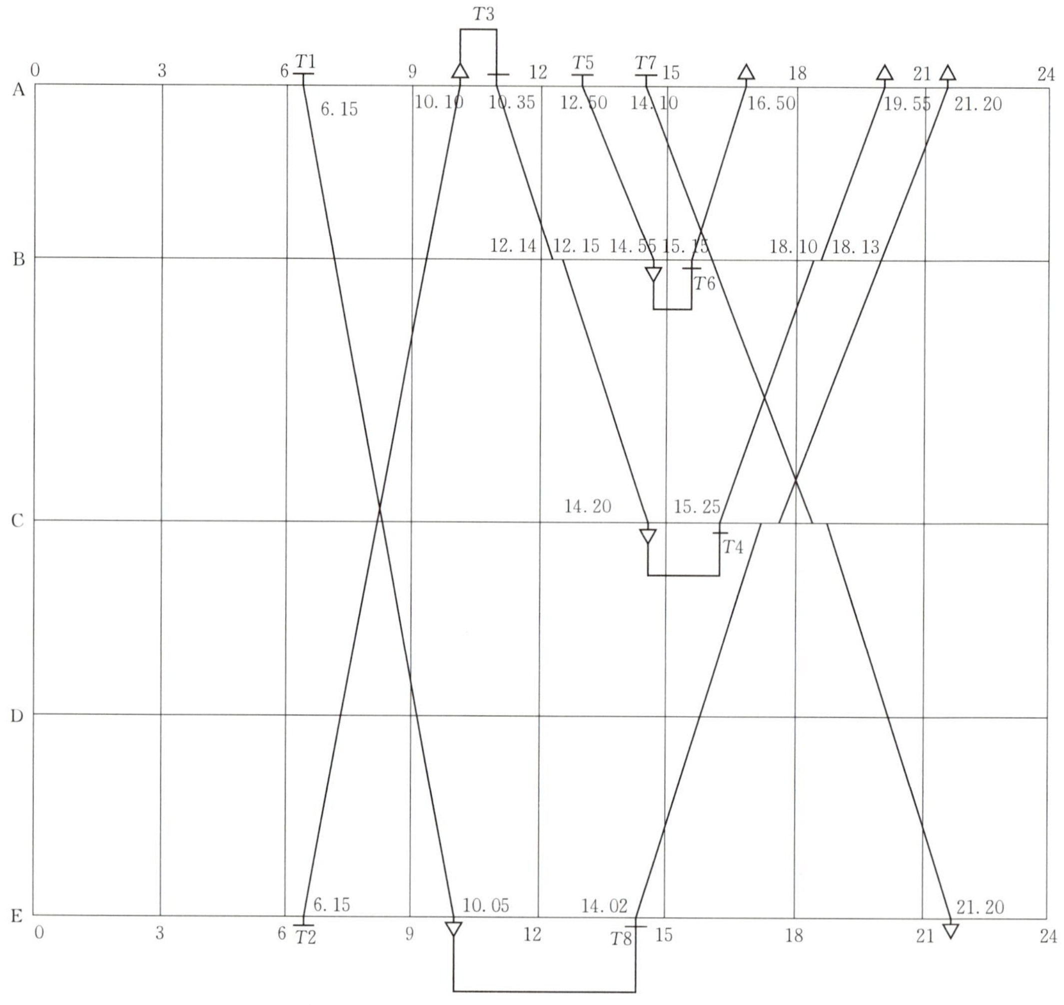

图 10.11 动车组周转图示例

假设任两车次运行里程之和均不超过日检作业公里指标而 $T2$、$T3$、$T4$ 的运行里程之和超过日检作业公里指标时，可得到周转图如图 10.12 所示。

当列车运行线的密度很大时，为将图形表现得更为清晰，将每趟动车底所担当的车次首尾相连，可以得到如图 10.13 所示的表现形式，这就是周转图的最终表现结果。

列车运行图通过对列车运行线的铺画，着重反映发车间隔、到发站、到发时间、区间列车密度等行车信息，动车组周转图着重反映动车组与列车车次之间的接续关系和动车组的运用周转过程。在编制运行图的同时，结合动车组周转图的铺画，既要考虑列车到发时间合理性，又要使动车组折返时间尽可能短，并考虑动车组回段(所)的走行时间、整备作业时间、日检作业时间、日检走行公里条件约束等因素，两者相互协调、完善，以经济合理的动车组配属套数和有效适用的动车组设备配置规模，完成运输任务，提高工程投资效益。

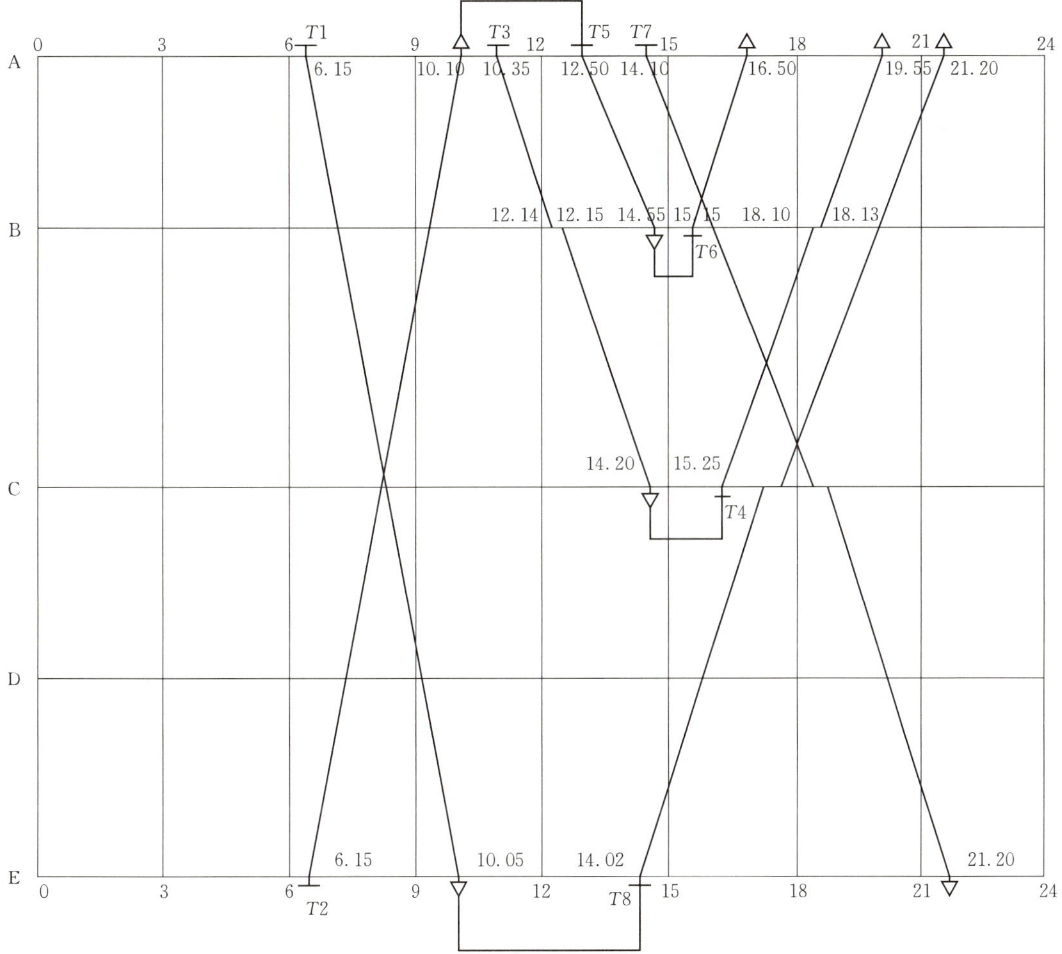

图 10.12 动车组周转图示例

2. 运用检修设施布局、规模与客运量的适应性

各节点的客运量是动车组到达和始发数量的决定因素。动车组到达和始发数量与动车组运用及检修工作量相对应。在大量动车组到发的节点站建立动车运用检修设施，保证动车组的运用检修高效率，顺应城市发展和客运量增长，适应高铁系统运输能力需求。

客运量大小直接与动车组到达和始发数量相关，而动车组到达和始发数量是动车组运用检修设施布局和规模的主要依据。为保证动车组的整备和维修，尤其是尽可能实现维修集中化，以减少投资，动车组运用检修设施的位置选定和规模的确定必须与动车组到达和始发数量相协调，以满足动车组整备与检修的需要。只有在大量动车组到发的地方建立动车组运用及检修机构，使得动车组运用及检修设施布局与客运量相适应，才能保证全路动车组的运用，从而实现运输组织最优化。

动车组运用及检修设施须靠近客运站，以满足动车组整备与检修需要，而重要度较高的客运专线网节点（客运专线网中客运站所在位置），由于客运量较大，往往是有大量动车组到达和始发的地点，也是整备和检修作业需求较大的地点，动车组运用检修设施的布局应首先选择在这类重要的线网节点处，且规模与该处的客运量或到发动车组数量相匹配。

3. 运用检修设施和接轨站开行组织的点线能力的匹配性

枢纽点线能力协调实际上就是能力的相互适应性，铁路枢纽作为一个由点系统和线系统综合构成的多环节系统，其中的任一薄弱环节不仅将限制整个系统的能力，而且会造成其他环节能力的浪费。因此，铁路枢纽系统中各环节能力必须保持相互协调，一方面可以适应不断增长的运输需求，另一方面可以充分发挥系统设备能力潜力，保证枢纽运输畅通，实现铁路运输的低耗高效。如何量化各环节能力的匹配程度，在现有条件下充分发挥设备能力，来提高枢纽的运输能力，将作为点线能力协调中重要的研究方向。发达国家由于点线能力较大，运输能力大于运输需求，尽管在高峰时段也存在点线能力紧张情况，但由于其点的能力大于线的能力，区间能力利用的紧张程度也远不及我国，与我国铁路情况有很大的不同。

动车运用检修设施作为枢纽的点系统的重要子系统组成，对动车组的开行起着重要作用。随着我国高速铁路和客运专线的快速发展，动车组列车的开行数量不断增加，必将造成动车组的检修和存放能力的不足。

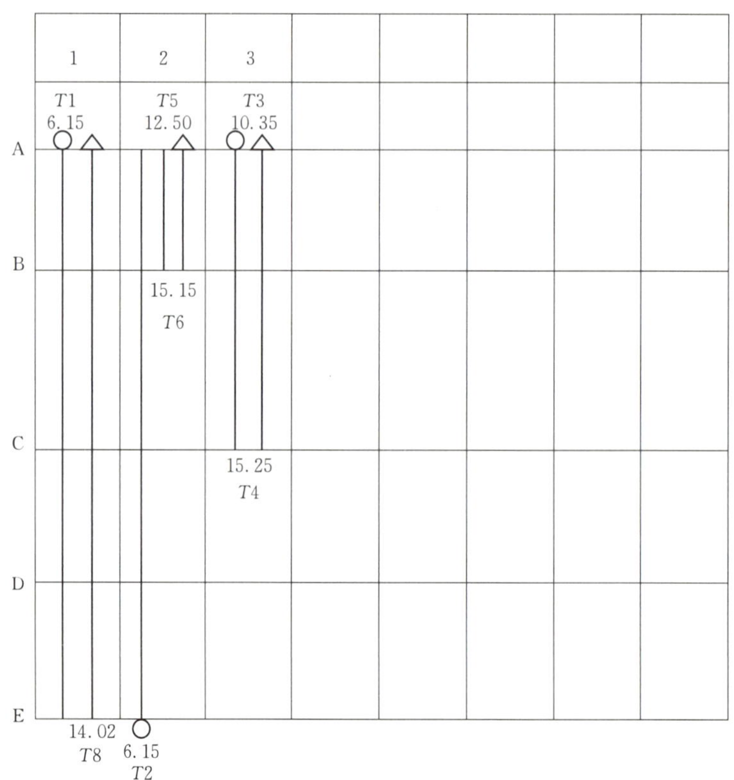

图 10.13 动车组周转图示例

10.4 动车组运用检修设施规划布局

10.4.1 规划布局与修程修制发展、安全保障、能力效率需求的关系

随着我国高速铁路飞速发展，确保动车组的安全运行和提高动车组的运维效率成为高

速铁路运营组织的重大问题，既影响铁路运输安全，也影响运输效益。这就对动车组的检修提出了更高的要求，在动车组运用检修设施规划布局过程中，修程修制起着关键性的作用，而修程修制的发展又与动车组的安全保障密切相关。

目前国内的动车组修程修制是基于所引进的国外原型动车组修程修制制定的。近年来，我国高速动车组的开行范围越来越广，交路里程越来越长。通过十年多的运用实践经验，既有的动车组修程修制已经不能完全满足动车组运用检修的需求，动车组修程修制的改革势在必行。

动车组运用检修设施的规模计算与修程修制密切相关，修程修制的发展对于动车组运用的数量的计算产生直接影响，进而影响运用检修设施规模和布局方案。

动车组修程修制改革必然涉及设备运用的安全性，坚持以确保质量安全为前提，尊重科学，规范程序，积极稳步推进。坚持以挖掘潜力、提高效率为目标，推进故障预测与健康管理(PHM)，充分利用车地检测监测设备，逐步实现计划性预防修向数字化精准预防修转变。因此，需要根据动车组实际运用数据和检修实践、经过大量运用统计确定，经审定后进行试用推广，并在以后的运输生产中逐步完善。

10.4.2　我国高速铁路网动车组运用检修设施规划布局

我国高速铁路网动车组运用检修设施规划是以统筹动车组检修资源、满足动车组检修需求、提高动车组检修效率、保障动车组检修质量为导向，按照前述规划原则进行规划布局。

我国动车组运用检修设施按三级规划：动车段、运用所、存车场。动车段承担动车组所有检查检修作业、夜间存放，相距1 000～1 500 km一处，结合全路生产力布局整体思路，设在客运中心所在地；动车运用所设在有大量始发终到列车的大型客站附近，一般300～500 km设一处，负责动车组日间上线客运及管理工作及夜间技术检查和整备作业；存车场仅承担动车组夜间存放(含客运整备)作业。

1. 动车段

动车段规划布局主要考虑动车组配属、区域快速路网规模、动车组开行方案、动车组检修水平、动车段建设成本与检修成本及质量安全管理责任等因素，如图10.14所示，2020年全路维持既有7个动车段布局，并对北京、上海、广州、武汉、沈阳、西安、成都动车段进行扩建。2030年考虑路网发展和检修水平提高等因素，适时研究择址新建2个动车段。

2. 动车所

结合路网规划、动车组开行方案和日常运用整备需求，在有高速及快速铁路的省会城市及300万人口以上的大城市均考虑规划建设动车所，以适应开行始发终到动车组的需求。至2020年，全路共设置59个动车所；2030年，考虑路网发展和检修水平提高等因素，适时研究新建14个动车所，如图10.15所示。

3. 存车场

在开行动车组的地级市均规划设置动车组存车场，至2020年规划29个城市具备存车、整备能力，其中华东、华北、华南经济发达地区动车运用、整备设施间距按150 km左右考虑，同时利用长江以南地区的开行动车组的枢纽车站到发线停放过夜、整备动车组，以满足开行始发终到动车组的需求，提高首发动车组的上座率。2030年规划101个城市具备存车、整备能力。

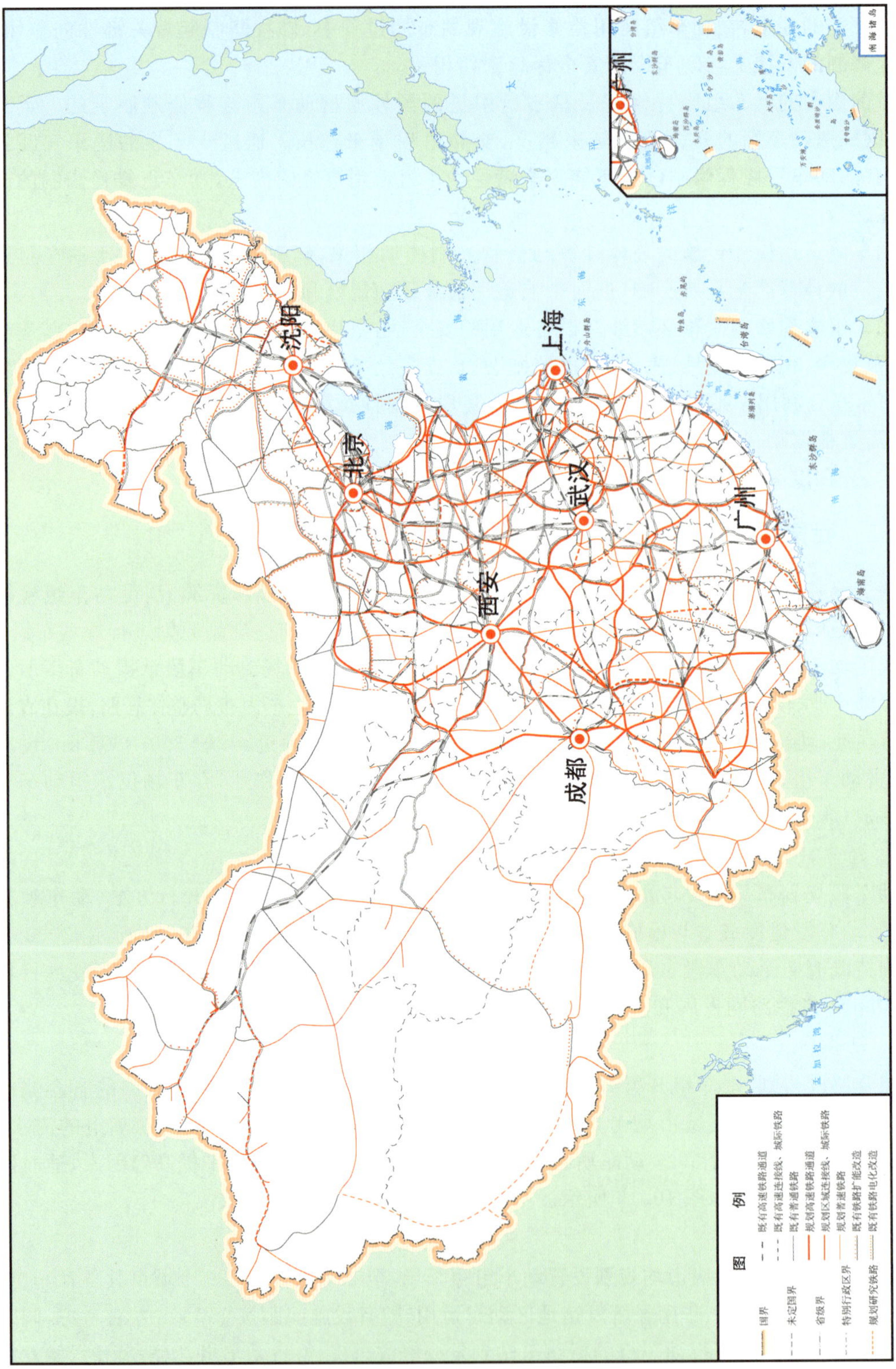

图 10.14 全路规划动车段布局示意

图 10.15 全路设置动车运用设施城市布点图

11 高速铁路网规划评价

11.1 高速铁路网评价原则与内容

11.1.1 评价原则

评价指标的选择主要遵循以下原则：

1. 数据的可获得性

因为指标选取过程中用到的是历史数据，多元统计分析和经济计量分析本身要求时序数据完整，有些指标虽然本身具有较好的代表意义和可区分性，但因数据不完全甚至完全的不可得而不得不放弃或者以相近的指标来代替。

2. 全面性原则

所选择的指标应能够全面的反应研究对象的各方面的特征，只有这样，才能全面评价研究对象。

3. 简洁性原则

在选择指标时，应该做到简洁明了，即在信息量充分表达的前提下，所选的原始指标要尽可能少，这样一方面可以避免混乱，从而抓住关键，另一方面也减少了计算量，便于分析计算。

4. 规范性原则

在选择指标时，应尽量选取研究范围内的指标。这样，一方面具有通用性，另一方面具有针对性。

5. 客观性(公正性)原则

在选择指标时，应站在客观的立场上，使所选的指标真正反映出对象的客观面貌。

6. 目的性原则

每一个指标应能独立反映铁路网某一具体特征，并与铁路网规划方案优选的目的相联系。

7. 可操作性原则

每一指标都应有可操作性，同时具有分级比较的条件。

8. 灵敏性原则

每一指标测定的变化范围，应能与铁路网的规模变化相适应。

9. 区域差异性原则

由于经济社会与自然地理环境等因素，我国铁路网发展存在区域的不平衡性。因此需要考虑区域差异，合理选择适用于区域特征的评价指标，例如东部经济相对发达地区更加注重经济效益，中西部地区更加注重社会效益和环境效益等，使铁路规划更符合研究区域的实际情况，便于项目顺利实施。

11.1.2 评价内容

铁路规划是铁路建设的重要前期工作，合理规划铁路建设方案，是提高路网运输能力、满足交通需求和充分发挥投资效益、保障铁路顺利建设的重要前提，同时也是为政策决策提供科学依据的保证。

一般铁路网规划评价内容分成三类，一是铁路网的技术评价；二是环境评价；三是社会经济评价。

11.2 评价指标体系

11.2.1 铁路网技术评价指标

铁路网技术评价通常从铁路网的技术因素方面分析其内部结构和功能，目的是揭示路网的使用质量，验证路网方案的合理性，以及为路网方案的优化和决策提供技术依据。铁路网技术评价是整个铁路网综合评价的基石，是评价系统最重要的一环。技术指标一般从社会、经济、人口、地域特征角度提出建议，分为定性和定量两个部分，见表 11.1。

表 11.1 铁路规划技术评价指标

指标名称	指标名称	指标意义
定量指标	线网长度	静态反映线网的投入性
	线网构成	反映线网内各等级线路的结构构成
	线网覆盖度	布局对经济发展适应性和支持程度
	快速铁路里程比例	铁路运输方式的运输效率
	线网能力	反映线网方案的能力适应性
	非直线系数	线网的顺直程度的直观反映
	线路平面条件	—
	主要集散点间连通效率	反映网络中各节点的连通情况
	通达性系数	铁路交通网络的完善程度
定性指标	满足国家铁路网规划要求	路网规划方案与国家战略适应性
	沿线发展潜力	路网规划对经济的推动和支持
	施工难易程度	路网方案的可实施性
	各种交通方式的协调性	规划方案与综合运输战略的适应性

11.2.2 环境评价指标

铁路作为国家经济发展重要载体，不仅具有强大经济聚集和辐射作用，也会给环境系统带来一些影响。新发展理念引领经济进入绿色发展阶段，因此，这需要在铁路规划时期，将可能发生的环境风险予以评估，规避环境可能承受的灾害，避免造成不必要的损失，以强化对生态环境保护。

考虑生态环境自身因素，环境评价具有复杂性、战略性、广泛性等特点，我国正处于研究初级阶段，尚无一套成熟的评价指标。环境评价一般从生态环境、环境污染、环境风险、水土流失与自然资源损失风险、能源风险等五个方面进行分析，见表 11.2。

表 11.2 铁路规划环境评价指标

总目标层	一级指标	明细指标
环境规划指标	生态环境	铁路规划对生态环境的影响，包括土地占用、水土流失、生物多样性、景观影响、生态敏感区
	环境污染	铁路规划对环境造成的污染，包括噪声、振动、水环境污染、固体废弃物、电磁污染
	环境风险	危险品泄漏、地址灾害、水资源漏失
	水土流失与生物资源损失	水土流失量、生物环境质量下降、地面径流与河道阻隔
	能源	年耗电量、吨公里耗能、节能减排

11.2.3 社会经济评价指标

铁路经济评价指标体系作为国民经济评价体系在铁路规划中的具体化，对于项目建设的预估、铁路建设的管理都有着重要意义。因此，在建立铁路规划经济指标体系时，必须满足一定基本条件。

(1)应考虑国民经济指标体系的有关范畴。铁路经济类指标是我国国民经济指标体系的组成部分，二者是共性关系。这一原则有利于数据资料的通用性，有利于测算铁路规划经济在国民经济中的地位。

(2)铁路宏观经济指标既要适应国民经济核算要求，又能满足铁路部门需要。指标能充分反映铁路沿线经济活动情况，为体系可行性作支撑，必须具有连续性，便于历史对比，避免指标数据中断，增强指标可比性。

(3)规划经济影响评价目的是系统分析方案、识别区域经济影响基础上，预测和评价规划在时空尺度上沿线累计的经济影响。就铁路网而言，各条线路对经济的影响在空间上是有可能叠加的，影响是有共性的，单条铁路经济可能会影响总体体量。因此，在选取指标时，要注意有宏观性和微观性，要清楚单条铁路的经济作用，即从微观尺度进行评价，小尺度影响大尺度，在小尺度评价基础上从宏观层面进行影响评价，见表 11.3。

表 11.3 铁路规划社会经济评价指标

总目标层	一级指标	明细指标
社会经济规划指标	与社会经济的适宜性	区域人口数量、GDP、社会运输需求量、建设速度、人均消费品零售额、平均经济首位度、第三产业比重
	社会发展评价	就业效果指标、区域生活水平改善程度、改善投资环境、提升区位优势

11.3　高速铁路网规划评价方案

11.3.1　评价方法综述

评价需要解决的主要问题是分类、排序和整体评价，评价方法主要围绕此类目的展开。有关系统评价的理论和方法大致可以分为三类：一是以数理理论为基础的方法，它以数学理论和解析方法对评价系统进行定量描述和计算，通常需要在一定的假设条件下进行评价。评价方法主要有模糊分析法、灰色系统分析法、技术经济分析法等。二是以统计分析为主的方法，其特点是把统计样本数据看作随机数据处理，对指标数据进行转化，所得均值、方差、协方差反映指标潜在的规律，通过统计方法对指标体系进行分析，得出在大样本数据下对评价对象的综合认识。评价方法有主成分分析法、因子分析法、聚类分析法、判别分析法、关联分析法、层次分析法等。三是重现决策支持的方法，以计算机系统仿真和模拟技术为主，研究如何使系统的运行和人类行为目标的一致，以此得出系统评价结果。

目前，针对高速铁路网规划的评价方法研究不多，但就交通网络规划而言，评价方法的研究已较为成熟。一般而言常见的有层次分析法、模糊综合评价法、DEA 数据包络分析法、灰色关联分析法、人工神经网络评价法等等。

11.3.2　主要评价方法

1. 模糊综合评价法

在客观世界中存在着大量的模糊概念和模糊现象，模糊数学就是试图用数学工具解决模糊事物方面的问题。1965 年，美国加州大学的控制论专家扎德第一次成功地运用精确的数学方法描述了模糊概念，模糊数学由此诞生。模糊综合评价法是一种基于模糊数学的综合评价方法。该方法的基本思想就是以模糊数学为基础，应用模糊关系合成的原理，将一些边界不清、不易定量的因素定量化，从多个因素对被评价事物隶属等级状况进行综合性评价的一种方法。使用该方法时首先需确定被判断对象的指标集和评价集；再分别确定各个因素的权重及它们的隶属度向量，从而获得模糊评判矩阵；最后把模糊评判矩阵与因素的权向量进行模糊运算并进行归一化，最终得到模糊评价综合结果。

模糊综合评价法通过精确的数字手段处理模糊的评价对象，虽然运用模糊数学，但是数学模型简单且容易掌握，能够完成对涉及模糊因素的对象系统进行综合评价，而且对于评价因素多的对象系统效果较好。模糊综合评价法还可以将不完全信息或不确定信息转化为模糊概念，将定性问题定量化能较好地提高评估的准确性和可信性。该方法得到的评价结果形式是一个向量而非一个点值，所以较好地克服了传统数学中唯一解的不足。同时，向量解所能包含的信息更加丰富，可以比较准确的刻画被评价对象。

但模糊综合评价法的缺点也较为明显。首先其计算过程较为复杂，由于隶属函数的确定方法目前尚不成系统，因此隶属度和权重的确定、算法的选取等很多方面都带有较强的主观性。另外，当指标集个数较大时，由于权向量和的约束条件将导致相对隶属度权系数往往偏小，而结果有时会出现超模糊现象。

2. DEA 数据包络法

DEA 数据包络法是 1978 年由美国著名运筹学家 A. Charnes 等学者以相对效率概率为基础发展起来的一种效率评价方法。DEA 可以看作是一种统计分析的新方法，该方法主要是通过保持决策单元的输入或者输出不变，借助于数学规划和统计数据确定相对有效的生产前沿面，将各个决策单元投影到 DEA 的生产前沿面上，并通过比较决策单元偏离 DEA 前沿面的程度来评价他们的相对有效性。使用该方法时首先需通过适当的 DEA 模型来分析评价目的，在此基础上选择合适的决策单元并建立相对应的输入和输出指标体系，最后通过模型计算决策单元之间的相对效率，以对其做出评价。

DEA 的优点可归纳为以下几点：首先，DEA 方法可用于评价多投入、多产出的决策单位之生产（经营）绩效，DEA 方法无需指定投入产出的生产函数形态，因此可评价具有较复杂生产关系的决策单位的效率；其次，它具有单位不变性的特点，即 DEA 衡量的 DMU 的结果不受投入产出数据所选择单位的影响，因此，它能同时处理比例数据和非比例数据，即投入、产出数据中可以同时使用比例数据和非比例数据；第三，DEA 中模型的权重由数学规划根据数据产生，不需要事前设定投入与产出的权重，因此不受人为主观因素的影响；最后，DEA 可以进行目标值与实际值的比较分析、敏感度分析和效率分析，从而进一步为供管理者的经营决策参考。

DEA 是一种很好的评价技术，但它有其局限性。由于每个记录的有效性比例所使用的权重不同，因此尝试解释每个评分的计算方式和原因是无意义的。另外，极值的存在可能导致效率值具有非常低的价值；DEA 另一个缺陷是高维数据不兼容。要使用 DEA，维数 $d=m+s$ 的数目必须大大低于观测次数。当 d 非常接近或大于 n 时，运行 DEA 不会提供有用的结果，因为很可能所有的记录都将被发现是 DEA 有效的；最后，DEA 方法中计算特征的权重是从数据估计的，因此它们没有使用任何关于在问题中可能存在的特征的重要性的先前信息。

3. 灰色关联分析法

灰色系统理论是由著名学者邓聚龙教授首创的一种系统科学理论（Grey Theory），其中的灰色关联分析是根据各因素变化曲线几何形状的相似程度，来判断因素之间关联程度的方法。此方法通常用来分析各个因素对于结果的影响程度，或解决随时间变化的综合评价类问题。该方法的核心是按照一定规则确立随时间变化的母序列，把各个评估对象随时间的变化作为子序列，求各个子序列与母序列的相关程度，依照相关性大小得出结论。使用该方法时，首先需要确定反映系统行为特征的参考数列和影响系统行为的比较数列。由于系统中各因素列中的数据可能因量纲不同而不便于比较，所以一般需要进行数据的无量纲化处理。其次根据相关公式计算关联系数并求其均值得到关联度，最后完成关联度的排序。

灰色关联分析法在分析各因素时，只需在因素序列中找出之间的关联性，发现其中的主要问题、特征及影响因素。关联分析主要是态势发展变化的分析，即对系统动态发展过程的量化分析。因此，该法可以在信息不完整的条件下完成系统分析。由于关联分析是按发展趋势做分析，因而对样本的大小要求较低，同时也不需要样本呈现典型的分布规律，而且该法的计算量也比较小，由此得到的结果与定性分析结果一般较为吻合。

灰色关联分析法是借助于灰色关联度模型来完成计算分析，但现有的一些模型存在的不足之处使得其不能很好地解决某些方面的实际问题，也使得灰色关联分析整个理论体系目前还不是很完善，其应用受到了某些限制。首先，如果使用灰色关联分析法，被评价的系统必须满足灰色系统，即该系统的信息不完全性（部分性）和非唯一性，这便体现了决策多目标、方法多途径、处理态度灵活机动的特点。其次在评价过程中，其关联度的大小并不重要，重要的是关联度的顺序，因此该方法得到的结论是相对大小而非绝对大小。所以，在求解过程中需要定性与定量相结合，必要时还需要通过额外的信息补充以最终确定一个或几个满意解。另外，该方法还要求样本数据具有时间序列特性，对非时间序列性的样本评价效果较差。

4. 熵权法

熵权法是一种客观赋权方法。在具体使用过程中，熵权法根据各指标的变异程度，利用信息熵计算出各指标的熵权，再通过熵权对各指标的权重进行修正，从而得出较为客观的指标权重。按照信息论基本原理的解释，信息是系统有序程度的一个度量，熵是系统无序程度的一个度量。信息熵是利用概率论的相关理论衡量信息的不确定性。根据信息熵的定义，对于某项指标，可以用熵值来判断某个指标的离散程度，其熵值越小，指标的离散程度越大，该指标对综合评价的影响（即权重）就越大，如果某项指标的值全部相等，则该指标在综合评价中不起作用。

熵权法一个较为明显的特点是客观性较强，相对一些主观赋值法，精度较高客观性更强，能够更好地解释所得到的结果。同时，熵权法的适用性较好，能结合其他方法从而解决更复杂的问题，使得用该方法所得评价指标权重更具科学性、客观性、合理性。

5. 人工神经网络评价法

人工神经网络评价法是模拟人脑的神经网络工作原理，建立能够“学习”的模型，并能将经验性知识积累和充分利用，从而使求出的最优解与实际值之间的误差最小化。人工神经网络主要是由大量与自然神经细胞类似的人工神经元互联而成的网络。强调大量神经元之间的协同作用和通过学习的方法解决问题是人工神经网络的重要特征。其工作原理是大致模拟人脑的工作原理，根据外界所提供的数据，通过学习和训练，找出输入与输出之间的内在联系，从而求取问题的解。使用该法时，首先根据输入的信息建立神经元，通过学习规则或自组织等过程建立相应的非线性数学模型，并不断进行修正以缩小输出结果与实际值之间差距，最终得到较优解。

人工神经网络的优点是，神经网络将信息或知识分布储存在大量的神经元或整个系统中，因此具有全息联想的特征，具有高速运算的能力，具有很强的适应能力，具有自学习、自组织的潜力。另外，它有较强的容错能力，能够处理那些有噪声或不完全的数据。将训练好的神经网络把专家的评价思想以连接权的方式赋予网络上，由此该网络不仅可以模拟专家进行定量评价，而且避免了评价过程中的人为失误。由于模型的权值是通过实例学习得到的，这就避免了人为计取权重和相关系数的主观影响和不确定性。

但是由于神经网络是高度非线性的大型（静态）系统，其高度的复杂性使得其不可能精确分析它的各项性能指标。为了得到一个较好结果，人工神经网络需要设置较多参数，使得计算过程十分复杂。另外，简单的神经网络模型的网络的学习和记忆具有不稳定性，因此有时的输出结果难以解释，影响结果的可信度和可接受程度。在大量样本的基础上进行学习，会导致学习时间过长，甚至可能达不到学习的目的。目前虽然已经提出较多种神经网络模型,但每种体系结构都只适用于一类或几类问题,因此该方法的体系结构通用性较差。

6. 层次分析法

层次分析法(Analytic Hierarchy Process,AHP)是美国运筹学家匹兹堡大学教授萨蒂于20世纪70年代初,为美国国防部研究“根据各个工业部门对国家福利的贡献大小而进行电力分配”课题时,应用网络系统理论和多目标综合评价方法,提出的一种层次权重决策分析方法。所谓层次分析法,是指将一个复杂的多目标决策问题作为一个系统,将目标分解为多个子目标或准则,进而分解为多指标(或准则、约束)的若干层次,通过定性指标模糊量化方法算出层次单排序(权数)和总排序,以作为目标(多指标)、多方案优化决策的系统方法。它能对一些较为复杂、较为模糊的问题,特别是一些难于完全定量分析的问题作出决策,总是以一种简便、灵活而又实用的多准则决策方法被广泛应用。它有两大优点:对定性分析的问题做判断时有统一的标准尺度;对判断结果能进行一致性检验,提高了判断结果的准确性。

层次分析法是通过对评价目标进行逐层分解,细化指标,在对相关指标进行评判得分,并乘以相应权数后得出最终结论的分析方法。该方法虽然需要通过专家团来初步确认各项指标的权重值,但由于方法中设定了检验环节,对专家判断的结果通过设立矩阵的方式进行一致性检验,如果无法通过检验,则需要专家团重新讨论设定权重值,直至通过检验为止。因此该方法相对专家团评价法、平衡积分卡法来说,具有降低主观干扰,纠正不一致观点的优势。此外该方法计算过程相对简单,构建模型相对固定,具有较强的通用性和推广性。

运用层次分析法建模来解决实际问题,大体上可按如下四个步骤进行:

(1)建立递阶层次机构模型

应用AHP分析决策问题时,首先要把问题条理化、层次化,构造出一个有层次的结构模型,这些层次可以分为三类:最高层(目的层)、中间层(准则层)、最底层(方案层)。递阶层次结构中的层次数与问题的复杂程度及需要分析的详尽程度有关,一般的层次数不受限制,每一层次中各元素所支配的元素一般不超过9个。

(2)构造判断矩阵

设定判断值既是对下一层两个元素相对上一层的相对权重值,两个元素可分别设为i、j,相对权重值设为a_{ij},元素的数量设为n,则判断矩阵可设为$\mathbf{A}=(a_{ij})_{n\times n}$,其中$a_{ij}$采用专家团判定法。对$a_{ij}$值的判定值量化标准一般采用1~9标度进行赋值,见表11.4。

表11.4 判断矩阵标度定义

标 度	含 义
1	表示两个因素相比,具有相同重要性
3	表示两个因素相比,前者比后者稍重要
5	表示两个因素相比,前者比后者很重要
7	表示两个因素相比,前者比后者非常重要
9	表示两个因素相比,前者比后者极端重要
2,4,6,8	表示上述相邻判断的中间值
倒数	若因素i与j的重要性之比为a_{ij},那么因素j与i重要性之比为$a_{ij}=1/a_{ij}$

(3)计算权向量,做一致性检验并计算权重值

设矩阵为 $\boldsymbol{A}$,如果 $\boldsymbol{A}$ 具有完全一致性,则 $\lambda_{max}=n$,但在实际中做到构建的矩阵完全一致是无法做到的。一般来说,构建的矩阵只要做到具有相对一致性,即接近一致性就能满足需要。

①计算一致性指标 CI

公式中 $CI=\frac{\lambda_{max}-n}{n-1}$,其中 λ_{max} 为判断矩阵的最大特征值。

②查找一致性指标 RI

平均随机一致性指标见表 11.5。

表 11.5 平均随机一致性指标

n	1	2	3	4	5	6	7	8	9	10	11	12	13	14
RI	0	0	0.52	0.89	1.12	1.24	1.36	1.41	1.46	1.49	1.52	1.54	1.56	1.58

③计算一致性比例 CR

$$CR=\frac{CI}{RI} \tag{11.1}$$

当 $CR<0.1$ 时,认为矩阵 $\boldsymbol{A}$ 的一致程度可以被接受;如果 $CR\geqslant0.1$,则认为矩阵 $\boldsymbol{A}$ 一致程度无法接受,需要对矩阵中第 i 元素相对第 j 元素重要性进行调整,直到矩阵满足 $CR<0.1$ 的标准为止。

(4)层次总排序及一致性检验

根据构建的结构模型,按照上述步骤从上至下对各模块分别进行计算,得出每一元素对应上一层的权重,经过逐层计算,则可计算出最底层的元素对于最上层的权重值。

由评价方法研究综述可见,在既有的方法中,模糊综合评价法虽操作简单且能解决传统数学方法的单一性问题,但不能适用于评价指标间有相关性或重复性的体系,一般规划评价项目中的经济指标与技术指标有明显的重叠现象,故该方法不适用。DEA 数据包络法对处理大量的输入及输出问题有较好的效果,但依据的数据必须首先进行有效性和可信性分析,一般规划评价项目中的数据无法对此方法提供有效的支撑。灰色关联分析法能较好的将定性与定量分析进行结合,但样本数据必须有时间序列的特性,一般规划评价项目中数据不具有此种特征。人工神经网络评价法基于大量样本数据能得到较为精确的结果,且受人为主观因素影响较小,但在一般规划评价项目的评价体系中,因部分数据较难获得且精确度不足,故无法使用。上述 n 种方法都具有其各自的优点及特性,在今后的研究中,若能采集到足够精确、全面的数据,可以尝试采用。在一般规划评价项目中,层次分析法是最适用的。各种方法优缺点见表 11.6。

通过对层次分析法原理的分析及计算步骤的逐条阐述可知,层次分析法操作简单且便于理解,就不能完全定量分析的问题能作出较好的决策,考虑到一般规划评价项目中的基础数据包含专家打分与实际数据两个方面,从这一角度来讲,将层次分析法应用于一般规划评价项目对高速铁路网规划的评价较为合适。

表 11.6 常用评价方法比较

方法名称	优点	缺点
层次分析法	易于计算;适用性强,可用于定量或定性评价	专家意见的选取和专家打分具有较强的主观性
模糊综合评价法	简单可行,便于使用;克服了传统数学方法结果单一性的缺陷,其结果包含大量的信息	不能解决因评价指标间的相关性造成的评价信息重复的问题;隶属函数的确定没有统一的方法;合成的算法还需进一步改进
DEA 数据包络法	适用范围广,易于处理大量的输入与输出问题;无需指标权重,不受决策者主观的影响	必须分析分类数据的有效性及可信性;样本大小的限制性很强
灰色关联分析法	定性与定量分析结合,可排除人为因素干扰;适合于信息不完全、不充分的情况	要求样本数据具有时间序列特性;只对优劣进行判定,不能反映绝对水平
熵权法	相对主观赋值法,精度较高客观性更强,能够更好地解释所得到的结果;适用于任何需要确定权重的过程,可以结合一些方法共同使用	只在确定权重的过程中使用,所以使用范围有限,解决的问题有限
人工神经网络评价法	对学习样本训练中,不用考虑输入因子之间的权系数,受决策者主观因素的影响很小	训练样本容量大;评价模型具有隐含性;评价算法也较为复杂;评价结果精度不高,应用范围具有一定的局限性

12 高速铁路网规划案例分析

12.1 中长期高速铁路网规划

本案例为2016年国家发改委批复的《中长期铁路网规划》。

12.1.1 规划基础

1. 发展现状

2004年《中长期铁路网规划》实施以来，我国铁路发展成效显著，对促进经济社会发展、保障和改善民生、支撑国家重大战略实施、增强我国综合实力和国际影响力等发挥了重要作用，受到社会的广泛赞誉和普遍欢迎，成为现代化建设成就的重要展示。

(1)基础网络初步形成。中西部地区铁路加快建设，跨区域快速通道基本形成，高速铁路逐步成网，城际铁路起步发展，路网规模不断扩大，保障能力明显增强。截至2015年底，全国铁路营业里程达到12.1万km，其中高速铁路1.9万km。

(2)服务水平明显提升。东部地区路网优化提升，中西部地区路网覆盖扩大，四大板块实现高速铁路连通，重点物资和快捷货运服务能力增强，综合枢纽有机衔接配套，技术装备水平大幅提高，建立了信息服务平台，整体服务水平不断提升。

(3)创新能力显著增强。以高速、高原、高寒、重载铁路发展为依托，工程建造、装备制造、系统集成等创新成果显著，自主发展能力与核心竞争力不断增强，我国铁路总体技术水平进入世界先进行列，高铁成为我国走出去的亮丽名片。

(4)铁路改革实现突破。铁路实行了政企分开，出台了改革铁路投融资体制、实施土地综合开发、批准设立铁路发展基金、鼓励和扩大社会资本投资铁路建设等一系列政策措施，中央和地方支持铁路建设力度持续加大。

总体上看，铁路规模快速扩张、路网质量快速提高、路网能力显著增强、运输服务显著改善。但是与国家重大发展战略要求、与经济发展新常态要求、与其他交通运输方式相比，我国铁路发展仍然存在不足，需要进一步支撑“两个一百年”奋斗目标，支撑“一带一路”倡议，支撑长江经济带、京津冀协同发展、粤港澳大湾区建设等国家重大战略，支撑新型城镇化战略，支撑生态文明建设，需与公路、民航、水运等正在开展的2030年规划保持协调等。

2. 形势要求

我国正处于全面建成小康社会的决胜阶段，经济社会发展面临的新趋势、新机遇，对铁路发展提出新的更高要求。

推进供给侧结构性改革，要求扩大铁路有效供给。随着我国综合实力和国民收入稳步提高，“新四化”同步发展，运输需求不断扩大，客运将保持快速增长，货运结构变化显著。着眼“两个一百年”奋斗目标，主动适应和引领经济发展新常态，保持经济中高速增长、迈向中高端水平，必然要求增加铁路公共产品和服务有效供给，注重提高供给质量和效率，降低社会物流成本，补齐基础设施短板，全面增强铁路保障能力，为经济发展增添新动能。

拓展区域发展空间，要求强化铁路支撑引领作用。继续实施西部开发、东北振兴、中部崛起、东部率先的区域发展总体战略，重点实施“一带一路”建设、京津冀协同发展、长江经济带发展三大战略，推进城乡一体化和新型城镇化，实施贫困地区脱贫攻坚，必然要求建设横贯东中西、沟通南北方的铁路大通道，形成区域覆盖广泛、服务层次多样的现代铁路网络，支撑陆海双向全面开放、城乡区域协调发展。

构建综合交通运输体系，要求发挥铁路绿色骨干优势。树立绿色发展理念，贯彻生态文明建设要求，加快转变交通发展方式，推进交通运输低碳发展，提升综合运输通道效能，必然要求合理配置交通资源、优化交通运输结构，充分发挥铁路运能大、效率高、排放少、占地省的比较优势和骨干作用，为构建现代综合交通运输体系和推进生态文明建设做出新贡献。

贯彻总体国家安全观，要求提升铁路应急保障水平。维护国家安全稳定和长治久安，推进经济建设与国防建设融合发展，必然要求强化铁路快速投送能力，有效增强国防交通保障水平；统筹布设干线通道与辅助联络线路，增强路网灵活性、通达性与可靠性，不断提升应对突发事件及自然灾害的应急保障能力。

厚植行业发展优势，要求建设现代铁路基础网络。当前，新一轮科技革命和产业变革与我国加快转变经济发展方式形成历史性交汇。站在新的历史起点上，我国铁路具备实现由大向强发展的内在条件和外在要求，必然要求抓住机遇，顺势而为，加快构建发达完善、竞争力强、引领发展的现代铁路网，促进运营管理、服务品质、人才科技、关联产业、治理能力等全方位提升。

12.1.2　总体思路

1. 指导思想

全面贯彻党的十八大和十八届三中、四中、五中全会精神，以邓小平理论、“三个代表”重要思想、科学发展观为指导，深入贯彻习近平总书记系列重要讲话精神，按照“五位一体”总体布局和“四个全面”战略布局，牢固树立和贯彻落实创新、协调、绿色、开放、共享的新发展理念，主动适应和引领经济发展新常态，推进供给侧结构性改革，遵循铁路发展规律，发挥铁路骨干优势作用，以增加有效供给、明晰功能层次、提升服务效能、兼顾效率公平为重点，着力构建布局合理、覆盖广泛、高效便捷、安全经济的现代铁路网络，全面提升铁路核心竞争力和服务保障能力，为构建现代综合交通运输体系、促进经济社会持续健康发展、实现“两个一百年”奋斗目标提供有力支撑。

2. 基本原则

支撑引领、创新发展。以改革创新的精神破解铁路建设难题，推进铁路转型升级、提质增效，不断增强铁路发展动能和可持续发展能力。兼顾经济效益与社会效益，通过扩大完善铁路基础设施网络和提升铁路运输服务水平，支撑和引领经济社会相关领域深度融合发展。

科学布局、共建共享。统筹考虑人口城镇布局、产业资源分布、国土空间开发、精准扶贫脱贫、对外开放合作、国防战略等经济社会发展要求，坚持“一张网”规划，强化需求导向，科学布局网络，合理确定规模，扩大有效供给，让人民群众更具获得感。

层次清晰、协调优化。统筹高速与普速、新建与既有、枢纽与通道以及不同地区铁路协调发展，注重路网配套设施系统协调，强化主通道，疏通微循环，实现网络结构优化、层次清晰和效率效益最大化。

衔接高效、开放融合。以开放融合理念加强与“十三五”综合交通运输体系规划的有效衔接，做好与公路、民航、水运等其他交通方式发展通盘安排，构建现代综合交通运输体系，提升综合交通服务水平和运输效率。树立开放意识和国际视野，推进周边互联互通，形成国际运输通道，扩展国际合作发展新空间。

安全可靠、绿色集约。牢固树立安全发展观念，深入实施军民融合发展战略，着力提高安全性和可靠性，提高国防交通和应急保障能力。坚持绿色发展，加强生态环境保护，综合高效利用土地、通道、岸线及枢纽资源，集约和引导空间综合开发利用。

3. 规划目标

到 2020 年，一批重大标志性项目建成投产，铁路网规模达到 15 万 km，其中高速铁路 3 万 km，覆盖 80%以上的大城市，为完成“十三五”规划任务、实现全面建成小康社会目标提供有力支撑。到 2025 年，铁路网规模达到 17.5 万 km 左右，其中高速铁路 3.8 万 km 左右，网络覆盖进一步扩大，路网结构更加优化，骨干作用更加显著，更好发挥铁路对经济社会发展的保障作用。展望到 2030 年，基本实现内外互联互通、区际多路畅通、省会高铁连通、地市快速通达、县域基本覆盖。

(1)完善覆盖广的全国铁路网。连接 20 万人口以上城市、资源富集区、货物主要集散地、主要港口及口岸，基本覆盖县级以上行政区，形成便捷高效的现代铁路物流网络，构建全方位的开发开放通道，提供覆盖广泛的铁路运输公共服务。

(2)建成现代的高速铁路网。连接主要城市群，基本连接省会城市和其他 50 万人口以上大中城市，形成以特大城市为中心覆盖全国、以省会城市为支点覆盖周边的高速铁路网。实现相邻大中城市间 1～4 h 交通圈，城市群内 0.5～2 h 交通圈。提供安全可靠、优质高效、舒适便捷的旅客运输服务。

(3)打造一体化的综合交通枢纽。与其他交通方式高效衔接，形成系统配套、一体便捷、站城融合的铁路枢纽，实现客运换乘“零距离”、物流衔接“无缝化”、运输服务“一体化”。

12.1.3 规划方案

1. 高速铁路网

为满足快速增长的客运需求，优化拓展区域发展空间，在“四纵四横”高速铁路的基础上，增加客流支撑、标准适宜、发展需要的高速铁路，部分利用时速 200 km 铁路，形成以“八纵八横”主通道为骨架、区域连接线衔接、城际铁路补充的高速铁路网，实现省会城市高速铁路通达、区际之间高效便捷相连。

因地制宜、科学确定高速铁路建设标准。高速铁路主通道规划新增项目原则采用时速 250 km 及以上标准(地形地质及气候条件复杂困难地区可以适当降低)，其中沿线人口城镇稠密、经济比较发达、贯通特大城市的铁路可采用时速 350 km 标准。区域铁路连接线原则采用时速 250 km 及以下标准。城际铁路原则采用时速 200 km 及以下标准。

(1)构筑“八纵八横”高速铁路主通道

“八纵”通道如图 12.1 所示，具体如下：

沿海通道。大连(丹东)—秦皇岛—天津—东营—潍坊—青岛(烟台)—连云港—盐城—南通—上海—宁波—福州—厦门—深圳—湛江—北海(防城港)高速铁路(其中青岛至盐城段利用青连、连盐铁路,南通至上海段利用沪通铁路),连接东部沿海地区,贯通京津冀、辽中南、山东半岛、东陇海、长三角、海峡西岸、珠三角、北部湾等城市群。

京沪通道。北京—天津—济南—南京—上海(杭州)高速铁路,包括南京—杭州、蚌埠—合肥—杭州高速铁路,同时通过北京—天津—东营—潍坊—临沂—淮安—扬州—南通—上海高速铁路,连接华北、华东地区,贯通京津冀、长三角等城市群。

京港(台)通道。北京—衡水—菏泽—商丘—阜阳—合肥(黄冈)—九江—南昌—赣州—深圳—香港(九龙)高速铁路;另一支线为合肥—福州—台北高速铁路,包括南昌—福州(莆田)铁路。连接华北、华中、华东、华南地区,贯通京津冀、长江中游、海峡西岸、珠三角等城市群。

京哈—京港澳通道。哈尔滨—长春—沈阳—北京—石家庄—郑州—武汉—长沙—广州—深圳—香港高速铁路,包括广州—珠海—澳门高速铁路。连接东北、华北、华中、华南、港澳地区,贯通哈长、辽中南、京津冀、中原、长江中游、珠三角等城市群。

呼南通道。呼和浩特—大同—太原—郑州—襄阳—常德—益阳—邵阳—永州—桂林—南宁高速铁路。连接华北、中原、华中、华南地区,贯通呼包鄂榆、山西中部、中原、长江中游、北部湾等城市群。

图 12.1 “八纵”高铁主通道

京昆通道。北京—石家庄—太原—西安—成都(重庆)—昆明高速铁路,包括北京—张家口—大同—太原高速铁路。连接华北、西北、西南地区,贯通京津冀、太原、关中平原、成渝、滇中等城市群。

包(银)海通道。包头—延安—西安—重庆—贵阳—南宁—湛江—海口(三亚)高速铁路,包括银川—西安以及海南环岛高速铁路。连接西北、西南、华南地区,贯通呼包鄂、宁夏沿黄、关中平原、成渝、黔中、北部湾等城市群。

兰(西)广通道。兰州(西宁)—成都(重庆)—贵阳—广州高速铁路。连接西北、西南、华南地区,贯通兰西、成渝、黔中、珠三角等城市群。

“八横”通道如图 12.2 所示,具体如下:

绥满通道。绥芬河—牡丹江—哈尔滨—齐齐哈尔—海拉尔—满洲里高速铁路。连接黑龙江及蒙东地区。

京兰通道。北京—呼和浩特—银川—兰州高速铁路。连接华北、西北地区,贯通京津冀、呼包鄂、宁夏沿黄、兰西等城市群。

青银通道。青岛—济南—石家庄—太原—银川高速铁路(其中绥德至银川段利用太中银铁路)。连接华东、华北、西北地区,贯通山东半岛、京津冀、太原、宁夏沿黄等城市群。

陆桥通道。连云港—徐州—郑州—西安—兰州—西宁—乌鲁木齐高速铁路。连接华东、华中、西北地区,贯通东陇海、中原、关中平原、兰西、天山北坡等城市群。

沿江通道。上海—南京—合肥—武汉—重庆—成都高速铁路,包括南京—安庆—九江—武汉—宜昌—重庆、万州—达州—遂宁—成都高速铁路(其中成都至遂宁段利用达成铁路),连接华东、华中、西南地区,贯通长三角、长江中游、成渝等城市群。

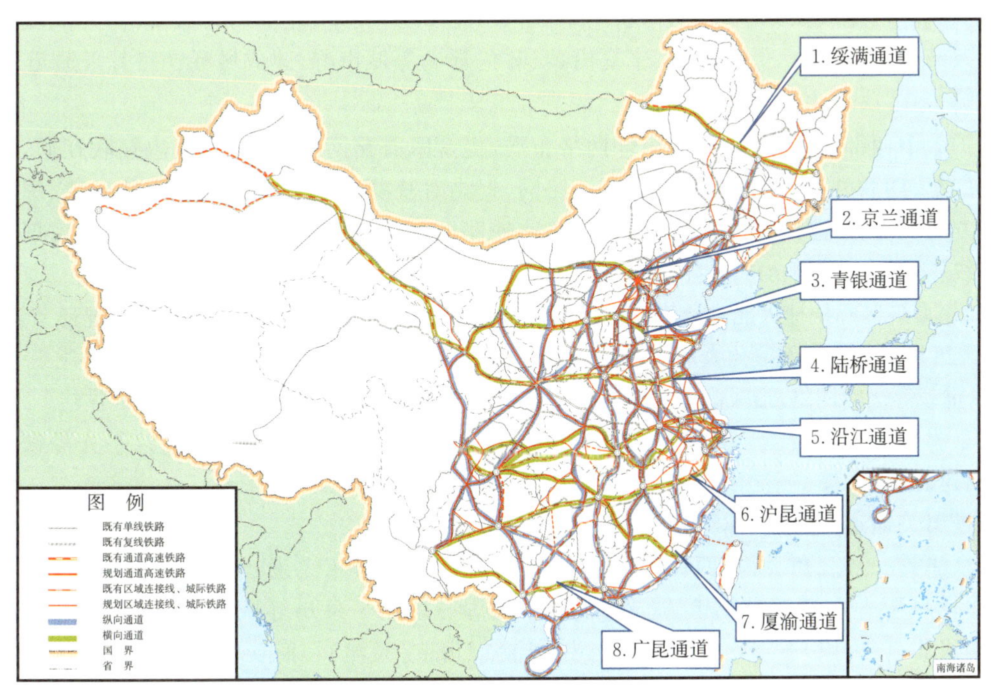

图 12.2 “八横”高铁主通道

沪昆通道。上海—杭州—南昌—长沙—贵阳—昆明高速铁路。连接华东、华中、西南地区,贯通长三角、长江中游、黔中、滇中等城市群。

厦渝通道。厦门—龙岩—赣州—长沙—常德—张家界—黔江—重庆高速铁路(其中厦门至赣州段利用龙厦铁路、赣龙铁路,常德至黔江段利用黔张常铁路)。连接海峡西岸、中南、西南地区,贯通海峡西岸、长江中游、成渝等城市群。

广昆通道。广州—南宁—昆明高速铁路。连接华南、西南地区,贯通珠三角、北部湾、滇中等城市群。

(2)拓展区域铁路连接线

在"八纵八横"主通道的基础上，规划建设高速铁路区域连接线，进一步完善路网、扩大覆盖。

东部地区。北京—唐山、天津—承德、日照—临沂—菏泽—兰考、上海—湖州、南通—苏州—嘉兴、杭州—温州、合肥—新沂、龙岩—梅州—龙川、梅州—汕头、广州—汕尾等铁路。

东北地区。齐齐哈尔—乌兰浩特—白城—通辽、佳木斯—牡丹江—敦化—通化—沈阳、赤峰和通辽至京沈高铁连接线、朝阳—盘锦等铁路。

中部地区。郑州—阜阳、郑州—濮阳—聊城—济南、黄冈—安庆—黄山、巴东—宜昌、宣城—绩溪、南昌—景德镇—黄山、石门—张家界—吉首—怀化等铁路。

西部地区。玉屏—铜仁—吉首、绵阳—遂宁—内江—自贡、昭通—六盘水、兰州—张掖、贵港—玉林等铁路。

(3)发展城际客运铁路

在优先利用高速铁路、普速铁路开行城际列车服务城际功能的同时，规划建设支撑和引领新型城镇化发展、有效连接大中城市与中心城镇、服务通勤功能的城市群城际客运铁路。

京津冀、长三角、珠三角、长江中游、成渝、中原、山东半岛等城市群(主要城市群如图 5.2 所示)，建成城际铁路网；海峡西岸、哈长、辽中南、关中、北部湾等城市群，建成城际铁路骨架网；滇中、黔中、天山北坡、宁夏沿黄、呼包鄂榆等城市群，建成城际铁路骨干通道。

2. 普速铁路网

扩大中西部路网覆盖，完善东部网络布局，提升既有路网质量，推进周边互联互通，形成覆盖广泛、内联外通、通边达海的普速铁路网，提高对扶贫脱贫、地区发展、对外开放、国家安全等方面的支撑保障能力。到 2025 年，普速铁路网规模达到 13.1 万 km 左右，并规划实施既有线扩能改造 2 万 km 左右。

(1)形成区际快捷大能力通道。推进普速干线通道瓶颈路段、卡脖子路段及关键环节建设，形成跨区域、多径路、便捷化大能力区际通道。结合新线建设和实施既有铁路扩能，强化集装箱、快捷、重载等运输网络，形成高效率的货运物流网，提高路网整体服务效率，扩大有效供给。

京津冀—东北通道。利用京哈、津山、沈山、哈大、集通等铁路，实施京通、平齐等铁路扩能，构建北京(天津)—沈阳—哈尔滨—绥芬河(同江)、北京(天津)—通辽—齐齐哈尔—满洲里等进出关通道，连接京津冀、辽中南、哈长城市群。

京津冀—长三角、海峡西岸通道。利用京沪、京九、华东二通道、皖赣、金温、赣龙等铁路，建设阜阳—六安—景德镇、衢州—宁德、兴国—永安—泉州等铁路，实施皖赣等铁路改造，构建北京(天津)—济南—上海(杭州、宁波)、北京(天津)—商丘—南昌—福州(厦门)通道，连接京津冀、长三角、长江中游及海峡西岸城市群。

京津冀—珠三角、北部湾通道。利用京广、京九、湘桂、焦柳、大湛等铁路，建设龙川—汕尾等铁路，实施焦柳、洛湛南段扩能改造，构建北京—武汉—广州(南宁)、北京—南昌—深圳通道，连接京津冀、中原、长江中游、珠三角及北部湾等城市群。

京津冀—西北(西藏)通道。利用京包兰、临哈、南疆以及京广、石太、太中银、兰青、青藏等铁路，实施青藏铁路格拉段、南疆铁路等扩能改造，建设柳沟—三塘湖—将军庙铁路，构建北京(天津)—呼和浩特—乌鲁木齐—喀什、北京(天津)—石家庄—太原—兰州—西宁—拉萨通道，连接京津冀、兰西城市群及西藏地区。

京津冀—西南通道。利用京广、沪昆、南北同蒲、西康、襄渝、成昆、内昆等铁路，构建北京—西安(长沙)—川、渝、黔、滇通道，连接京津冀与滇中城市群。

长三角—西北通道。利用京沪、陆桥以及宁西铁路等，实施西平铁路、宝中铁路平凉至中卫段扩能、三门峡经禹州至江苏沿海港口铁路，构建长三角—西安—乌鲁木齐—阿拉山口(霍尔果斯)通道，连接长三角、中原、关中平原、兰西城市群。

长三角—成渝通道。利用京沪、宁西、宁启、铜九、武九、武襄渝、达成、成渝等铁路，实施南京—芜湖—铜陵—九江铁路等扩能改造，建设九江—岳阳—常德、黔江—遵义—昭通—攀枝花—大理铁路，规划研究沿江货运铁路，构建上海—南京(合肥)—武汉—重庆—成都沿江通道，连接长三角、长江中游、成渝城市群。

长三角—云贵通道。利用沪昆、金温铁路等，建设宁波(台州)—金华、温州—武夷山—吉安、赣州—郴州—永州—兴义铁路，实施衡茶吉铁路扩能，构建长三角、长江中游至云贵地区通道。

长三角—珠三角通道。利用沪昆、京九、京广等铁路，实施赣韶铁路扩能，连接长三角、珠三角城市群。

珠三角—西南通道。利用京广、沪昆、渝黔、广茂、黎湛铁路等，建设柳州—梧州—广州、韶关—贺州—柳州—百色铁路，实施渝怀、黔桂、南昆铁路扩能，构建珠三角至西南地区通道。

山东半岛—西北通道。利用胶济、石德、石太、太中银、兰新铁路等，建设平凉经固原至定西等铁路，构建山东半岛西向联系通道。

西北—西南通道。利用兰新、陇海、宝成、包西、兰渝、西康、襄渝、渝黔、成昆、内昆等铁路，建设库尔勒—格尔木、格尔木—成都等铁路，构建西北(含呼包鄂榆)至西南地区通道。

同时，利用大秦、神朔、朔黄、张唐、新菏兖日、山西中南部、宁西等铁路，建设蒙西至华中地区、庆阳—黄陵、庆阳—平凉、神木—瓦塘等铁路，构建西煤东运、北煤南运、海(江)铁联运大通道，完善煤炭集疏运系统，提升煤运通道能力(具体煤运通道如图 12.3 所示)。

(2)面向“一带一路”国际通道。推进我国与周边互联互通，完善口岸配套设施，强化沿海港口后方通道，如图 12.4 和图 12.5 所示。

西北方向。规划建设克拉玛依—塔城(巴克图)、喀什—伊尔克什坦、喀什—红其拉甫、阿勒泰—喀纳斯(吉克普林)、阿勒泰—吉木乃等铁路及满都拉、乌力吉、老爷庙等口岸铁路。

西南方向。实施南宁—凭祥铁路扩能，规划建设芒市—猴桥、临沧—清水河、日喀则—吉隆、日喀则—亚东、靖西—龙邦、防城港—东兴等铁路。

东北方向。实施集宁—二连浩特铁路扩能，规划建设伊尔施—阿日哈沙特、海拉尔—黑山头、莫尔道嘎—室韦、古莲—洛古河、虎林—吉祥、密山—档壁镇、南坪—茂山、开山屯—三峰、长白山—惠山、盘古—连崟等铁路。

沿海方向。以大连、秦皇岛、天津、烟台、青岛、连云港、上海、宁波、舟山、福州、泉州、厦门、汕头、深圳、广州、茂名、湛江、海口等沿海城市及重要港口为支点，畅通港口城市后方铁路通道及集疏运体系，构建连接内陆、铁海联运的国际交通走廊。

(3)促进脱贫攻坚和国土开发铁路(图 12.6)。

扩大路网覆盖面。建设安康—恩施—张家界、赣州—郴州—永州—兴义、阜阳—六安—景德镇、温州—武夷山—吉安、兴国—永安—泉州、黔江—遵义—昭通—攀枝花—大理、宁

图 12.3 我国主要煤运通道

图 12.4 面向“一带一路”国际铁路

图 12.5 国际铁路通道

图 12.6 促进脱贫开发和国土开发铁路

德—南平、瑞金—梅州、建宁—冠豸山、韶关—贺州—柳州—百色、黄陵—庆阳—平凉—固原—定西、额济纳—酒泉、汉中—巴中—南充、贵阳—兴义、黄桶—百色、涪陵—柳州、泸州—遵义、师宗—文山、临沧—普洱等铁路。

完善进出西藏、新疆通道。建设川藏铁路雅安—昌都—林芝段、滇藏铁路香格里拉—邦达段、罗布泊—若羌—和田、成都—格尔木、柳沟—三塘湖—将军庙、西宁—玉树—昌都铁路，研究建设新藏铁路和田—日喀则段，形成进出西藏、新疆、青海及四省藏区的便捷通道。

促进沿边开发开放。建设韩家园—黑河、孙吴—逊克—乌伊岭、鹤岗—富锦、创业—饶河—东方红、东宁—珲春等东北沿边铁路，芒市—临沧—文山—靖西—防城港等西南沿边铁路。

(4)强化铁路集疏运系统。以资源富集区、主要港口及物流园区为重点，规划建设地区开发性铁路以及疏港型、园区型等支线铁路，形成干支有效衔接、促进多式联运的现代铁路集疏运系统，畅通铁路运输的“最先一公里”和“最后一公里”。

上述路网方案实现后，远期铁路网规模将达到20万km左右，其中高速铁路4.5万km左右。

3. 综合交通枢纽

统筹运输网络格局，按照“客内货外”的原则，优化铁路枢纽布局，完善系统配套设施，修编铁路枢纽总图。创新体制机制，统筹建设运营，促进同步建设、协同管理，形成系统配套、一体便捷、站城融合的现代化综合枢纽。研究制定综合枢纽建设、运营、服务等标准规范。构建北京、上海、广州、武汉、成都、沈阳、西安、郑州、天津、南京、深圳、合肥、贵阳、重庆、杭州、福州、南宁、昆明、乌鲁木齐等综合铁路枢纽。

(1)客运枢纽。按照“零距离”换乘要求，同站规划建设以铁路客站为中心、与其他交通方式有机衔接的综合交通体，特大城市要强化铁路客运枢纽、机场、城市轨道交通的便捷连接。实施站区地上地下立体综合开发，打造高效便捷的综合客运枢纽和产城融合发展的临站经济区。同步强化客运枢纽场站设施，完善动车段(所)、客运机车车辆以及维修设施，完善客运枢纽(高铁车站)快件集散等快捷货物服务功能设施。

(2)货运枢纽。合理布局铁路物流中心、铁路集装箱中心站及末端配送服务设施，扩大货物集散服务网络。按照“无缝化”衔接要求，完善货运枢纽多式联运、集装箱运输、邮政快递运输、国际联运以及集疏运等“一站式”服务设施，提升枢纽集散能力和服务效率。优化货运枢纽编组站，完善货运机车车辆设施。布局建设综合维修基地、应急救援基地以及配套完善铁路战备设施等。以发展枢纽型园区经济为导向，推进传统货运场站向城市物流配送中心、现代物流园区转型发展。

12.1.4 保障措施

1. 深化投融资体制改革

用改革精神破解铁路投融资等难题，创新市场化融资方式，放宽市场准入，培育多元投资主体，鼓励支持地方政府和广泛吸引包括民间、外资在内的社会资本参与投资铁路建设，形成国家投资、地方筹资、社会融资相结合的多渠道、多层次、多元化铁路投融资模式。充分用好国家支持铁路建设的政策措施，完善铁路发展基金募集方式和扩大规模，支持地方设立铁路发展基金，继续发行政府支持的铁路建设债券，创新发行品种和方式，筹集长期、低成本的建设资金。实施差异化投融资政策，建立长效机制，提高中央资金对中西部铁路建设投入比重。在理顺铁路运价、建立公益性运输核算制度的基础上，研究建立公益性、政策性补贴机制，完善土地综合开发配套政策，健全规范财务清算规则及体系，落实并发挥好铁路投融资体制改革配套政策的组合效应，为社会资本进入创造便利条件。

2. 培育壮大高铁经济

以高速铁路通道为依托，引领支撑沿线城镇、产业、人口等合理布局，促进区域密切交流合作和资源优化配置，加速产业梯度转移和经济转型升级，培育壮大高铁与经济深度融合发展的高铁经济新业态。以高铁站区综合开发为载体，发展站区经济，引导和推动站区现代物流、商贸金融、电子商务、旅游餐饮等关联产业聚集和规模发展，努力形成品牌效应和规模效益。综合开发收益弥补铁路建设与运营。

3. 科学组织项目建设

按照规划确定的功能定位和建设标准，充分考虑工程条件和经济发展实际，尊重铁路技术特点和客观规律，合理把握建设时机，有序均衡推进项目实施。“十三五”时期要服务支撑全面建成小康社会目标以及“三大战略”和脱贫攻坚，继续保持合理建设规模，既抓好在建项目尽快建成投产，又推动实施一批重大标志性项目。深入做好项目前期工作，加强技术经济综合比选，因地制宜选择经济适用的建设标准和建设方案，科学合理、公正客观地确定线路走向和站点设置，着力提高项目决策科学化水平。

4. 构建综合交通运输体系

发挥铁路比较优势和骨干作用，构建与公路、民航、水运等其他交通方式有机衔接的综合交通运输体系，统筹考虑运价调整、运营体制调整、财政支持、调动地方政府积极性等因素，推动协同发展，促进综合社会效益提升。加强铁路规划与城市总体规划、土地利用规划等的衔接，优化交通网络布局，统筹铁路与其他交通方式共用交通走廊、跨海、过江等通道资源。加强综合客运枢纽建设，强化铁路与城市公共交通、市域（郊）铁路、公路客运、机场等有效衔接，提高枢纽中转及集疏散效率。促进铁公水等多式联运，大力发展铁路集装箱运输，实施铁路引入重要港口、公路货站和物流园区等工程，打通运输“前后一公里”，畅通网络微循环。

5. 强化人才科技支撑

贯彻落实国家创新驱动发展战略，主动对接《中国制造 2025》，加大基础研究和科研攻关，着力推进以高铁关键技术创新为重点的装备自主化及产业高端化集群发展，全面提升自主创新能力和产业高端化水平，积极推动铁路“走出去”。加强人才队伍和国家重点实验室等创新平台建设。同步推进“互联网＋铁路”建设，完善公共信息服务平台，推进铁路与其他运输方式的公共服务信息共享，配套运用先进适用技术装备，发展智能化铁路，促进铁路运输、服务方式、经营模式等发展方式深刻变革，全面提升铁路现代化水平。

6. 提升可持续发展能力

研究化解铁路债务的有效措施，逐步改善铁路企业债务结构。加大力度盘活存量资产，加强土地资产评估等工作，落实国家支持铁路实施土地综合开发的政策，支持铁路企业对车站和线路用地一体规划，加强地上、地下空间的综合开发，提升增量资产收益。研究出台促进铁路运输业发展的指导意见，适应市场需求变化，发展高铁快运和零散货物快捷运输，发挥价格机制作用，大力开拓运输市场，全面提升服务水平，扩大产品和服务有效供给，增强铁路企业市场竞争力，加快向现代物流企业转型发展。深入挖掘潜力，改革经营体制，发挥市场力量，深入实施多元化经营战略，延伸产业链和服务链，不断提升铁路经营效率效益。深化铁路企业改革，加快建立现代企业制度，推动市场化经营，强化内部管理，促进降本增效，增强内生动力与发展活力，发挥国铁集团在铁路建设中的关键作用。牢固树立安全发展观念，强化安全管理，确保铁路持续安全稳定。

7. 健全规划实施机制

充分发挥中央、地方、企业积极性，进一步完善合作机制，拓展合作方式，形成铁路建设合力，营造铁路发展良好环境。不同地区、不同属性铁路建设项目实行分类投资建设。统筹考虑筹资能力和可持续性，尽早商定并合理分摊铁路建设出资比例，落实好出资主体责任。建立高效联动的协商工作机制，落实年度计划安排，明确责任分工，简化行政审批，确保规划有序实施和目标任务完成。要把军民融合发展的理念和要求贯穿铁路建设全过程，增强铁路基础设施建设对国防建设的整体支撑能力，提升国防交通保障水平。

8. 加强过程监管评估

修订完善铁路法律法规和技术规范体系，切实加强铁路行业监督管理，营造和维护公平有序的市场环境。强化规划指导作用，维护权威性和严肃性，不得随意变更规划内容，项目实施应严格按照国家有关审批程序办理。发改委会同有关部门要加强跟踪指导、统筹协调，及时总结评估规划实施情况，协调解决有关问题，重大事项及时报告国务院。

12.1.5 环境影响评价和要求

1. 对规划的环境影响总体评价

铁路网规划与“十三五”规划纲要和其他交通运输规划，以及《中共中央国务院关于加快推进生态文明建设的意见》《国家新型城镇化规划（2014—2020 年）》《全国主体功能区规划》《节能中长期专项规划》等做了有效衔接（图 12.7），坚持绿色发展理念，注重提升资源、能效综合利用水平，较好地与各类环境敏感区相协调，对气环境、声环境和水环境的影响均在可控范围之内，对构建绿色综合交通运输体系、推进生态文明建设将发挥重要作用。

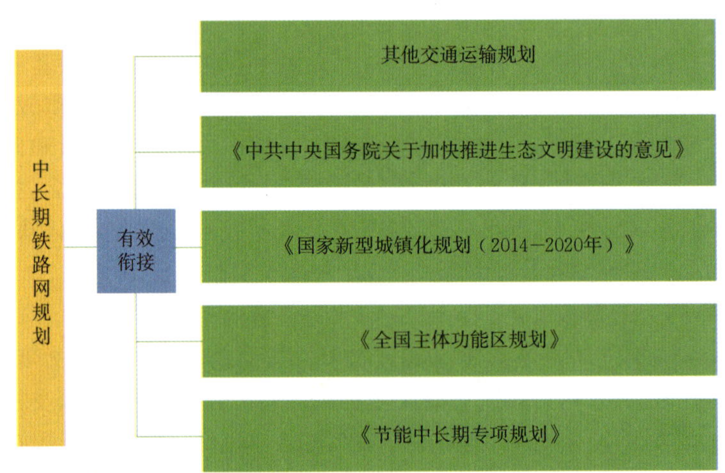

图 12.7 中长期铁路网规划与相关规划的衔接

2. 预防和减轻不良环境影响的措施

一是坚持"保护优先、避让为主"的路网布设原则,加强对沿线环境敏感区保护。合理设计项目线路走向和场站选址,尽量利用既有交通廊道,避开基本农田保护区,避绕水源地、自然保护区、风景名胜等环境敏感区域以及水土流失重点预防区和治理区。二是做好超前规划,国土、环保等部门提前介入,为项目勘察设计、预留建设用地等前期工作提供有力保障。加快研究制定增加耕地用于占补平衡和重大工程补充耕地国家统筹等办法,严控增量用地、优先利用存量,加强铁路建设工程及车站节能、节地设计,高效实施土地综合开发利用。发展先进适用的节能减排技术,加强新型智能、节能环保等技术装备的研发和应用,优化运输组织,提高运输效率。三是开展环境恢复和污染治理,做好地形、地貌、生态环境恢复和土地复垦工作;采取综合措施有效防治铁路沿线噪声、振动;做好水土保持等生态保护,加强生态恢复工程,注重景观恢复和铁路绿色通道建设;大力推广采用环保新技术,促进废气、废水和固体废物的循环使用和综合利用。四是严格遵守环境保护相关法律法规,在中长期铁路网的规划和建设过程中切实落实环境影响评价制度。

12.2 京津冀及雄安新区高速铁路网规划

本案例为2016年国家发改委批复的京津冀城际铁路规划。

12.2.1 规划背景

推动京津冀协同发展和设立雄安新区,是党中央、国务院新的历史条件下作出的重大决策部署,是习近平新时代中国特色社会主义思想的具体体现,对于疏解北京非首都功能、促进区域协调发展具有重要意义。党的十九大明确提出"以疏解北京非首都功能为'牛鼻子'推动京津冀协同发展,高起点规划、高标准建设雄安新区。"中央经济工作会议也作出安排部署,提出"京津冀协同发展要以疏解北京非首都功能为重点,高起点、高质量编制好雄安新区规划。"

铁路是国民经济大动脉、关键基础设施和重大民生工程,是综合交通运输体系的骨干和主要交通方式之一。规划好、建设好、运营好京津冀地区铁路对疏解北京非首都功能、高标准建设雄安新区、推动京津冀协同发展、优化交通运输结构,具有重要的支撑和引领作用。围绕"实施区域协调发展战略"、"加快实施三大战略"有关部署,落实"高起点、高质量编制好雄安新区规划,适时启动基础性重大项目建设"的要求,在深入总结京津冀地区铁路发展现状的基础上,结合发展新形势新要求,充分对接国家和区域有关规划安排,进一步完善京津冀及雄安新区铁路规划,有序推进重点铁路项目实施,更好地服务京津冀协同发展。

12.2.2 发展基础

1. 社会经济

(1)整体发展水平较高。京津冀三省市国土面积21.7万km^2,2019年末常住人口11 308万人,地区生产总值8.5万亿元,平均增速接近7%。京津冀地区地缘相接、地域一体、文化一脉,历史渊源深厚、交往半径相宜,以全国2.26%的地域面积承载了全国8.08%的人口,创造了8.54%的经济总量,2019年人均地区生产总值7.5万元,是全国平均水平的1.06倍。

(2)协调发展尚存空间。经过近几年京津冀协同发展战略的实施,部分指标逐步改善,结构性差距依然存在。2019年,河北人均地区生产总值不足北京、天津的50%;城镇化率稳步提升至58%,但仍落后北京、天津29个和26个百分点;地区生产总值占京津冀地区的比重持续下降,由1996年最高时的54.3%下降到2019年的41.5%,协调发展依然任重道远。

(3)城镇化率稳步上升。2019年京津冀地区城镇人口为7 544万人,城镇化率66.7%,处于城市化的后期发展阶段,高于全国60.6%的平均水平6.1个百分点。较2013年提升6.6个百分点,年均增速1.8%,略低于全国增速。

(4)城镇化水平差异逐渐缩小。按常住人口统计口径,城镇化率最高的北京市达到86.6%,最低的衡水市约53.2%。2019年京津冀地区所有地级市城镇化率超过50%,步入城镇化中期快速发展阶段。

2. 综合交通

(1)高速铁路。2008年我国第一条高速铁路——京津城际开通运营,京津冀地区迈入高速铁路发展建设阶段。近年来,高速铁路发展建设如火如荼,京沪、京广、石太、津秦、石济等高速铁路相继开通,另有京沈、京张、大张、呼张等高速铁路正在建设之中,京沪第二通道、京港台高铁京雄段、雄商段正在积极推进前期工作,京津冀地区对外高速铁路通道日趋完善,铁路技术装备质量跃上了一个新的台阶。截至2019年底,区域铁路运营里程达到10 343 km,密度4.8 km/100 km^2,是全国平均水平的3.3倍,覆盖80%以上县级及以上行政单位;其中高速铁路运营里程2 104 km,目前已覆盖13个地级及以上城市中的11个,随着京沈高铁、京张铁路建成通车后,实现市市通高铁。京津雄核心区已经基本实现0.5~1 h通达。

(2)公路。京津冀地区基本形成了以首都为中心、以国道省道为骨架、以县道乡道为支线的四通八达的公路交通网络。现状公路通车里程达22.3万km,其中高速公路8 445 km,高速公路已覆盖全部城市、通达沿海港口、联通周边省市。区域内高速公路主要有:北京—沈阳、北京—天津—唐山、北京—上海、北京—广州、天津—保定、石家庄—沧州等;国道主要有:G101、G102、G103、G104、G106、G107、G108、G109、G205、G207、G307等。

(3)民航。北京是我国的国际交往中心,首都国际机场是全国最重要的中心机场和门户机场,也是亚洲第一大国际机场,40多家外国和地区航空公司以及20多家国内航空公司运营200多条国内、国际航线,通往国内76个城市、国际和地区58个城市。2019年,首都国际机场完成旅客吞吐量达10 001.4万人,位列亚洲第一,世界第二。京津冀地区还拥有天津、石家庄、秦皇岛等多个航空港,辟有通往全国各主要航空港的航线及多条国际航线。2019年,京津冀地区内机场吞吐量14 666万人次,占全国民用航空吞吐量的10.9%。2019年,大兴机场开通运营。

12.2.3 规划目标

1. 近期目标(2020年)

京津冀地区铁路交通基础设施水平大幅提升,多节点、网格状区域铁路网络初步形成,对外干线通道基本建成,城际网络进一步扩大,衔接融合不断增强。高铁、城际覆盖区内所有地级市以及区域主要城镇发展轴、非首都功能疏解承接地。

(1)路网规模。路网总规模 10 000 公里,其中高铁及城际铁路 2 100 公里。

(2)路网覆盖。铁路对 20 万人口以上城市全覆盖,对县级行政区覆盖率 90%以上;高铁覆盖所有地级市,50 万人口以上城市覆盖率 85%以上;京津冀核心区 10 万人口以上中心城镇铁路覆盖率约 90%。

(3)时空效果。北京、天津、雄安之间基本实现高铁半小时通达;核心城市与区域中心城市间基本实现"1~2 小时"交通圈。

(4)市场份额。区域铁路客运市场份额提升至 23%(现状约 21%)。

2. 中期目标(2025 年)

(1)路网规模。路网总规模 12 200 km,其中高铁及城际铁路 3 800 km。

(2)路网覆盖。铁路对 20 万人口以上城市全覆盖,对县级行政区覆盖率 95%以上;高铁覆盖所有地级市,高铁覆盖 50 万人口以上城市;京津冀核心区 10 万人口以上中心城镇铁路实现全覆盖。

(3)时空效果。基本实现京津雄核心区主要城市间"0.5~1 h"交通圈,核心城市与区域中心城市间实现"1~2 h"交通圈,中心城区与周边城镇"0.5~1 h"通勤圈。

(4)市场份额。区域铁路客运市场份额提升至 26%。

3. 远期目标(2035 年)

京津冀地区多节点、网格状、多层次、高品质的现代化铁路网络全面形成,基础设施、运输服务更加智慧便捷,铁路运输骨干作用充分发挥。

(1)路网规模。路网总规模 1.35 万 km,其中高铁及城际铁路 4 500 km。

(2)路网覆盖。铁路对县级行政区基本实现全覆盖。

(3)市场份额。区域铁路客运市场份额提升至 30%。

12.2.4 规划思路

一是继续强化京津冀地区对外辐射能力,有序实施中长期铁路网规划,为打造以首都为核心的世界级城市群提供强有力支撑。

二是按照"布局高效交通网络"要求,优化完善雄安新区及周边铁路网规划布局,加快推进雄安新区铁路设施建设,支撑高标准建设雄安新区。

三是深入推动京津冀交通一体化,有序推进城际铁路建设,建设与京津冀城镇发展主轴、产业布局相适应、能力充分的网络骨架,调整优化北京铁路枢纽功能,增强天津、石家庄等中心城市的枢纽作用。

12.2.5 规划方案

1. 加强对外高铁通道建设

2020 年前建成北京—沈阳、北京—呼和浩特、张家口—大同高铁、崇礼铁路等;开工建设京港台高铁丰台至雄安段、雄商高铁、京沪第二通道天津至潍坊段、京昆通道忻雄段等重大项目。以"精品工程、智能京张"和北京至雄安新区城际铁路为重点,打造一批精品工程,具体见表 12.1 及如图 12.8 所示。

表 12.1 京津冀对外高铁通道重点项目表

序号	项目名称	线路概况、功能定位	建设时序安排
1	京沈客专	本项目位于华北和东北两大经济区之间，是沟通东北、华北、华东、中南等地区的重要通道，是进出关重要的客运大通道，亦是连结华北、华东、中南与东北经济区的纽带。线路起自北京，经承德、朝阳、阜新，终至沈阳，线路全长 698 km，正在建设中	2020 年建成投产
2	京张铁路	本项目主要承担张家口、蒙西地区与北京地区的旅客交流及晋北、蒙西与东北、华东、天津、冀东地区的旅客交流，是环渤海城际铁路网和北京至呼包鄂区域快速客运通道的重要组成部分。 线路途经北京市海淀区、昌平区和延庆区，由延庆区康庄镇进入河北省境内至张家口，全长 173.87 km，正在建设中	
3	呼张铁路	本项目是北京至内蒙古呼包鄂地区的客运主通道，以承担中长途客流为主，兼顾沿线城际客流。线路东起河张家口南站，经河北省怀安内蒙古兴和县、乌兰察布市、卓资县，至呼和浩特东站，新建正线全长 286 km，正在建设中	
4	大张高铁	本项目的建设，将有效衔接京张铁路、呼张铁路、大西客专，构筑华北北部地区铁路快速客运网络，对完善华北北部客运通道、拓展快速客运网覆盖范围具有重要意义；对优化铁路网布局、增加旅客运输的机动灵活性意义重大。 线路北起河北省张家口市怀安县，经山西省大同市天镇县、阳高县、大同县、大同市御东新区、朔州市怀仁县接既有韩原铁路，正线线路长度为 140 km	
5	京港台高铁（京雄段）	本项目是华北、东北与江西、粤东、港澳间的客运主通道；华北、东北地区与海峡西岸地区的重要通道，主要承担京津、东北、蒙西、冀北冀东与闽赣、粤东、皖、晋豫、浙等部分交流；丰台至晋中南、西北、西南等地区的中长途客流以及丰台与雄安新区间的部分城际客流。 京雄段线路北起北京枢纽丰台站，沿永定河东侧至北京大兴区，经固安县西侧引入雄安站，线路全长 95 km，设车站 2 座。正在开展预可行性研究	“十四五”中期建成投产项目
6	京港台高铁（雄商段）	雄商段线路北起雄安站，南至商丘站，途经河北、山东、河南三省，线路全长约 545 km。正在开展可行性研究工作	
7	京沪二通道（天津至潍坊段）	本项目是“八纵八横”高铁骨架的重要组成，兼备京沪走廊辅助通道与沿海走廊组成双重功能；项目串联了两大城市群，是兼顾城市群内部城际客运功能的骨干线路；是京津及雄安新区与京沪通道以东的胶东半岛、鲁南、苏北等地的客运主通路，也是与上海间旅客交流的辅助通路。 线路北起天津枢纽，向南经河北省黄骅市、海兴县，至山东省境内，经滨州市，东营市、寿光市，引入济青高铁潍坊北站，正线长度 346.176 km。正在开展预可行性研究	“十四五”末期建成投产项目
8	京昆通道（忻州至保定东段）	本项目为我国高速铁路网中京昆通道的重要组成部分，服务于西北、西南地区与华北、东北地区间路网性旅客交流；是一条区际间的高速客运线路，服务于京津冀城市群和晋中城市群快速旅客交流；是兼顾沿线城市间城际客流和旅游客流功能的客运线路。 线路西起大西客专忻州西站，经山西省忻州市、河北省保定市、雄安新区，近期接至清苑线路所利用石雄城际至保定东站，线路长度 290 km，远期贯通线路经高阳、任丘并行京港（台）高铁引入雄安站，线路全长 360 km。正在开展预可行性研究	“十四五”末期建成投产项目
	清苑至高阳至任丘至雄安站段		远期

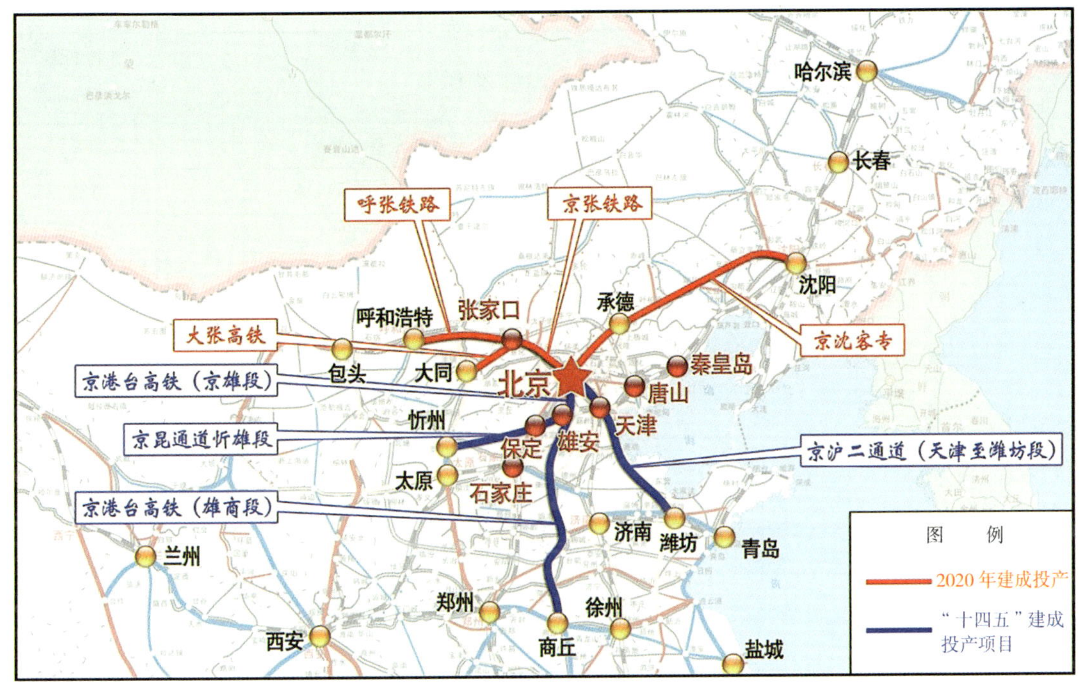

图 12.8　京津冀及雄安新区高铁规划示意

2. 有序推进城际铁路建设

北京至雄安轴，在既有京广高铁基础上，2020 年建成京雄城际铁路，实现北京与雄安新区高速连通。北京至天津轴，在既有京沪高铁、京津城际基础上，加快建设京唐（京滨）城际，连接北京副中心以及香河、宝士匠、唐山等重要节点城市，配合推进唐曹铁路客运直通线开工建设。在建设京雄、京唐、京滨、廊琢城际铁路基础上，建设首都机场至新机场联络线，并开展城际联络线北延至京沈高铁怀柔南站前期研究，启动天津至新机场联络线建设等。开工建设石雄城际、石衡沧港城际铁路，扩大冀中南地区路网规模、提升路网质量，具体见表 12.2。

表 12.2　京津冀城际铁路建设任务表

建设年度	序号	项目名称	建设规模/km
在建	1	京雄城际	92.8
	2	京唐铁路	148
	3	京滨铁路（滨海至宝坻）	98
	4	唐山至曹妃甸铁路	92
	5	崇礼铁路	53
"十四五"建成投产	1	石雄城际雄安—保定东段	60
	2	石雄城际保定东至石家庄段	162
	3	天津至新机场联络线	50

续上表

建设年度	序号	项 目 名 称	建设规模/km
“十四五”建成投产	4	廊涿涞城际(涞水至涿州至新机场)	81
	5	城际铁路联络线(首都机场至北京新机场)	183
	6	石衡沧港城际铁路	223
2035年	1	环渤海城际(秦皇岛至滨海新区段)	262
	2	天津至沧州城际铁路	110
	3	石家庄至邯郸城际铁路	240
	4	唐山至遵化城际铁路	47
	5	环北京城际(昌平至怀柔段)	55
	6	津雄城际	95
	7	京秦第二城际	247
	8	环北京城际(怀来至涞水段)	126
	9	邢衡城际	118
	10	遵承城际	112

12.2.6 规划效果

1. 支撑京津冀协同发展

形成高效密集便捷的高铁通道,提升对外辐射带动作用。京津冀区域形成“五纵两横”的高铁骨架网,五纵通道分别为:沿海通道、京沪通道、京港台通道、京哈—京港澳通道、京昆通道,两横通道分别为:京兰通道、青银通道。

形成以京津雄为核心的“八放射”高铁通道辐射全国。八放射通道分别为:京沪通道、京广通道、(京)津(唐)秦通道、京张通道、京沈通道、京沪二通道、京港(台)通道、京昆通道忻雄段。

形成以“京津雄△+三放射”为骨架的城际铁路网,适应区域城镇布局。“△”骨架分别为:北京—雄安的京雄城际,北京—天津的京津城际及延伸线、京滨铁路,天津—雄安的津保铁路、津雄城际;放射线为沿京保石发展轴辐射的石雄城际、石邯城际,沿京唐秦发展轴辐射的京唐铁路、环渤海城际以及天津—沧州(黄骅)—衡水城际。

城际和高铁网络覆盖区内所有地级市和一定规模的城镇,联通区域主要城镇发展轴。高速铁路和城际铁路实现对京津冀区域“一核、双城、三轴、四区、多节点”空间格局的全覆盖;覆盖区域所有地级市及区域主要城镇发展轴。

2. 支撑疏解北京非首都功能

形成高效便捷的北京中心城区与雄安新区、北京城市副中心两翼之间的铁路联通条件。北京中心城区与雄安新区之间主要布局有京广高铁、京雄城际、京港(台)高铁等快速铁路,形成快速铁路六线格局;北京中心城区与北京城市副中心之间主要布局有京唐(京滨)铁路、北京市郊铁路副中心线等城际、市郊铁路,形成北京中心城区与雄安新区、北京城市副中心半小时通勤圈。

有效覆盖北京非首都功能承接地，强化北京中心城区与功能承接地快速铁路联系。京津冀区域铁路网络有效覆盖了“2＋4＋N”非首都功能承接地，支撑北京非首都功能有序疏解，提供北京与承接地高效便捷的轨道交通联系，北京中心城区与功能承接地之间均布局有1～2条甚至3条高铁、城际铁路。

北京形成“八大”智慧型、便捷化、功能清晰的全国铁路客运枢纽。北京站、北京星火站承担东北方向客车作业，北京南站承担东南方向客车作业，北京西站、北京丰台站承担西南方向客车作业，北京北站、北京清河站承担西北方向客车作业，北京城市副中心站服务于北京城市副中心。

有效疏解北京枢纽通过客流。2020年，在津保铁路疏解北京过境客流的基础上，按照相关工程建设时序，北京铁路枢纽东北环线、地下直径线列控改造完成后，可疏解西北与京广方向通过客流约100万人；充分利用津保铁路，衔接京广高铁等，可疏解东北至华中、西南等地区客流约200万人。

3. 支撑雄安新区建设

形成“四纵两横”的线路布局，融入全国高速铁路网，实现与全国各大城市快速连接。四纵分别为京港(台)高铁、京雄—石雄城际、京广高铁、新区至北京新机场快线；两横为津保铁路、津雄城际—京昆通道忻雄段，实现新区高效融入“轨道上的京津冀”。形成与北京、天津、石家庄等中心城市及京津冀四大机场等综合交通枢纽间0.5～1 h通勤圈。实现新区20 min到北京新机场，30 min到北京、天津，60 min到石家庄。

12.2.7　保障措施

1. 国家层面

一是积极争取中央预算内资金支持。合理安排使用中央预算内投资、车购税等支持京津冀、雄安新区铁路项目建设；二是建议国家建立工作联动机制，加强各有关部门密切配合，纵横联动、协调推进相关项目前期等；三是建议国家采用专项发展基金支持。将京津冀地区铁路发展规划作为重点，对于疏解北京非首都功能、高标准建设雄安新区的项目采用专项基金支持。

2. 国铁企业层面

一是加强建设规划的统筹，在建设高速铁路、城际铁路时，提前做好与其他交通方式的衔接、同步配套到位；二是完善铁路清算分配体系，地方投资为主的城际铁路项目投入运营后，在路网中将涉及相关铁路线路间清分核算，需研究建立区域内铁路清算体系。

3. 地方政府层面

一是落实相关项目出资及征拆主体责任，协调推进项目建设，确保项目按期投产；二是拓宽资金渠道，按照分层分类建设原则科学有序推进规划项目实施，创新铁路建设融资方式，变政府直接投资为政府引导投资，通过优先股、PPP、TOD等模式吸引社会资本，降低融资杠杆率，实现铁路建设可持续发展；三是研究出台土地综合开发、运营亏损补贴、税收减免等方面支持政策，促进铁路可持续发展。

12.3 长三角高速铁路网规划

本案例为2019年国家批复的《长江三角洲一体化发展规划纲要》铁路部分规划。

12.3.1 规划背景

长三角地区作为我国经济最具活力、开放程度最高、创新能力最强的区域之一，是“一带一路”和长江经济带的重要交汇点，在国家现代化建设大局和全方位开放格局中具有举足轻重的战略地位，对全国经济社会发展发挥着重要的支撑和引领作用。

根据首届中国国际进口博览会开幕式上习近平主席的主旨演讲，国家支持长江三角洲区域一体化发展上升为国家战略，同“一带一路”建设、京津冀协同发展、长江经济带发展、粤港澳大湾区建设相互配合，完善中国改革开放空间布局。着力落实新发展理念，同长江经济带发展相互配合，完善长三角地区城际铁路空间布局，优化区域交通结构配置、加强各层级路网对区域运输需求保障。依托交通运输网络培育形成多级多类发展轴线，推动长三角城市群一体化发展。

2016年6月29日，国务院常务会议原则通过了《中长期铁路网规划(2016年)》，提出构筑“八纵、八横”高速铁路主通道；同时提出在优先利用高速铁路、普速铁路开行城际列车服务城际功能的基础上，规划建设支撑和引领新型城镇化发展的城市群城际客运铁路，优先在京津冀、长三角、珠三角、长江中游、成渝等城市群建成城际铁路网。2018年10月，国务院办公厅发布《关于保持基础设施领域补短板力度的指导意见》，明确推进京津冀、长三角、粤港澳大湾区等地区城际铁路规划建设作为保持基础设施领域补短板力度的重点任务。

因此，开展长三角区域铁路网规划是落实长三角一体化发展、高质量发展的重要任务，高速铁路在铁路运输网络中起着重要的作用，结合长三角地区社会经济发展需求，高速铁路可以划分为对外高速铁路通道、区域城际铁路网两大层次。

12.3.2 发展基础

1. 社会经济特征

(1)区位条件优越，战略地位突出

长三角地区具有成为亚太地区重要门户的优越条件，是我国参与国际竞争的重要平台。长三角地区是“一带一路”与长江经济带的重要交汇地带，拥有面向国际、连接南北、辐射中西部的密集立体交通网络和现代化港口群，经济腹地广阔，对长江流域乃至全国发展具有重要的带动作用，区位条件优越，战略地位突出，如图12.9所示。

(2)经济总量庞大，发展稳步前行

2019年三省一市常住人口2.3亿，完成GDP23.7万亿元，常住人口和GDP分别占全国的16.2%和23.9%；人均GDP为10.4万元，是全国平均水平的1.48倍；城镇化率68.2%，比全国整体水平高出7.6个百分点；接待旅游人数28.2亿人次，旅游收入39 134亿元，分别占全国的45.7%和58.9%。从上述统计可以看出，区域社会经济体量庞大，具有全局性重要影响力。

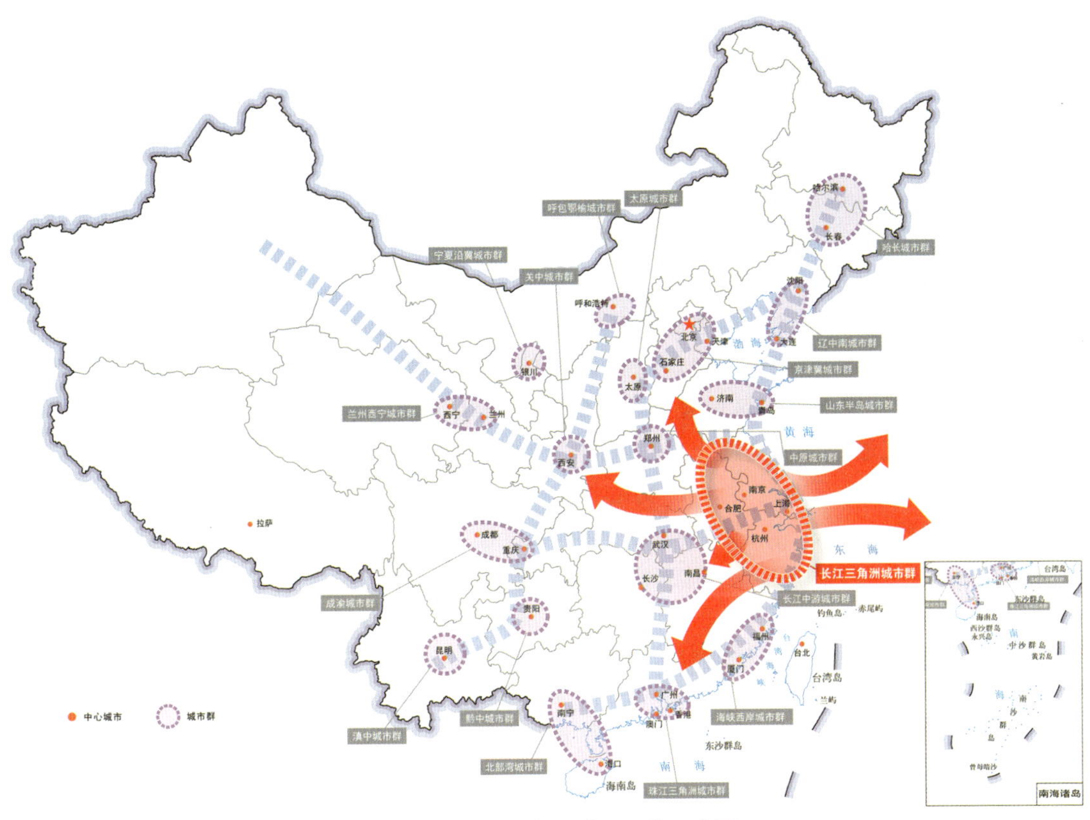

图 12.9　长江三角洲地区区位示意图

(3)产业结构不断优化，产业集群现象明显

2019 年，三省一市的生产总值为 237 253 亿元，三次产业比重从 2013 年的 5.8∶48.0∶46.2 调整为 4.0∶40.7∶55.4，产业分布从“二三一”调整为“三二一”的形式。三省一市产业集群明显。

(4)人口集聚现象明显，城镇化水平较高

长三角地区人口基数较大，2019 年户籍人口为 21 467 万人，常住人口为 22 714 万人，净流入人口 1 247 万人；常住人口占全国的比重近三年基本在 16%。上海、浙江、江苏净流入人口较大，安徽省净流出人口达到 753 万人。地区城镇化率较高，达到 68.17%，高出全国 7.57 个百分点；其中上海达到近 90%，安徽相对较低，为 55.8%，略低于全国平均水平。

三省一市人口集聚效应明显，从长三角地区人口热力分布来看，人口活动主要集中在合肥、宁安—沪宁—沪杭—杭甬形成的“之”字形地带，以及浙江省的金义、温台地区。这与长三角地区城市经济实力也是相一致的。

2. 综合交通特征

(1)区域交通运输需求持续增长、总量大，客货运输以公路为主，运输结构有待进一步优化。

长三角城市群客货运量保持快速增长，总量大。2019 年长三角地区完成客运量 30.8 亿人次，完成货运量 102.6 亿 t，分别占到全国客货运输总量的 17.52% 和 21.76%，所占比重较高。2019 年公路、铁路、水运、航空完成客运量占全社会客运总量比重分别为 70.05%、23.80%、2.34% 和 3.81%，其中铁路高于全国水平；2019 年公路、铁路、水运、航空完成货运量占全社会货运总量比重分别为 58.38%、1.86%、38.27%和 0.04%，其中铁路明显低于全国的 7.5%，水运明显高于全国的 22.4%。

(2)以上海为核心，以南京、杭州、合肥为次中心的向心交通明显。尤其是苏中、苏北对接苏南，皖江城市带对接上海的欲望强烈。

以上海为核心，以南京、杭州、合肥为次中心的向心交通明显。2019 年在长三角城市群中，上海、南京、杭州、合肥、苏州、宁波六市完成的客运量占城市群客运总量的 44.0%，货运量占城市群货运总量的 31.5%。

苏中、苏北对接苏南的欲望强烈。苏南、苏中、苏北由南向北区域发展不平衡，苏南城市化和城镇发展较快，苏南城市化率均达到 75%以上，苏中地区处于 67%，苏北地区则多处于 64%左右。苏南地区已成为区域经济发展的引擎，苏中、苏北地区对接苏南的欲望强烈。

(3)跨区域交通与区域交通重叠度较高，导致骨干交通走廊负荷不断加重。

沪宁、沪杭、杭甬等走廊，跨区域交通与区域交通重叠度较高，走廊负荷不断加重。

沪宁走廊既是上海—南京间的联系通道，也是上海、苏州、常州等与中西部地区联系的对外通道，通道负荷大。2017 年通道内公路交通量双向超过 20 万辆 pcu，铁路单向客货运量达到 6 642 万人/2 080 万 t。通道内客运，城市群内联系占 60%，对外联系占 40%；货运，城市群内占 55%，对外联系占 45%。

沪杭走廊，既是上海、嘉兴与杭州之间联系的通道，也是上海、嘉兴等与江西、西南等地区的联系通道。2017 年通道内公路超过 12 万辆 pcu，铁路单向客货密度达到 4 340 万人/2 856 万 t。在通道内客运，城市群内联系占 25%，对外联系占 75%；货运，城市群内占 30%，对外联系占 70%。

杭甬走廊，既是杭州、金华与舟山之间联系的通道，也是福建、广东等沿海地区与上海、南京等地区的联系通道。2017 年通道内公路超过 9.5 万辆 pcu，铁路单向客货密度达到 2 886 万人/1 900 万 t。在通道内客运，城市群内联系占 30%，对外联系占 70%；货运，城市群内占 70%，对外联系占 30%。

(4)以南京、杭州、合肥、苏州、宁波等为区域次中心，向周边卫星城镇放射的通勤交通正在形成。

区域内多个通勤圈逐步形成，通勤客流不断增加。近年来，区域内形成了多个都市圈，例如依托上海至嘉兴、湖州、昆山，依托南京至仪征、句容，依托杭州至海宁、德清、绍兴，依托宁波至余姚、慈溪等都市圈内的通勤交通正在逐步形成。都市圈、城市群经济的一体化的逐步实施。

(5)休闲、度假等旅游出行交通快速增长。

区域内休闲、度假等旅游出行交通快速增长。长三角地区旅游资源丰富，人民生活水平较高，短期休闲度假需求旺盛，吸引了大量假日休闲、度假的出行，2019 年长三角地区实现旅游总收入超过 3.91 万亿元，占全国旅游总收入的 58.90%；接待旅游人数 28.16 亿人次，占全国的 45.74%。自 2012 年国家法定节假日，高速公路免收过路费政策的实施，假日自驾游的人数呈现井喷式增长。

12.3.3 规划目标

1. 总体目标

为决胜全面建成小康社会和“交通强国、铁路先行”提供保障，支撑长三角区域一体化发展战略，以长三角轨道交通“一体化”、“更高质量”为总体发展目标。

2025 年，以“补短板、强弱项”为核心，完善综合运输通道短板，基本实现高速铁路对地级城市的覆盖，基本补齐区域间城际轨道交通发展短板，为在交通领域率先实现更高质量一体化发展奠定坚实基础。

2035 年，以“多层次、一体化”为核心，基本建成“轨道上的长三角”，构建功能适应、品质优越、更高质量的长三角多层次、一体化轨道交通体系。

2. 分区发展目标

围绕“江苏浙江完善提升、安徽拓展补强、强化上海引领和辐射带动作用”的总体战略。

江苏浙江：以中长期铁路网规划为基础，结合江苏沿江地区城际网和浙江省中长期铁路网规划情况，依托新的战略和形势要求，提升主要通道短板，完善苏北、浙西南城际网络。

安徽：根据安徽省实际，规划上重点拓展补强皖北、皖南城际铁路，提升网络覆盖弱项，同时在近期项目安排上量力而行。

上海：上海作为长三角的龙头，为更好地发挥上海对长三角地区经济社会发展的引领作用，提升互联互通水平，重点推动近沪地区和上海大都市区多层次轨道交通体系建设，引领长三角城市群一体化发展。

3. 通道目标

打造复合型区域通道，即各客流主通道实现多层次的网络布局，在通道实现高速通过流、快速城际流、中速通勤流的合理分工与统一。“一核五圈”的中心城市之间至少形成高速和城际 2 条及以上的客运通道。

4. 时效性目标

构建长三角“346 h”交通圈。长三角区域主要中心城市与周边相邻山东半岛、中原、长江中游、海西等城市群 3 h 左右可达，与京津冀、成渝、关中、粤港澳等城市群 4.5 h 左右可达，与辽中南、太原、兰西、黔中、滇中、北部湾等城市群 6 h 左右可达。

构建长三角城市群“1～3 h”交通圈。以区域内重要交通枢纽为中心，形成便捷、快速、安全、高效的城际铁路网络，实现中心城市之间出行 1～3 h 交通圈，省会城市与设区市 1.5 h 可达。

12.3.4 规划思路

按照“高标准、一体化、全融合”的网络布局理念，根据“分层次相互融合，分区域各有侧重，分阶段逐步实现”的总体策略，构建长三角地区高速轨道交通体系。

1. 分层次相互融合

打造多层次、相互融合的网络且廊道分工合理的长三角城市群，实现长三角地区高速铁路、城际铁路、市域铁路、城市轨道交通等多种轨道网络的高效衔接，融合发展，支撑建设对标国际引领发展的世界级城市群。

2. 分区域各有侧重

针对不同地区人口岗位布局，考虑通勤和商务、旅游等非通勤廊道的合理分工，结合不同的地区特征，各有侧重的制定区域的不同覆盖目标、走廊的融合目标、走廊的时间目标等。

3. 分阶段逐步实现

交通需求的相对无限性和通道资源有限性使得地方政府诉求日益迫切，地方诉求我们可以理解，但是也不能盲目的大干快上一些没有必要或者客流还不够成熟的项目，而是应该本着对标“外拓通道、内筑网络、强心聚轴、区域一体”的目标，按照成熟一个建设一个的原则，在相应时期内实现需求与供给的动态平衡，分阶段地实现规划目标。

规划方案紧密结合城市群“一核五圈四带”城镇网络化布局特点，规划布局应建立支撑空间布局、区域战略节点和产业发展方向的运输网络，结合城市群城镇、产业、交通等要素特征，按照“内筑网络、强心聚轴、区域一体”的总体思路规划布局多层次轨道交通体系。

4. 内筑网络

畅通“一核五圈”之间的联系，促进五圈联动发展；强化沿海发展带、沿江发展带、沪宁合杭甬发展带、沪杭金发展带的聚合发展，进一步聚集城市群的人口、经济、金融、产业等要素，优化提升城市发展带，提升发展轴带上的交通支撑与引导功能。

5. 强心聚轴

发挥上海龙头带动的核心作用和区域中心城市的辐射带动作用，构建周边城市与区域中心城市上海、南京、杭州、合肥、宁波、苏州等之间的都市圈城际网，

6. 区域一体

构建互联互通、换乘便捷、层次清晰、功能互补、服务多样、一体融合的轨道交通基础网络，支撑区域发展一体化战略。

12.3.5 规划方案

1. 对外高铁通道规划

(1)总体架构

规划形成衔接全国主要城市群的“三纵三横”主通道为骨架，其他通道、高速连接线为辅助的对外高铁通道格局，实现长三角与主要城市群的快速联系，直接通达80%以上的省会和100万以上人口的城市，并沟通“丝绸之路经济带”和“21世纪海上丝绸之路”，带动区域发展。

(2)架构组成

“三纵”通道：沿海通道、京沪通道(含二通道)、京港台通道。

“三横”通道：路桥通道、沿江通道、沪昆通道。

其他通道、高速连接线：武杭通道、沪苏湖、合肥至新沂铁路、合肥至西安高铁合肥至襄阳段等连接线。

2. 区域城际规划

(1)总体架构

区域城际铁路网规划紧密结合城市群“一核五圈四带”城镇网络化布局，结合城市群城镇、经济、产业、交通特征，建立支撑空间布局、区域战略节点和产业发展方向的城际客运网络系统，按照“强心、聚轴、联通、辐射”的理念规划形成城市群“一轴、四射、六贯通”为骨干、其他城际为补充的区域城际铁路网。

(2)架构组成

“一轴”——强化核心城市上海与区域中心城市南京、杭州、合肥、宁波之间的高速联系，提升“一核”对南京都市圈、杭州都市圈、合肥都市圈、苏锡常都市圈、宁波都市圈的辐射带动作用，规划形成“一轴”城际通道，沪宁合杭甬“Z”字形城际主轴，支撑沪宁合杭甬发展带。

"四射"——在"Z"字形主轴的基础上，强化沿海发展带、沿江发展带、沪宁合杭甬发展带、沪杭金发展带"四带"的聚合发展，构建沪泰宁宁安通道、沪杭金通道、沿海北(沪通盐)通道、沿南(沪甬台)通道、提升"一核"对"四带"的辐射作用，形成"四射"城际通道。

"六贯通"——在"一轴、四射"城际通道的基础上，构建"五圈"之间的便捷联系，构建连淮扬镇杭、宁淮宁宣黄、盐泰锡(常)宜杭、通苏嘉杭、合巢马常沪、安池铜宣湖沪等城际通道。

为提升长三角核心城市对周围苏北、皖北、浙西南等地区的辐射作用，推动区域协调发展，构建其他城际作为补充。

12.3.6 规划效果

1. 线网功能层次

本次规划紧密结合长三角城市群"一核五圈四带"城镇网络化布局，结合城市群城镇、经济、产业、交通特征，建立支撑空间布局、区域战略节点和产业发展方向的干线铁路网、区域城际铁路网。

干线铁路网：主要承担区域对外以及城市群内核心城市之间的客货联系。

区域城际铁路网：主要功能是承担城市群核心城市与副中心城市之间、核心城市与大都市圈之间、各大都市圈之间及城市群与周边地区之间的高速城际客流。

2. 线网形态

长三角地区多层次轨道交通将形成以高速铁路网"三纵三横"对外通道为骨架、区域城际铁路网"一轴、四射、六贯通"为骨干的高速轨道交通体系。

3. 线网规模

规划期末，长三角多层次轨道交通体系的规模如下：

干线铁路(高速对外通道)：长三角对外高速共52条线路，总规模10 233.6 km。其中，既有和在建高速铁路27条，城市群内规模6 127.0 km；中长期铁路网和铁路"十三五"规划高速铁路16条，城市群内规模2 578.6 km；规划新增高速铁路9条，城市群内规模1 528.0 km。

区域城际铁路网：长三角城市群区域城际铁路网共31条线路，城市群范围内规模5 376.9 km。其中，既有和在建区域城际铁路3条，城市群内规模689.0 km；长三角区域城际铁路网、皖江城际网和江苏沿江城际网规划28条，城市群内规模4 687.9 km。

4. 线网密度

通过本次规划，长三角地区高速铁路网密度为305.2 km/万 km^2，人均高速铁路网里程为0.48 km/万人；区域城际铁路网密度为160.3 km/万 km^2，人均区域城际铁路网里程为0.24 km/万人。

12.3.7 保障措施

1. 强化组织领导，健全推进机制

按照规划目标和重点任务，大力组织实施一批对于城市群构建和形成影响深重、长远的交通建设重点项目。长三角三省一市各有关部门要加强沟通配合，建立规划和综合运输服务协调机制，按年度分解明确省市以及各有关部门的目标任务，确保各项目标和任务有序推进。各地区要紧密结合发展实际，细化落实主要目标和重点任务，统筹协调推进综合交通运输发展的重大项目、重大工程，保障规划落到实处。

2. 深化体制改革，创新管理机制

完善综合交通管理体制。深化改革，探索适合长三角地区新型城镇化发展的跨区域、跨行政区划的协调机制，加强城市间沟通与协作，协调解决交通运输的统筹规划、同步建设以及资金筹措、运营模式和补贴等问题。建议建立长三角城际铁路公司，负责规划、建设及运营等事宜。

加强三省一市间的协商与沟通。建立常态化沟通渠道，加强与发改、城镇、国土、环保、水利等方面的有序衔接，做好与综合交通的统筹规划、建设和管理，提升交通设施的建设质量和效率。加强区域内各市县政府的沟通，统筹兼顾地区各市县对交通运输发展的不同需求，充分调动各级积极性，共同推进区域发展的重大项目。

3. 协调规划衔接，推进“多规合一”

在顺应以城市群为主体形态推进城市化的大趋势下，铁路建设与过去相比具有与城市结合更紧密、功能更综合多样的特点，对规划条件提出了更高的要求，涉及土地利用总体规划、城乡规划以及城镇体系规划等，需要铁路部门、各省市省级部门、地方政府、交通建设投资主体多方共同努力，发挥各方的积极性，建立顺畅的协商机制，促进多规合一，实现交通规划与城市规划、交通建设与城市建设、运输管理与城市管理全方位对接配套。同时，要统筹交通建设和城镇规划建设进程，合理谋划建设时序，兼顾交通建设与城市扩张、商业开发的配套协调。

4. 加大政府投入，拓宽融资渠道

积极争取各级政府加大投入，促进公益性基础设施发展。争取铁总资金对干线铁路建设加大投入，加速以地方投资为主的城际铁路、市郊铁路等区性域铁路建设；争取健全完善轨道交通发展基金，加大对具有区域影响力的综合交通客运枢纽、物流园区、公用码头等公益性基础设施的投入。

吸引民间资本广泛进入，推进多元化筹资机制。一是抓住机遇，充分利用好国家政策，稳步开拓直接融资渠道。积极争取银行对交通基础设施建设的贷款，支持符合条件的交通企业发行债券和重组上市。二是积极吸引民间投资和外资，推进交通基础设施建设的市场化进程。对经济效益相对较好、有一定偿还能力的交通基础设施，积极吸引民间资本和外商投资，减轻政府筹资压力。

12.4 粤港澳大湾区高速铁路网规划

本案例为2020年国家发改委批复的粤港澳大湾区城际铁路网规划。

12.4.1 规划背景

深化粤港澳合作、推动粤港澳大湾区建设，是党中央、国务院在新的历史条件下作出的重大决策部署。从2017年7月1日《深化粤港澳合作 推进大湾区建设框架协议》的签署，到2018年2月18日《粤港澳大湾区发展规划纲要》的印发，粤港澳大湾区将打造成为充满活力的世界级城市群、具有全球影响力的国际科技创新中心、“一带一路”建设的重要支撑、内地与港澳深度合作示范区、宜居宜业宜游的优质生活圈。

为全面贯彻落实习近平总书记提出的关于建设粤港澳大湾区的指示精神，支撑粤港澳大湾区建设国际一流湾区和世界级城市群，打造新时代国家重要的发展极，依据《中长期铁路网规划》，围绕湾区空间、产业和城镇化规划布局，进一步优化完善粤港澳大湾区铁路网，加快构建功能完善、层次清晰、便捷衔接、安全高效、低碳绿色的现代化铁路运输网络，进一步体现铁路的骨干作用。

12.4.2 发展基础

1. 经济基础

综合实力雄厚。2019 年粤港澳大湾区实现 GDP11.7 万亿元，占全国 11.4%；人均 GDP16.0 万元，是全国 2.2 倍；三产结构 1.3∶32.8∶65.9，初步形成以先进制造业和现代服务业为主的“内生增长”产业体系，是我国三大创新中心之一。

(1)对外开放门户。进出口总额 14.6 万亿元，占全国 37.1%；港澳地区与内地的进出口总额 3.6 万亿元，是内地与世界联系重要的纽带和桥梁。

(2)城镇化水平高。人口密度 1 286 人/km^2，是全国 8.8 倍，人口高度聚集；40 岁以下人口占 69.2%，人口结构年轻；城镇化率 87.8%，是全国 1.5 倍；人口净流入约 154 万人，人口吸纳能力强。

2. 综合交通

初步形成了以广州、深圳、香港为核心，沟通国内、国际的综合交通运输网络。

铁路方面，基本形成以广州、深圳为中心，联通粤东西北，辐射全国的放射型路网格局，营业里程 2 024 km，占全国 1.6%(其中高铁 907 km，占全国 3.6%)，路网密度 3.6 km/100 km^2，是全国 2.7 倍，县市覆盖率 91.3%。

公路方面，已形成以广深、莞深、广佛、广惠等高速公路为骨架，国省道为支撑的发达公路网，总里程 6.4 万 km(其中高速公路 4 585 km)，公路网密度 113 km/100 km^2，是全国 2.2 倍。

航空方面，已形成以香港、广州白云、深圳宝安、澳门等 4 大国际机场为核心的世界级空港群。

水运方面，已形成以广州、香港、深圳、东莞、珠海 5 个亿吨大港为核心的世界级港口群。

3. 运输服务

客运方面，2019 年粤港澳大湾区全社会客运量 10.4 亿人，以公路运输为主，占 57.5%，铁路占 26.1%，航空、水运分别占 15.0%、1.5%(民航不含国际航班)；旅客周转量以航空最大，占比 45.8%，其次为铁路，占比 31.6%，公路和水运分别占比 22.4%和 0.3%；客运平均运距为 300 km，铁路平均运距约为 407 km；2019 年铁路客运量 2.7 亿人，流向以湾区内部和外部并重，分别占 51.4%和 48.6%。

12.4.3 规划目标

1. 起步发展阶段

在基础设施密度和网络化程度全面提升的基础上，到 2022 年，初步形成旅客出行快捷、货物运输便捷、绿色安全一体的铁路网络，服务支撑国际一流湾区和世界级城市群框架加快建设。湾区路网总规模达到 3 000 km 左右，其中高速铁路 1 370 km 左右；铁路客运量、客运周转量市场份额分别提升到 30%和 35%左右，实现建设现代化铁路网起步。

2. 提升水平阶段

到 2025 年，基本建成对外通畅、内部便捷、高效衔接的铁路网络，促进宜居宜业宜游的国际一流湾区加快建设。湾区路网总规模达到 4 300 km 左右，其中高速铁路 1 700 km 左右；铁路客运量、客运周转量市场份额分别提升到 35%和 40%左右；实现服务质量和水平全面提升。

3. 赶超国际阶段

到 2035 年，全面建成运输品质优良、枢纽布局合理、多式联运便捷、运输经济高效的现代化铁路网络，打造“轨道上的粤港澳大湾区”。湾区路网总规模达到 4 700 km 左右，其中高速铁路 1 800 km 左右；铁路客运量、客运周转量市场份额分别提升到 50%、55%以上，实现赶超国际一流湾区。

12.4.4 规划思路

1. 指导思想

以习近平新时代中国特色社会主义思想为指导，全面贯彻党的十九大和十九届二中、三中全会精神，落实《粤港澳大湾区发展规划纲要》等国家战略部署，以打造国际一流湾区和世界级城市群为目标，充分发挥铁路在经济社会发展中的战略支撑作用，奋勇担当“交通强国、铁路先行”历史使命，借鉴国际一流湾区经验，在用好既有路网的基础上，以“补短板、强弱项、促融合、上水平”为主攻方向，统筹对外干线通道、内部城际铁路等进行分层分类规划研究，构建与湾区“极点带动、轴带支撑”空间布局相适应的现代化铁路网络，科学有序推进铁路规划建设。

2. 战略定位

一是建设国际一流湾区和世界级城市群的重要支撑。畅通对外运输通道，构筑内部快速交通网络，提升客货运输服务水平，与城市轨道、市域(郊)铁路等统筹协调，推进铁路与机场、港口的协同发展，打造轨道上的粤港澳大湾区。

二是切实贯彻绿色发展理念、建设绿色低碳湾区的重要保障。充分发挥铁路运能大、效率高、排放少、占地省的比较优势，扩大铁路服务有效供给、丰富铁路公共产品，推动湾区绿色、循环、低碳发展。

三是深度参与“一带一路”建设、拓展国际合作平台的重要载体。推进高铁、城际与国际空港群的空铁联运，扩大粤新欧、粤满俄等国际班列覆盖范围，积极参与“一带一路”建设，加快培育国际经济合作和竞争新优势。

四是高效服务“一国两制”制度、深化港澳与内地合作的重要基础设施。推进港澳与内地快速、便捷互联互通，大胆创新铁路运输服务水平，促进港澳同胞共享铁路跨越式发展胜利果实，进一步融入国家发展大局。

3. 规划原则

(1)合理分工，绿色发展。充分发挥铁路骨干优势，与城市轨道、机场、公路、港口等其他交通方式分工协作，合理提高铁路客货运市场份额，提升铁路服务水平，进一步优化区域交通运输结构，主动适应大湾区高质量发展，共同促进各类要素在大湾区便捷流动和优化配置，实现可持续发展。

(2)互联互通，融合发展。围绕湾区空间、产业和城镇化布局，按照“零距离换乘、无缝化衔接"的要求，强化干线铁路、城际铁路、市域(郊)铁路、城市轨道、民航、公路等各种交通方式有机衔接、互联互通，构建综合交通枢纽，推动不同运输方式联程联运，实现多种交通方式融合发展。

(3)需求导向，适度发展。以客货需求为导向，适度超前为原则，规划高铁按双向客流密度 6 000 万人/年衡量高铁能力、并按照 8 000 万人/年校核。并统筹协调广东省正在编制的《粤港澳大湾区城际铁路建设规划》规划方案，并征求广东省及各地市意见，合理确定路网规模、布局，并预留发展余地。

(4)开放创新，多元发展。以开放创新推进铁路持续发展，充分发挥多方积极性，落实支持铁路建设的土地综合开发、运营补贴等有关政策，完善投融资平台，通过多元化投资、市场化运作，积极吸引社会资本，使社会资本和政府投资相辅相成，形成推进铁路持续发展的整体合力。

4. 规划思路

深入贯彻落实国家打造国际一流湾区和世界级城市群决策部署，围绕奋勇担当"交通强国 铁路先行"历史使命，规划支撑引领湾区发展：一是充分借鉴相关经验，规划建设与国际一流湾区世界级城市群相适应的现代化铁路网络，打造轨道上的粤港澳大湾区目标；二是以需求导向，基于湾区人口、GDP、城镇化率、人均收入、三产比例等地方提供发展数据为基础，预测研究年度客货运需求；三是以中长期铁路网规划为基础，聚焦粤港澳大湾区自身特点，加强与湾区空间、产业和城镇化规划布局等深度融合，强化香港、澳门与大湾区各城市间联系；四是路网规划基于灵活、多用、高效原则，聚焦补短板、强弱项、促融合、上水平，既充分用好既有通道能力，又预留未来一定发展空间；五是充分发挥铁路在综合交通运输体系中的绿色骨干作用，持续深化铁路运输供给侧结构性改革，进一步强化内外铁路通道能力和质量。

12.4.5 规划方案

1. 对外高速铁路客运通道规划布局方案

结合周边城市群的空间分布，重点研究粤港澳大湾区北向、东向、西向等 3 个方向对外客运通道，从运输需求出发，基于能力缺口增加相关规划项目，实现需求与供给的有效匹配。

(1)北向通道。是京哈—京港澳通道和京港(台)通道的重要组成部分，便捷连通长江中游、中原、京津冀等城市群。2017 年北向通道客流密度为 12 385 万人，现状有京广高铁、京广铁路、京九铁路等 3 条客运通道(1 条高铁、2 条普铁)，最大区段能力利用率分别为 85.6%、100%、71.4%，能力趋于饱和；在建项目有赣深高铁、广清城际；上位规划无新增项目。预测 2035 年北向通道客流密度将达到 3.23 亿人，能力缺口约 8 000 万人，需增加 1 条对外高铁。除在建赣深高铁通道外，结合广清城际建设中预留了向北延伸条件，经新建通道多方案比选，建议利用广清城际北延至永州形成新的对外高速通道，并可通过衔接呼南、厦渝通道进一步沟通成渝城市群。北向通道形成 5 条客运通道(3 条高铁、2 条普铁)。

(2)东向通道。是沿海通道的重要组成部分，高效衔接海西、长三角等城市群。现状有厦深高铁 1 条客运通道，2017 年客流密度为 4 926 万人，最大区段能力利用率为 89.4%，能力趋饱和；在建项目有广汕高铁；上位规划无新增项目。预测 2035 年东向通道客流密度将达到 15 500 万人，通道能力缺口约 4 000 万人，需增加 1 条对外高铁。结合深汕特别合作区的推进建设以及深圳枢纽总图预留的深圳至汕尾城际通道等情况，规划增加深圳至汕尾城际。东向通道形成3条客运通道(2条高铁、1条城际)。

(3)西向通道。是兰(西)广通道、沿海通道和广昆通道的重要组成部分，快速联通黔中、成渝、北部湾等城市群。现状有贵广高铁、南广高铁、江湛铁路、广茂铁路等4条客运通道，2017年客流密度为6 387万人，最大区段能力利用率分别为61.3%、51.9%、24.0%、100%，能力有一定富裕；上位规划有广湛高铁、深茂铁路深江段和广州至梧州铁路。预测2035年西向通道客流密度约26 188万人，通道无能力缺口，形成6条客运通道(4条高铁、2条普铁)。

综上，粤港澳大湾区对外形成“3方向15放射”干线通道格局，其中高铁通道“3方向11放射”，与相邻城市群及省会城市实现3 h通达。

2. 内部客运通道规划布局方案

结合粤港澳大湾区空间布局，重点研究粤港澳大湾区内部广深港轴、广珠澳轴、深港珠澳轴以及极轴放射客运通道，从运输需求出发，基于能力缺口增加相关规划项目，实现需求与供给的有效匹配。

(1)广深港轴。位于粤港澳大湾区经济最为发达、产业与就业人口聚集度最高的珠江东岸知识密集型产业走廊内，连接广佛、港深、东莞等重要节点城市，常住人口5 044万人。2017年广深港轴客流密度为10 963万人，中长途客流比例约为43.6%，有广深港高铁、广深Ⅰ、Ⅱ线和Ⅲ、Ⅳ线等3条客运通道(1条高铁、1条城际、1条普铁)，最大区段能力利用率分别为89.4%、94.5%和98.6%，能力趋于饱和；在建有穗莞深城际；上位规划有穗莞深城际南延至香港。预测2035年广深港轴客流密度将达到2.6亿人，中长途客流比例约为42.3%，其中，深港极部分北向对外7 200万人、深港极部分西向对外1 400万人；城际客流比例约为57.7%，广佛极与深港极间城际客流10 700万人。通过加强通道各线运输组织，合理选用车型，优化各线分工，通道无能力缺口；类比经济人口类似的沪杭、沪宁、京津通道现状及规划格局，广深两极间客流强度大，预期盈利性较好，考虑轨道交通更高速度的创新发展空间、战略留白，预留广深港新通道，并研究了经知识城方案、鱼珠方案、岑村方案、高塘方案等4大系列方案，考虑可实施性和可控性，建议采用省市推荐的经鱼珠方案。为进一步促进广佛与深港快速交流，创新轨道交通发展，下一步深化研究广深港新通道更高速度等级轨道交通方式规划建设的必要性和可行性。根据地方诉求，为加强深圳南山中心区、东莞松山湖、东莞寮步中心区、广州知识城间的快速联系，支撑服务广州(增城)—深圳—香港科技创新走廊通勤需要，同意地方提出的预留深莞增城际。广深港轴形成3条对外客运通道(广深港高铁、广深港新通道、广深Ⅲ、Ⅳ线)，3条城际客运通道(穗莞深、深莞增2条城际、广深Ⅰ、Ⅱ线)。

(2)广珠澳轴。处于珠江西岸技术密集型产业走廊内，连接广佛、澳珠、中山、江门等重要节点城市，常住人口3 651万人。2017年广珠澳轴客流密度为2 893万人，中长途客流比例约为5.3%，有广珠城际1条客运通道，最大区段能力利用率为88.0%，能力趋于饱和；上位规划有广佛江珠城际。预测2035年广珠澳轴客流密度将达到1.66亿人，中长途客流比例约为44.5%，其中，珠澳极北向对外1 320万人、珠澳极部分西向对外1 339万人、深港极部分西向对外3 300万人；城际客流比例约为55.5%，广佛极与珠澳极间城际客流3 407万人。广珠澳轴能力缺口约6 000万人，需新增1条通道。规划增加广珠澳高铁，补强轴内无高铁的短板。线路方案研究了肇庆东接轨方案、利用广珠铁路方案、接贵广联络线方案等3

大系列方案，经现场踏勘、多方论证，考虑可实施性和可控性以及对既有线的干扰，建议采用省市推荐的接贵广联络线方案。同时结合地方意见，满足南沙自贸区北上需求，建议新增广中珠澳城际。广珠澳轴形成1条对外客运通道(广珠澳高铁)，3条城际客运通道(广珠、广佛江珠、广中珠澳城际)。

(3)深港珠澳轴。轴内常住人口2 235万人，现状无直接连通的客运通道，需经广州中转绕行；上位规划有深茂铁路深江段、中南虎城际，预留深珠城际。根据需求分析，2035年深港珠澳轴客流密度将达到9 428万人，中长途客流比例约为65.1%，其中，深港极西向对外4 648万人、珠澳极东向对外469万人；城际客流比例约为34.9%，深港极与珠澳极间城际客流1 420万人，深港珠澳轴深茂铁路建成后无能力缺口。广珠澳大桥开通后，日均通行旅客6万人次，出行需求持续增长。按照粤港澳大湾区发展规划纲要提出的基础设施互联互通的要求，考虑广珠澳大桥开通后效果、强化港澳一体化发展条件，及香港、澳门连通的重要性，规划预留港澳连接线；并加快推进广中珠澳城际南沙至珠海段前期工作，早日形成快速连通港深与珠澳新通道。深港珠澳轴形成2条对外客运通道(深茂铁路、港澳高铁连接线)，1条城际客运通道(深珠城际)。

(4)三极辐射。在广佛、深港、珠澳三极基础上，统筹考虑人口相对集中区域轨道交通出行需求，经与地方拟上报国家的《粤港澳大湾区城际铁路建设规划》衔接，增加部分区域城际连接支线，进一步强化三极的辐射范围实现覆盖区域所有20万人口以上城镇、80%的5万人口以上城镇。广佛极辐射，现状有广佛肇、广珠城际，在建有佛莞、广佛环线、穗莞深及广清城际；规划有广佛西环、广清城际广州北至广州线、肇顺南城际。2035年广佛极铁路客运量将达4.65亿人，无能力缺口。结合地方诉求，规划新增广州北至从化城际，并预留至河源条件。深港极辐射，现状有莞惠城际，在建有穗莞深城际，规划有深惠城际、穗莞深城际南延至香港。预测2035年深港极铁路客运量将达3.59亿人，无能力缺口。结合地方诉求，规划新增塘厦至龙岗、常平至龙华城际。珠澳极辐射，现状有广珠城际，在建有珠海市区至珠海机场城际，规划有广佛江珠、深珠城际，2035年珠澳极铁路客运量将达0.88亿人，无能力缺口。为深入广佛极核心区、沟通相关线路、增强湾区与成渝、黔中等城市群的快捷联系，规划贵广联络线，并研究了肇庆东、广宁两大接轨方案，两个方案投资及运营时分相当，但肇庆东接轨方案路网功能更强，考虑广宁接轨方案需破除无砟轨道、施工难度大、对运营线路影响较大，建议采用肇庆东接轨方案；为增强深港、珠澳极与北部湾、滇中等城市群的便捷联系，沟通相关线路，规划南广联络线。

综上，粤港澳大湾区内部形成以广佛、深港、珠澳三极为核心，广深港、广珠澳、深港珠澳三轴为骨架的三角形放射状快速轨道网络，形成三极间0.5 h、主要城市间1 h交通圈。

12.4.6　规划效果

发展综合质量效益方面。广佛、港深、珠澳三极之间基本实现0.5 h通达，湾区主要城市间形成1 h交通圈，大湾区与相邻城市群及省会城市实现3 h通达，湾区三极间通勤需求得到满足，人口聚集区与三极间轨道交通无缝衔接，人们出行更加便捷舒适。2035年铁路网总规模达4 700 km左右，其中高铁里程1 800 km左右，铁路客运量、客运周转量市场份额分别达到52%、57%。

1. 创新发展方面

高速铁路运营里程、动车组保有量、工程建造水平、动车组最高运营速度等大幅领先国际湾区。通过互联网＋、大数据等，在铁路运输、安全、营销和经营等现代化管理及智能服务方面，实现湾区铁路硬软件世界领先。

2. 协调发展方面

以既有路网为基础加快相关项目规划建设，实现广珠澳三极便捷连通。综合客运枢纽节点数量从现状的 12 个增加至 39 个，综合客运枢纽换乘便捷性大大提升，并与广州白云、深圳宝安、珠海金湾、新干线机场等实现空铁联运。

3. 绿色发展方面

铁路规划实施后，土地资源集约利用、线路通道功能互补、运输效益明显改善、绿色节能持续发展，规划年度每年可减少二氧化碳(CO_2)排放 1 106 万 t。

4. 共享发展方面

2035 年，粤港澳大湾区铁路对 5 万人口以上城镇覆盖率约 80%，对 20 万人口以上城镇全覆盖，对县级行政区覆盖率 100%；高铁覆盖所有地级市，50 万人口以上城市覆盖率 100%。

粤港澳大湾区 2035 年铁路网规划在布局形态、路网规模、路网质量等方面达到世界一流湾区水平，湾区 80%以上人口享受到轨道交通带来的便利。

12.4.7 保障措施

1. 加强组织领导

坚持党对一切工作的领导，充分发挥党总揽全局、协调各方的作用，增强“四个意识”，坚定“四个自信”。按照党中央、国务院关于将粤港澳大湾区建设成国际一流湾区和世界级城市群的战略部署，建立国铁集团、广东省及各地市的工作联动机制，加强各有关部门密切配合，纵横联动、协调推进项目前期工作。充分发挥各级党组织的战斗堡垒作用和党员先锋模范作用，保障规划高效实施。

2. 加强衔接控制

加强铁路网规划与综合交通规划、土地利用规划、城乡规划、生态环境保护规划等的衔接，各地要将已规划的铁路线路及车站纳入城市总体规划、土地利用总体规划，预留通道资源和综合交通枢纽建设条件。同时加强与城市轨道交通、公路、城市道路、民航、水运等交通运输方式的衔接，统筹规划，预留衔接点，推动形成一体化轨道交通网络和高效便捷的综合交通运输系统。

3. 加强政策引导

在充分发挥现有政策的基础上，充分发挥广东省先行先试的政策创新优势，针对粤港澳大湾区铁路的发展要求，制定相应的特殊政策，如支持政府通过购买服务方式开行城际列车、市域(郊)列车，支持调整运输结构、引导和鼓励公路货运向铁路转移，研究出台运营亏损补贴、税收减免等方面政策，提高铁路客货运市场份额，减少公司运营亏损，实现铁路可持续发展。

4. 提升管理质量

基于湾区开放包容的特点，充分利用国内外创新要素高度集聚的优势，在铁路运输指挥、生产、安全监控、客货营销和经营管理等各个方面，多方参与、进行现代企业制度的有效探索。

基于宽松的市场竞争机制,充分利用互联网+、大数据等创新平台,与相关企业合作,推进无纸化联乘联运、人脸识别、个性化定制出行、智能引导等,实现湾区铁路"硬件、软件"世界领先。

12.5　重庆(成都)至上海高铁通道规划

本案例为2018年国家推动长江经济带发展领导小组批准的《推动长江经济带沿江高铁通道规划实施方案》。

12.5.1　规划背景

长江经济带是我国经济发展程度较高的区域,连接长三角洲、长江中游和成渝三大城市群,是最具发展活力、最有发展潜力的区域,同时也是我国主要生态廊道。为了促进长江经济带发展,党和国家领导人多次提出长江经济带的发展总要求,同时党中央和国务院相继出台了长江经济带有关的发展战略,为长江经济带的发展提出了新的战略定位和重大战略决策。新时代不平衡不充分发展矛盾的重要解决途径之一是交通强国、铁路先行;长江经济带"生态优先、绿色发展,共抓大保护,不搞大开发"战略定位要求建设高速铁路;长江经济带"一轴、两翼、三极、多点"发展新格局需要高速铁路的引导支撑。

长江经济带应依托长江黄金水道,在更高起点上建设综合交通运输体系,推动上中下游地区协调发展,构建横贯东西、辐射南北、通江达海、经济高效、生态良好的长江经济带。但目前既有沿江铁路通道客货运输均存在问题,与长江经济带发展战略不协调,支撑作用不强。一是客运技术标准低、服务质量差、客运需求受抑制、骨干地位不强、存在高铁短板;二是货运绕行远、成本高、对沿线经济带动有限、环保优势没有发挥、三峡过坝运输严峻、双层集装箱通道的功能缺失、货运分工和结构急需优化;三是既有沿江铁路在"八纵八横"高铁主通道中地位不高。

为了落实党和国家领导人有关长江经济带发展的指示精神,支撑长江经济带发展战略,在更高起点上建设综合交通运输体系,推动上中下游地区协调发展,构建横贯东西、辐射南北、通江达海、经济高效、生态良好的长江经济带,开展重庆(成都)至上海高铁通道规划研究。

12.5.2　发展基础

1. 通道现状

沿江铁路通道主要由沿江铁路客运通道和沿江铁路货运通道组成。

(1)客运方面

既有沿江铁路客运通道为沪汉蓉铁路,如图12.10所示,自成都、重庆经宜昌、武汉、合肥、南京至上海,横跨长江经济带,全长1 991公里,标准160～350 km/h不等,旅行时间12.2 h。2016年最大断面客流密度:武汉以东合宁段为2 313万人、沪宁段为7 536万人,武汉以西汉宜段为2 073万人、成渝段为2 400万人。

(2)货运方面

沿江铁路货运通道如图12.11所示,主要包括:武汉以东由京沪线、宁芜铜线、铜九线、武九线构成;武汉以西分为南、北两通道,北通道由汉丹线、襄渝线、达成线构成,南通道由长荆线、焦柳线荆鸦段、鸦宜线、宜万线、达万线构成。此外,合武、合宁、汉宜、渝利铁路设计为客货共线铁路,但至今均未开通货运。

图 12.10 沿江铁路客运通道线路构成

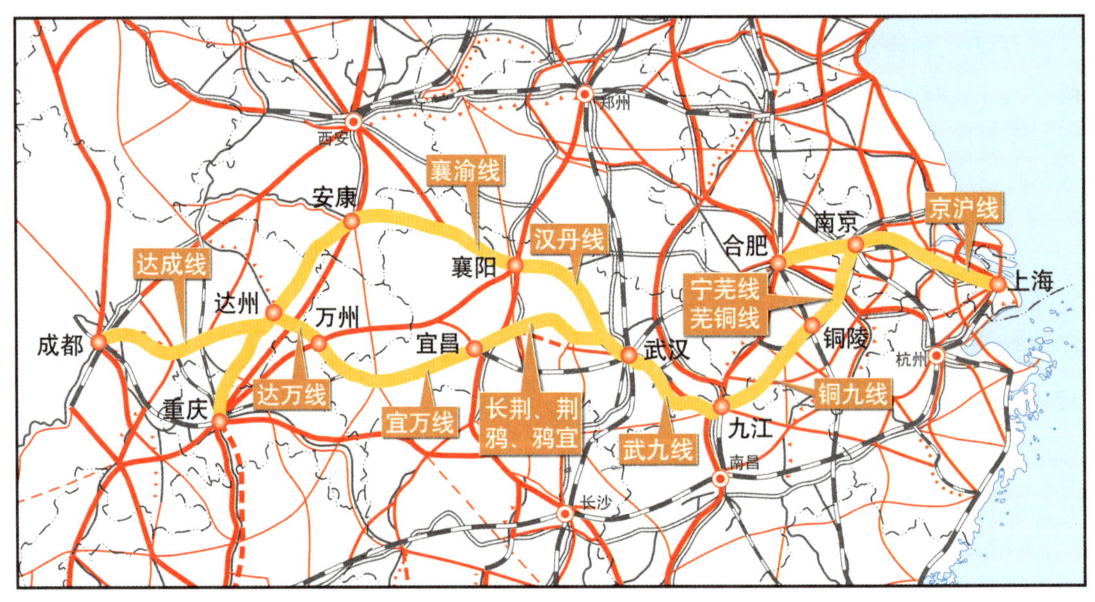

图 12.11 沿江铁路货运通道线路构成

沿江铁路货运以大宗物资、矿建、粮食、集装箱为主。2016 年最大断面货流密度：重庆至宜昌段（襄渝线、宜万线）为 4 873 万 t、宜昌至武汉段（汉丹线、长荆线）为 3 644 万 t、武汉至九江段（武九线）为 2 051 万 t、九江至南京段（宁芜线）为 1 629 万 t、南京至上海段（京沪线）为 1 761 万 t，局部区段能力趋于饱和。

2. 突出问题

根据《中长期铁路网规划》，沿江通道指上海—南京—合肥—武汉—重庆—成都高速铁路，包括南京—安庆—九江—武汉—宜昌—重庆、万州—达州—遂宁—成都高速铁路（其中成都至遂宁段利用达成铁路),连接华东、华中、西南地区,贯通长三角、长江中游、成渝等城市群。目前,沿江铁路通道存在问题是标准不一、能力不足,铁路技术经济优势和通道整体能力未得到充分发挥,不符合国家高铁主通道的定位,对实施长江经济带发展战略支撑不足。

一是技术标准不适应客货运输需求。沿江铁路全线总体技术标准较低、差异较大,其中合宁、合武为 250 km/h,汉宜、渝利为 200 km/h,宜万为 160 km/h。目前,沿江铁路运行时间长、运输服务质量低,重庆至上海耗时 10～1.3 h,武汉至上海耗时 5～6 h,难以满足沿江城市群间快速直达的运输需求。

二是既有铁路货运功能未得到有效利用。沿江铁路渝利、宜万、汉宜、合武、合宁段在原设计中有货运功能,并规划为双层集装箱通道,但由于沿江客运需求旺盛、运输安全、货运配套设施不完善以及运输组织等原因,除宜万线办理极少量的货运外,其他线路均没有办理货运,资产效益未有效发挥。

三是铁路运输比较优势发挥不足。沿江铁路没有发挥骨干运输和绿色低碳的优势,对沿线社会经济带动不足。从客运看,公路市场份额占比远大于铁路,部分路段客运能力紧张,适宜铁路运输的区段铁路市场份额也低于民航。从货运看,沿江铁路货运绕行远、成本高,沿江铁路货运重庆至南京间需多绕行 560 km,大量货运需求转移到公路,没有发挥铁路环保的技术优势。此外,铁水联运发展滞后,铁路对疏解三峡枢纽运输瓶颈制约支撑不足。

12.5.3　规划目标

1. 高标准,全线贯通

长江经济带是我国的经济新支撑带,具有独特的优势和巨大发展潜力,提升长江经济带的国家战略支撑力,需要按照高标准、高起点,全线贯通的目标谋划高铁通道,提升铁路在长江经济带战略中的支撑力和保障力。

2. 客货畅通,提质增效

长江经济带沿江通道内存在铁路客运技术标准低、运输质量差,货运绕行远、成本高、三峡过坝运输严峻等问题,应按照补强铁路客运地位、增强三峡翻坝运输能力,充分利用既有沿江铁路原设计双层集装箱运输功能的目标规划高速通道。

3. 缩短时空,高速通达

目前,沿江通道铁路客运从重庆至上海超过 10～13 h,运输质量不高,沿江通道长三角、长江中游、成渝三大城市群之间铁路运输不便捷,需要缩短时空距离,应按照中心城市之间 3～6 h 的目标规划高速通道。

4. 结构合理,铁路主导

从当前长江经济带综合立体走廊内的客货运输结构分析,铁路在客货运输中的份额较低,铁路在长江经济带中的支撑地位不适应,因此,应该按照综合运输体系合理分工,结构优化、发挥铁路主导作用为目标构建高速通道。

12.5.4 总体思路和基本原则

1. 总体思路

全面贯彻习近平新时代中国特色社会主义思想和党的十九大决策部署，牢固树立和贯彻落实新发展理念，按照高质量发展的要求，深入推进实施《长江经济带发展规划纲要》，围绕畅通长江大动脉，高起点规划建设高标准高质量的东西向沿江高铁动脉，加快沿江铁路通道能力紧张区段和规划缺失区段建设步伐，释放普速铁路货运能力，加强多种运输方式协同配合，有效疏解三峡水运枢纽瓶颈，提升沿江通道运输品质和效率，为长江经济带发展提供有力支撑。

2. 基本原则

统筹规划，合理布局。统筹既有、规划和近、远期通道能力需求及适应情况，强化与国土空间规划对接，构建高标准沿江高铁通道，提供多路径、多层次运输服务，促进水运与铁路运输合理分工。

有序推进，重点突破。着眼沿江客运需求，加快推进长江经济带铁路网络建设，以构建高标准高质量沿江高铁通道为重点，加快实施一批关键性控制项目，尽快提高通道运输能力。

绿色低碳，集约发展。加强建设项目生态环境影响研究论证，审慎对待环境敏感区域，节约集约利用土地、通道等资源，打造沿江高铁绿色走廊，推进高铁车站及周边区域合理开发建设。

12.5.5 规划方案

规划新建成都、重庆至上海沿江高铁通道，主要经由成都、重庆、宜昌、武汉、合肥、南京至上海。其中，新建成达万高铁 473 km、渝宜高铁 514 km、渝万高铁 247 km、郑万高铁 244 km、宜昌至郑万高铁联络线 101 km、汉宜高铁 302 km、合武高铁 325 km、合宁高铁 155 km、沪宁高铁 298 km、商合杭高铁 330 km、湖苏沪高铁 164 km、北沿江高铁 440 km。结合沿江高铁建设时机，提出“三步走”方案。

第一阶段：如图 12.12 所示，2022 年前，沿江高铁通道由成都、重庆—万州—襄阳—武汉—合肥—南京—上海的“350＋250” km/h 高铁构成，建成武十高铁、郑万高铁、商合杭高铁，利用既有成渝高铁、渝万铁路、合武铁路、合宁铁路、沪宁城际，成都、重庆至上海运营里程分别为 2 112、1 793 km，旅行时间分别由现状的 12.2、10.7 h 缩减至 10.4、8.9 h。

第二阶段：如图 12.13 所示，2025 年前，沿江高铁通道由成都、重庆—万州—宜昌—荆门—武汉—合肥—南京—上海高铁构成，建成成达万高铁、渝万高铁、宜昌至郑万高铁联络线、汉宜高铁、合武高铁、合宁高铁、沪宁高铁、北沿江高铁、湖苏沪高铁，成都、重庆至上海运营里程分别为 1 895、1 672 km，旅行时间分别缩减至 6.8、5.8 h。

最终目标：如图 12.14 所示，沿江高铁通道由成都、重庆—(万州)—宜昌—荆门—武汉—合肥—南京—上海高铁构成，建成渝宜高铁，成都、重庆至上海运营里程分别为 1 898、1 594 km，重庆至上海旅行时间进一步缩减至 5.3 h。沿江高铁通道最终形成由成达万高铁、渝宜高铁、渝万高铁、郑万高铁、宜昌至郑万高铁联络线、汉宜高铁、合武高铁、合宁高铁、沪宁高铁、商合杭高铁、湖苏沪高铁、北沿江高铁等组成的多径路、多分支 350 km/h 高标准通道。

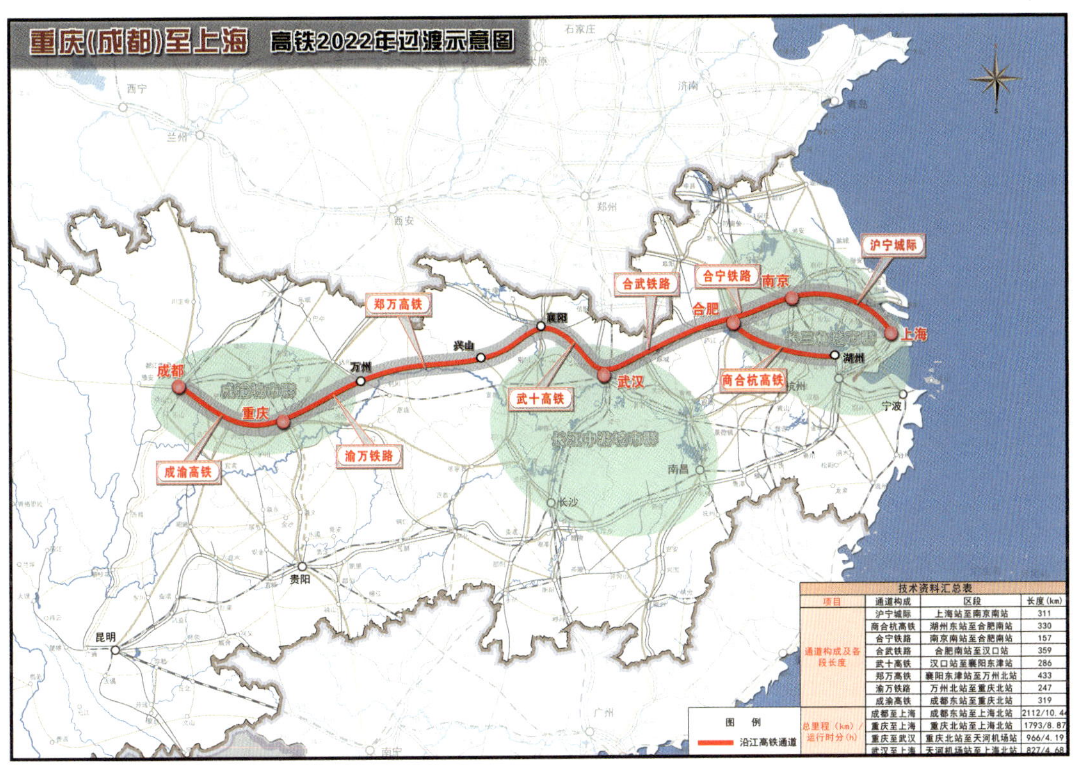

项目	通道构成	区段	长度(km)
通道构成及各段长度	沪宁城际	上海站至南京南站	311
	商合杭高铁	湖州东站至合肥南站	330
	合宁铁路	南京南站至合肥南站	157
	合武铁路	合肥南站至汉口站	359
	武十高铁	汉口站至襄阳东津站	286
	郑万高铁	襄阳东津站至万州北站	433
	渝万铁路	万州北站至重庆北站	247
	成渝高铁	成都东站至重庆北站	319
总里程(km)/运行时分(h)	成都至上海	成都东站至上海北站	2112/10.44
	重庆至上海	重庆北站至上海北站	1793/8.87
	重庆至武汉	重庆北站至天河机场站	966/4.19
	武汉至上海	天河机场站至上海北站	827/4.68

图 12.12 第一阶段规划示意

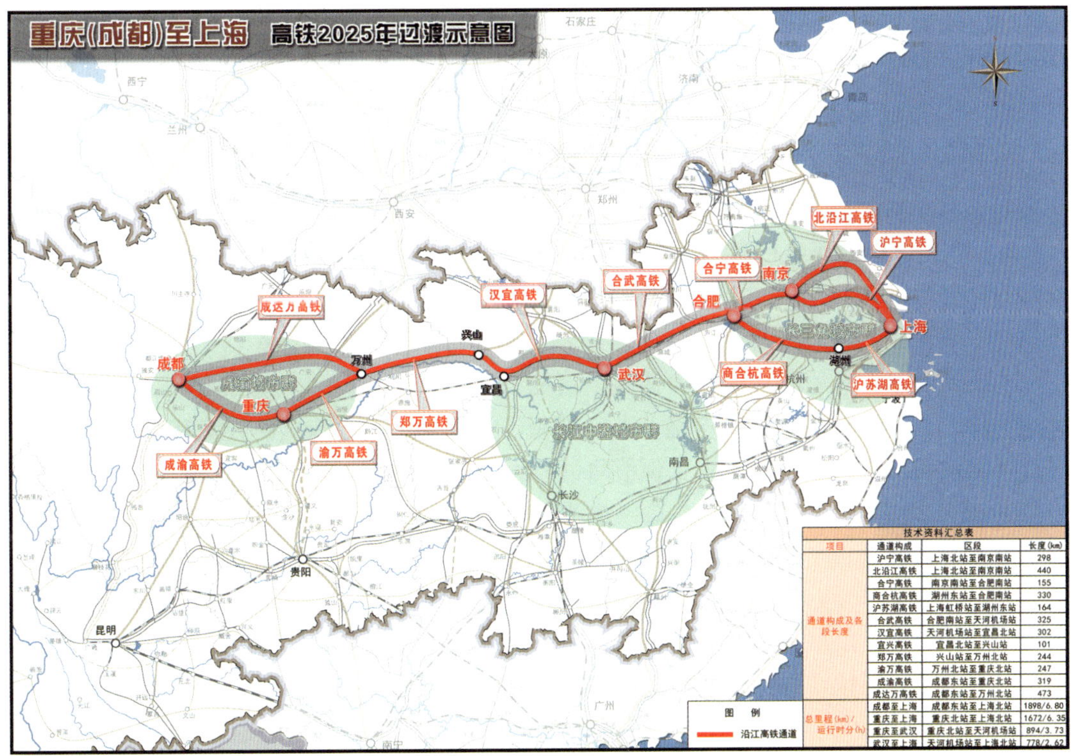

项目	通道构成	区段	长度(km)
通道构成及各段长度	沪宁高铁	上海北站至南京南站	298
	北沿江高铁	上海北站至南京南站	440
	合宁高铁	南京南站至合肥南站	155
	商合杭高铁	湖州东站至合肥南站	330
	沪苏湖高铁	上海虹桥站至湖州东站	164
	合武高铁	合肥南站至天河机场站	325
	汉宜高铁	天河机场站至宜昌北站	302
	宜兴高铁	宜昌北站至兴山站	101
	郑万高铁	兴山站至万州北站	244
	渝万高铁	万州北站至重庆北站	247
	成渝高铁	成都东站至重庆北站	319
	成达万高铁	成都东站至万州北站	473
总里程(km)/运行时分(h)	成都至上海	成都东站至上海北站	1898/6.80
	重庆至上海	重庆北站至上海北站	1672/6.35
	重庆至武汉	重庆北站至天河机场站	894/3.73
	武汉至上海	天河机场站至上海北站	778/2.62

图 12.13 第二阶段规划示意

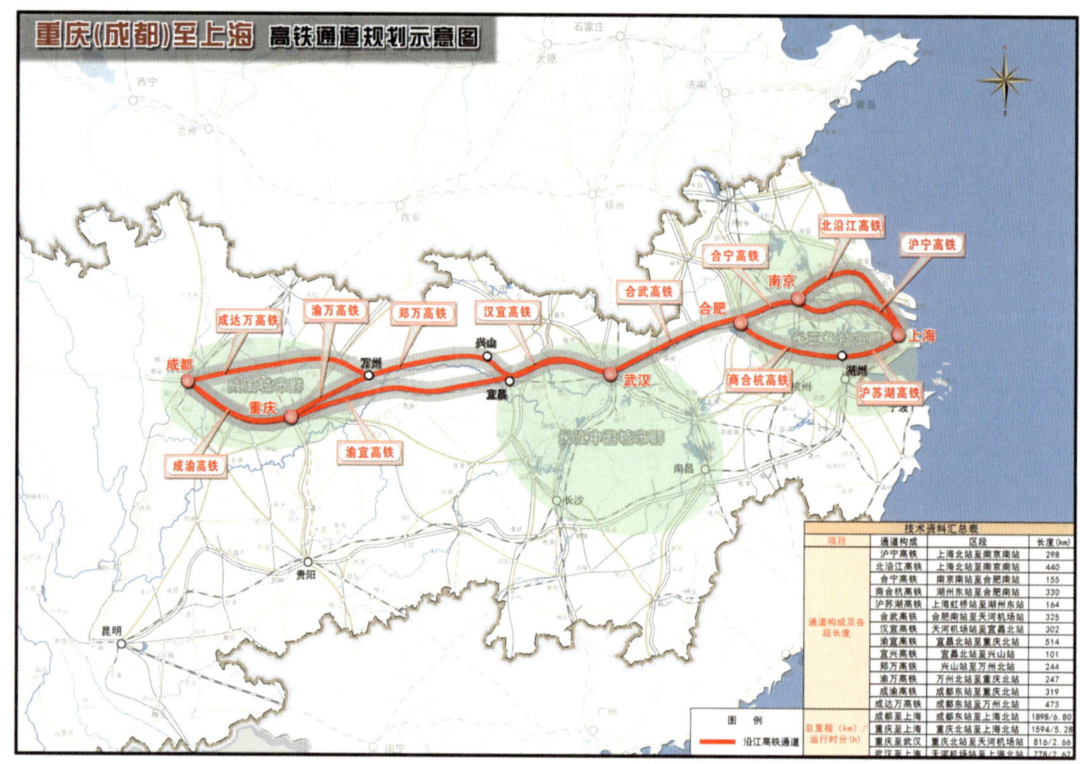

技术资料汇总表

项目	通道构成	区段	长度(km)
通道构成及各段长度	沪宁高铁	上海北站至南京南站	298
	北沿江高铁	上海北站至南京南站	440
	合宁高铁	南京南站至合肥南站	155
	商合杭高铁	湖州东站至合肥南站	330
	沪苏湖高铁	上海虹桥站至湖州东站	164
	合武高铁	合肥南站至天河机场站	325
	汉宜高铁	天河机场站至宜昌北站	302
	渝宜高铁	宜昌北站至重庆北站	514
	宜兴高铁	宜昌北站至兴山站	101
	郑万高铁	兴山站至万州北站	244
	渝万高铁	万州北站至重庆北站	247
	成渝高铁	成都东站至重庆北站	319
	成达万高铁	成都东站至万州北站	473
总里程(km)/运行时分(h)	成都至上海	成都东站至上海北站	1898/6.80
	重庆至上海	重庆北站至上海北站	1594/5.28
	重庆至武汉	重庆北站至天河机场站	816/2.66
	武汉至上海	天河机场站至上海北站	778/2.62

图 12.14 最终目标规划示意图

12.5.6 规划效果

1. 沿江通道国家中心城市间实现 3、5、7 h 可达

规划沿江高铁通道全线贯通后，成都、重庆至上海全程旅行时间将由目前的 12.2、10.7 h 缩减至 6.8、5.3 h，缩减约一半；成都、重庆至武汉的旅行时间将由目前的 7.5～5.9 h 缩减至 4.3、2.7 h，武汉至上海旅行时间将由目前的 4.8 h 缩减至 2.6 h，极大地缩短沿江各主要城市间的时空距离。

2. 三峡过闸能力瓶颈消除、黄金水道畅通

本项目的建设释放既有沪汉蓉铁路货运能力。水铁及水铁水、水运源头铁路分流货运量达 5 994 万 t，船闸通过量 1.37 亿 t，小于船闸通过能力 1.6 亿 t，铁路分流有效解决三峡翻坝过闸运输问题。三峡过闸能力瓶颈消除、黄金水道得以畅通。

3. 长江立体综合交通走廊客货运结构优化，铁路骨干地位凸显

沿江客运通道宜昌断面由 2016 年的 5 473 万人增长至 2030 年的 10 098 万人，铁路在通道内占比由 2016 年的 21.1%提高至 2030 年的 30.2%。沿江货运通道三峡断面由 2016 年的 1.48 亿 t，增至 2.23 亿 t，铁路在通道内占比由 0.7%增至 2030 年的 26.9%。本项目对通道内综合交通运输结构优化作用显著，有效提升铁路主体地位。

4. 沿江铁路通道分工合理，能力适应性较好

重庆(成都)至上海高铁主要承担通道中长途客流及少量沿线城际流；既有沪汉蓉铁路

承担沿线城际流及少量中长途客流,同时承接沿江铁路通道和三峡翻坝的集装箱运量。2030年重庆(成都)至上海高铁各段线路利用率在50%～75%之间,既有沪汉蓉铁路各段线路利用率在45%～60%之间,通道内新线与既有线分工合理,能力适应性较好。

5. 高铁先行,提升长江经济带战略支撑地位

重庆(成都)至上海高铁通道完善了长江立体综合交通走廊的建设,有效缩短了时空距离,优化了综合运输结构,高效地解决了三峡货运过闸瓶颈,畅通长江黄金水道,有力地推动了上中下游地区协调发展,提升了铁路对长江经济带发展的支撑力和保障力,对于构建横贯东西、辐射南北、通江达海、经济高效、生态良好的长江经济带起到了重要的战略支撑作用。

12.5.7　保障措施

1. 加强组织领导

各有关部门、单位和地方切实加强领导,完善工作机制,统筹组织和督促落实沿江高铁通道建设各项工作任务,合力推进解决重大问题,争取尽快取得成效。

2. 强化分工协作

细化规划任务,明确有关部门和地方责任分工,落实责任,强化协作,重点工作要制定专项推进方案,确保工作任务高质量按期完成。相关部门协同配合,铁水联动,统筹研究水运、公路、铁路运输等相关配套政策,提高沿江铁路货运价格竞争力,有效分流三峡枢纽货物过闸运量。

3. 有序推进项目

相关项目将结合“十三五”规划中期评估调整纳入相关规划后按程序报批,目前要抓紧推进前期工作,要尊重铁路发展规律和区域经济社会发展实际,统筹运输需求有序推进项目实施,强化铁路与其他运输方式的有效衔接和合理分工,及时总结评估实施情况。

4. 拓宽资金渠道

加大对沿江高铁通道项目建设支持力度,鼓励包括民营资本在内的社会资本投资铁路建设,支持符合条件的企业通过发行债券等方式多渠道筹措铁路建设资金。

5. 防范债务风险

坚持量力而行、分步实施,严格落实建设资金,不得以各类债务性资金作为项目资本金,严控地方政府债务,涉及财政出资的应分年度纳入地方财政预算支出计划,确保不因项目建设新增地方政府债务。

参考文献

[1] 宁骥龙.新疆铁路网发展规划探讨[J].铁道运输与经济,2019,41(4):101-106.

[2] 贾俊芳.铁路旅客运营管理[M].北京:北京交通大学出版社,2008.

[3] 韩采华.区域铁路网趋稳规模测算方法[J].铁道科学与工程学报,2019,16(1):249-256.

[4] 陶思宇,冯涛.城际铁路网诱增客流预测方法研究[J].物流技术,2018,37(9):58-61.

[5] 吴小军,陈武.广西中长期铁路网规划实现的思考[J].铁道运营技术,2018,24(3):1-4.

[6] 庞璐.基于空间句法的区域铁路网可达性评价研究[D].成都:西南交通大学,2018.

[7] 汤友富.长江经济带沿江高速铁路通道规划布局研究[J].铁道学报,2018,40(3):1-5.

[8] 张议.四川省区域内铁路规划方案评价研究[D].成都:西南交通大学,2017.

[9] 梁栋.关于铁路网规模问题的思考[J].铁道经济研究,2017(5):12-15.

[10] 张炜.江西南昌高速铁路发展布局和建设规模研究[D].南昌:华东交通大学,2017.

[11] 孙仁杰.京津冀城际铁路旅客出行特征对沿线城镇规划的影响[D].北京:北京交通大学,2017.

[12] 徐若飞.高速铁路对沿线站点城市房地产价格影响力的时效类型实证研究[D].南昌:江西财经大学,2017.

[13] 郑毛祥,李鹏.江苏省中长期铁路网规划研究[J].铁道标准设计,2017,61(6):68-72.

[14] 兰鹏,高跃文.广东省铁路“十三五”发展思路探讨[J].综合运输,2017,39(5):24-27.

[15] 朱法勇.城市群城际铁路网规划研究[D].成都:西南交通大学,2017.

[16] 刘烈锋.考虑投资效益的高速铁路线网规划研究[D].兰州:兰州交通大学,2017.

[17] 余巧凤,梁栋.中长期高速铁路网规划相关问题研究[J].铁道经济研究,2017(1):5-9.

[18] 杨正泽.高速铁路的国民经济属性及投资效益研究[D].北京:北京交通大学,2015.

[19] 中铁第四勘察设计院集团有限公司.区域铁路网规划理论、方法与实务[R].武汉:中铁第四勘察设计院集团有限公司,2013.

[20] 中国中铁二院工程集团有限责任公司.铁路运量[M].北京:中国铁道出版社,2010.

[21] 管楚度.交通区位论及其应用[M].北京:人民交通出版社,2000.

[22] 孙立山,姚丽亚.城市客运交通枢纽规划设计[M].北京:人民交通出版社股份有限公司,2018.